目 录

第一编 总论 (1)

专题一 刑事诉讼法概述 (1)
- 考点 1 刑事诉讼法与刑法的关系 / 1
- 考点 2 刑事诉讼的基本理念和范畴 / 1

专题二 刑事诉讼法的基本原则 (3)
- 考点 3 刑事诉讼基本原则的特点 / 3
- 考点 4 具有法定情形不予追究刑事责任原则 / 3
- 考点 5 严格遵守法律程序原则 / 4
- 考点 6 未经法院依法判决，对任何人都不得确定有罪原则 / 5
- 考点 7 保障诉讼参与人的诉讼权利原则 / 5
- 考点 8 认罪认罚从宽原则 / 5
- 考点 9 其他基本原则 / 7

专题三 刑事诉讼中的专门机关和诉讼参与人 (7)
- 考点 10 专门机关 / 7
- 考点 11 诉讼参与人 / 8

专题四 管辖 (10)
- 考点 12 立案管辖 / 10
- 考点 13 审判管辖 / 11
- 考点 14 特殊情况的管辖 / 12

专题五 回避 (13)
- 考点 15 回避的对象与理由 / 13
- 考点 16 回避的程序 / 14

专题六 辩护与代理 (15)
- 考点 17 有效辩护原则 / 15
- 考点 18 辩护的种类 / 16
- 考点 19 辩护人的诉讼地位 / 16
- 考点 20 辩护人的范围 / 16
- 考点 21 辩护人的诉讼权利和诉讼义务 / 17
- 考点 22 值班律师制度 / 19
- 考点 23 刑事代理 / 20

专题七 刑事证据 (21)
- 考点 24 证据的基本属性 / 21
- 考点 25 刑事证据规则 / 21
- 考点 26 刑事证据的种类 / 24
- 考点 27 刑事证据的分类 / 26

　　　　考点28　证据的审查认定　/28
　　　　考点29　刑事诉讼证明　/31
　专题八　强制措施……………………………………………………………………………（33）
　　　　考点30　强制措施适用的原则　/33
　　　　考点31　拘传　/33
　　　　考点32　取保候审　/34
　　　　考点33　监视居住　/36
　　　　考点34　拘留　/37
　　　　考点35　逮捕　/38
　　　　考点36　强制措施的变更和解除　/40
　专题九　附带民事诉讼…………………………………………………………………（41）
　　　　考点37　附带民事诉讼当事人　/41
　　　　考点38　附带民事诉讼的提起与审判程序　/41
　专题十　期间、送达………………………………………………………………………（43）
　　　　考点39　期间　/43
　　　　考点40　送达　/45

第二编　分论……………………………………………………………………………………（46）
　专题十一　立案…………………………………………………………………………（46）
　　　　考点41　立案材料的来源和条件　/46
　　　　考点42　立案程序和立案监督　/46
　专题十二　侦查…………………………………………………………………………（47）
　　　　考点43　侦查行为　/47
　　　　考点44　侦查终结　/54
　　　　考点45　补充侦查　/54
　专题十三　起诉…………………………………………………………………………（54）
　　　　考点46　起诉概述　/54
　　　　考点47　审查起诉　/55
　　　　考点48　不起诉　/56
　专题十四　刑事审判概述………………………………………………………………（58）
　　　　考点49　刑事审判的特征　/58
　　　　考点50　刑事审判原则　/58
　　　　考点51　审级制度　/60
　　　　考点52　审判组织　/60
　　　　考点53　人民陪审员制度　/61
　专题十五　第一审程序…………………………………………………………………（62）
　　　　考点54　公诉案件庭前审查　/62
　　　　考点55　庭前准备　/63
　　　　考点56　法庭审判程序　/64
　　　　考点57　延期审理、中止审理和终止审理　/67
　　　　考点58　法庭秩序　/68
　　　　考点59　自诉案件审理程序　/68

考点 60　简易程序　/70
考点 61　速裁程序　/72
考点 62　单位犯罪案件审理程序　/73
考点 63　一审裁判　/74

专题十六　第二审程序……（75）
考点 64　第二审程序的提起　/75
考点 65　上诉不加刑原则　/76
考点 66　二审审理与裁判　/78

专题十七　死刑复核程序……（81）
考点 67　判处死刑立即执行案件的复核程序　/81
考点 68　判处死刑缓期二年执行案件的复核程序　/82

专题十八　审判监督程序……（83）
考点 69　审判监督程序的功能和理念　/83
考点 70　审判监督程序的提起　/83
考点 71　审判监督审理程序　/84

专题十九　涉外刑事诉讼程序与司法协助制度……（85）
考点 72　涉外刑事诉讼程序　/85
考点 73　刑事司法协助　/86

专题二十　执行……（87）
考点 74　执行机关　/87
考点 75　各种判决、裁定的执行程序　/87
考点 76　死刑执行的变更　/89
考点 77　暂予监外执行　/89
考点 78　减刑、假释　/90

第三编　特别程序……（90）

专题二十一　未成年人刑事案件诉讼程序……（90）
考点 79　未成年人刑事案件诉讼程序　/90

专题二十二　当事人和解的公诉案件诉讼程序……（95）
考点 80　当事人和解的公诉案件诉讼程序　/95

专题二十三　缺席审判程序……（97）
考点 81　缺席审判程序　/97

专题二十四　犯罪嫌疑人、被告人逃匿、死亡案件违法所得的没收程序……（98）
考点 82　犯罪嫌疑人、被告人逃匿、死亡案件违法所得的没收程序　/98

专题二十五　依法不负刑事责任的精神病人的强制医疗程序……（99）
考点 83　依法不负刑事责任的精神病人的强制医疗程序　/99

法律文件简称对照表

简称	全称
刑诉解释	最高人民法院关于适用《中华人民共和国刑事诉讼法》的解释
高检规则	人民检察院刑事诉讼规则
公安部规定	公安机关办理刑事案件程序规定
六机关规定	最高人民法院、最高人民检察院、公安部、国家安全部、司法部、全国人大常委会法制工作委员会关于实施刑事诉讼法若干问题的规定

刑事诉讼法 [答案详解]

第一编 总 论

专题一 刑事诉讼法概述

考点1 刑事诉讼法与刑法的关系

1. 刑事诉讼法与刑法的关系；刑事诉讼法的独立价值[ABD]

[解析] 依据刑事诉讼法定和正当程序的理念，刑事实体法需要通过法律程序来实施。然而，刑事诉讼法并非实施刑事实体法的被动的"服务器"，而是在启动或终结实施刑事实体法活动方面扮演着十分积极的角色。比如，依照不告不理原则，如果没有控诉机关或人员起诉，就不能对现实中的犯罪行为适用刑事实体法；当出现了某些法定情形时，就要结束适用刑事实体法的程序，而不能适用刑事实体法；对同一案件，如果选择不同的刑事程序，适用刑事实体法的结果可能会不同。

A项中"被告人与被害人达成刑事和解而被法院量刑时从轻处理"与D项"只有被告人一方上诉的案件，二审法院判决时不得对被告人判处重于原判的刑罚"体现了对同一案件，如果选择不同的刑事程序，适用刑事实体法的结果可能会不同。B项"因排除犯罪嫌疑人的口供，检察院作出证据不足不起诉的决定"体现了当出现了某些法定情形时，就要结束适用刑事实体法的程序，而不能适用刑事实体法。C项超过追诉期限，是根据刑事实体法的要求而不再追究刑事责任的，因此刑事诉讼法作出相应的不立案处理，并没有体现出刑事诉讼法影响、制约刑事实体法的独立价值。故A、B、D项正确，C项错误。

考点2 刑事诉讼的基本理念和范畴

2. 刑事诉讼构造[D]

[解析] 刑事诉讼构造是指刑事诉讼法所确立的进行刑事诉讼的基本方式以及专门机关、诉讼参与人在刑事诉讼中形成的法律关系的基本格局，它集中体现为控诉、辩护、审判三方在刑事诉讼中的地位及其相互间的法律关系。

当事人主义诉讼将开始和推动诉讼的主动权委于当事人，控诉、辩护双方当事人在诉讼中居于主导地位。英美法系国家主要采用当事人主义诉讼模式，而我国不论公诉案件还是自诉案件都是采用在职权主义基础上吸收当事人主义的诉讼构造。我国的自诉案件不适用当事人主义诉讼构造，主要是由被害人向法院控告，由法官主导诉讼进程。故A项错误。

《刑诉解释》第278条第1款规定："对被告人认罪的案件，在确认被告人了解起诉书指控的犯罪事实和罪名，自愿认罪且知悉认罪的法律后果后，法庭调查可以主要围绕量刑和其他有争议的问题进行。"即被告人认罪案件审理中，控辩双方仍然可以对量刑和其他有争议的问题进行抗辩。故B项错误。

综合我国刑事诉讼的总体情况，我国侦查程序目前仍然缺乏审判主体居中介入，尚未形成控辩审三方构造。故C项错误。同样，在我国的审前程序中，除了侦查程序以外，审查起诉程序同样没有审判主体的介入，仍然只存在控方和辩方双重主体，只存在控辩关系。故D项正确。

3. 刑事诉讼价值[C]

[解析] 公正在刑事诉讼价值中居于核心的地位。刑事诉讼公正价值包括实体公正和程序公正两方面。程序公正是指程序本身符合特定的公正标准，如强制措施的适用应当适度等。故A、D项正确，不当选。

刑事诉讼秩序价值包括两方面含义：一是通过惩治犯罪，维护社会秩序，即恢复被犯罪破坏的社会秩序及预防社会秩序被犯罪所破坏；二是使追究犯罪的活动是有序的。国家刑事司法权的行使，必须受到刑事程序的规范。故B项正确，不当选。

刑事诉讼秩序、公正、效益价值是通过刑事诉讼法的制定和实施来实现的。一方面，刑事诉讼法保证刑法的正确实施，实现秩序、公正、效益价值，这是刑事诉讼法的工具价值；另一方面，刑事诉讼法的制定和适用本身也在实现着秩序、公正、效益价值，这是刑事诉讼法的独立价值。故C项错误，当选。

4. 程序公正与实体公正的关系[B]

[解析] 诉讼公正，包括实体公正和程序公正两个方面。实体公正，即结果公正，指案件实体的处理结果所体现的公正。程序公正，是指诉讼程序方面体现的公正。实体公正和程序公正各自都有独立的内涵和标准，不仅不能互相代替，而且应当并重。一方面，程序公正保障实体公正的实现；另一方面，程序公正具有独立的价值。A项前半句是正确的。但是，程序公正不一定就能够实现实体公正，因此，A项后半句是错误的。故A项错误。

刑事程序的公开和透明,可以让当事人以及社会监督刑事程序的运行,因而有助于发挥程序的约束作用。故B项正确。

依据我国《刑事诉讼法》和司法解释的规定,违反法定程序收集的证据并非都应予以排除,有的瑕疵证据经过合理解释或者补正后,可以作为定案依据。故C项错误。

对复杂程度不同的案件进行程序上的繁简分流,有利于提高诉讼效率,将司法资源进行有效的配置,进而发挥程序的约束作用。故D项错误。

5. 刑事诉讼构造[C]

[解析] 刑事诉讼价值观会对刑事诉讼构造产生深刻的影响,但不是决定刑事诉讼构造的唯一因素,刑事诉讼构造还受到其他诸多因素的影响。故A项错误。

混合式诉讼构造可能是当事人主义吸收职权主义的因素形成的,也可能是职权主义吸收当事人主义的因素形成的。故B项错误。

职权主义诉讼构造将诉讼的主动权委于国家专门机关,一般认为适用于实体真实的诉讼目的。故C项正确。

当事人主义诉讼构造将开始和推动诉讼的主动权委于当事人,控诉、辩护双方当事人在诉讼中居于主导地位,适用于程序上保障人权的诉讼目的,但其本身也具有控制犯罪的一般功能,因此不能认为当事人主义诉讼构造与控制犯罪是矛盾的。故D项错误。

6. 宪法与刑事诉讼法的关系[ABC]

[解析] 有关刑事诉讼的程序性条款在宪法条文中具有重要地位。这些体现法治理念的有关刑事诉讼的程序性条款,构成了各国宪法或者宪法性文件中关于人权保障条款的核心。故A项正确。

各国刑事诉讼法律规范中有关强制措施的适用权限、条件、程序、羁押期限、辩护、侦查、审判的原则和程序等规定,都直接体现了宪法或者宪法性文件关于公民人身、住宅、财产不受非法搜查、逮捕、扣押以及犯罪嫌疑人、被告人有权获得辩护等规定的精神。故B项正确。

由于刑事诉讼法规范和限制了国家权力,因而成为保障公民基本人权和自由的基石。故C项正确。

宪法的许多规定,一方面要通过刑事诉讼法保证刑法的实施来实现;另一方面要通过刑事诉讼法本身的实施来实现。故D项错误。

7. 刑事诉讼的目的[D]

[解析] 正当程序主义是指刑事诉讼目的重在维护正当程序。正当程序主义认为,案件的真实是存在于诉讼程序之外的,刑事诉讼的目的就是通过正当的法律程序来接近客观事实,只有依正当程序认定的事实才能视为真实。本题题干涉及了实体问题,但是没有涉及程序问题。故A项错误。

形式真实发现主义是关于证据认定方面的理论,不是关于诉讼目的方面的理论。故B项错误。

实体真实主义可以分为积极实体真实主义和消极实体真实主义。传统的实体真实主义仅指前者,认为凡是出现了犯罪,就应当毫无遗漏地加以发现、认定并予以处罚;为不使一个犯罪人逃脱,刑事程序以发现真相为要。消极实体真实主义是将发现真实与保障无辜相联系的目的观,认为刑事诉讼目的在于发现实体真实,本身应包含力求避免处罚无罪者的意思,而不单纯是无遗漏地处罚任何一个犯罪者。本题中"司法机关注重发现案件真相的立足点是防止无辜者被错误定罪"这一观点的重点在于防止无辜者被错误定罪,体现了消极实体真实主义的理念。故C项错误,D项正确。

8. 刑事诉讼构造[B]

[解析] 刑事诉讼构造是指刑事诉讼法所确立的进行刑事诉讼活动的基本方式以及专门机关、诉讼参与人在刑事诉讼形成的法律关系的基本格局,其实质和核心问题是如何配置控诉、辩护、审判三方在刑事诉讼中的法律地位及其相互关系。

职权主义审判模式,又称纠问式审判模式,是指法官居于主导和控制地位,限制控辩双方积极性的审判模式。职权主义审判模式有以下三个特征:(1)法官居于中心地位,主导法庭审理的进行。法官不仅仅是一个裁判者,而且是一个积极的事实调查者。(2)控辩双方的积极性受到抑制,处于消极被动的地位。(3)法官掌握程序控制权。控辩双方要服从法官的安排和指挥。庭审通常按法官事先制订的计划进行,而法官如果认为有必要,则可临时改变事先确定的案件事实和证据的调查范围。

当事人主义审判模式,又称对抗制审判模式、抗辩式审判模式,是指法官(陪审团)居于中立且被动的裁判者地位,法庭审判的进行由控方的举证和辩方的反驳共同推动和控制的一种审判模式。当事人主义审判模式有三个基本特征:(1)法官消极中立。法官对于案件事实的调查持消极态度,即不主动查明案件事实。(2)控辩双方积极主动和平等对抗。(3)控辩双方共同控制法庭审理的进程。

混合主义审判模式,融合了当事人主义审判模式和职权主义审判模式的长处,既重视法官的审判指挥和裁决功能,又重视控辩双方的积极对抗。

本题中,"法官消极中立,通过当事人举证、辩论发现事实真相,并由当事人推动诉讼进程"应当属于当事人主义的特点。故B项正确。

9. 刑事诉讼的基本理念［A］

［解析］维护社会主义法制,尊重和保障人权,保护公民人身权利、财产权利、民主权利和其他权利,保障社会主义建设事业的顺利进行,这是刑事诉讼法的根本任务,也是宪法所保障的公民基本权利在刑事领域的充分体现。故 A 项正确。

在我国诉讼理论界一般认为,惩罚犯罪与保障人权并重,只强调惩罚犯罪,忽视保障人权,势必导致蔑视法制、违反程序、刑讯逼供、滥捕滥杀,造成较高的错案率,最终既不能保障人权,也不能准确有效地惩罚犯罪;反之,只强调保障人权,忽视惩罚犯罪,势必放纵犯罪,社会秩序稳定难以实现,同样也不利于实现刑事诉讼法的根本目的。因此,为了实现控辩双方的平等对抗,公权力机关应当保障犯罪嫌疑人、被告人的权利,但这不意味着犯罪嫌疑人、被告人权利至上。故 B 项错误。

"尊重和保障人权"并未体现实体公正与程序公正并重的理念,以及公正优先、兼顾效率的理念。故 C、D 项错误。

10. 公平正义的基本理念［A］

［解析］公平正义的基本理念要求必须正确处理司法与其他社会纠纷解决手段的关系,在社会矛盾和纠纷的解决中,恰当地发挥司法的功能,克服过度依赖司法、过多依靠裁判的偏向,把有限的司法资源运用于维护和实现公平正义的关键环节,广泛调动各种社会力量,构建多元化的社会矛盾纠纷化解机制,运用多方面社会资源解决矛盾和纠纷。

刑事和解不同于传统的公诉案件办案方式,在当事人和解程序中,国家通过其刑罚权的部分退让,促使加害人与被害人通过和解方式化解他们之间的刑事纠纷,并在此基础上处理刑事案件。

根据题目所给信息分析,公安机关在处理甲乙之间纠纷时,既坚持了正确履行其刑事立案、侦查功能,同时又综合衡量甲乙双方利益,从而作出既符合社会公平正义理念基本要求又不违背刑事诉讼理念的决定,故 A 项正确。

甲并非特殊群体,故 B 项错误。C 项的错误在于,刑事和解并非追求诉讼效率的体现。另外,此案的处理与"兼顾程序和实体公正的理念"联系不大,故 D 项错误。

11. 刑事诉讼的秩序价值［ABC］

［解析］刑事诉讼的秩序价值包括两个方面的含义:(1)通过惩治犯罪,维护社会秩序,即恢复被犯罪破坏的社会秩序以及预防社会秩序被犯罪所破坏;(2)追究犯罪的活动是有序的。消除犯罪引起的社会混乱,保持社会稳定并使社会在有序中发展,是国家及民众所追求的刑事程序的基本价值。维护社会秩序的需要还表现为对社会及其成员的安全的追求,这不仅需要控制社会暴力冲突,还需要防止政府及其官员滥用权力而社会成员没有安全保障,所以国家行使司法权的活动,必须受到刑事程序的规范。故 A、B、C 项正确。

不适当地追求效率而忽视程序的有序性和公正性,结果很可能会导致大量冤狱或处罚不公,导致更深刻的社会矛盾和更多新的犯罪,非但损害了秩序和公正,而且也没有真正实现效益。故 D 项错误。

专题二 刑事诉讼法的基本原则

考点3 刑事诉讼基本原则的特点

12. 刑事诉讼的基本原则的特点［ABC］

［解析］刑事诉讼的基本原则体现刑事诉讼活动的基本规律,这些基本法律准则有着深厚的法律理论基础和丰富的思想内涵。故 A 项正确。

刑事诉讼原则既可由法律明文表述,包括宪法或者宪法性文件、刑事诉讼法及其他法律、联合国文件、某些区域性组织的文件等,也可体现于刑事诉讼法的指导思想、目的、任务、具体制度和程序之中。故 B 项正确。

刑事诉讼法规定的基本原则包括两大类:一类是一般原则,即刑事诉讼和其他性质的诉讼必须共同遵守的原则,如"以事实为根据、以法律为准绳"原则、公民在法律面前一律平等原则、各民族公民有权使用本民族语言文字进行诉讼原则、审判公开原则、保障诉讼参与人的诉讼权利原则等;另一类是刑事诉讼所独有的基本原则,如侦查权、检察权、审判权由专门机关依法行使原则,人民法院、人民检察院依法独立行使职权原则,分工负责、互相配合、互相制约原则,犯罪嫌疑人、被告人有权获得辩护原则等。故 C 项正确。

刑事诉讼基本原则一般贯穿于刑事诉讼全过程或主要诉讼阶段,具有较普遍的指导意义。同时,刑事诉讼基本原则也具有法律约束力。在具体诉讼制度没有作出详细规定的时候,可以直接适用刑事诉讼法规定的刑事诉讼基本原则,即刑事诉讼基本原则具有弥补法律规定不足和填补法律漏洞的功能。故 D 项错误。

考点4 具有法定情形不予追究刑事责任原则

13. 具有法定情形不予追究刑事责任原则［A］

［解析］《刑事诉讼法》第 16 条规定:"有下列情形之一的,不追究刑事责任,已经追究的,应当撤销案件,或者不起诉,或者终止审理,或者宣告无罪:(一)情节显著轻微、危害不大,不认为是犯罪的;(二)犯罪已过追诉时效期限的;(三)经特赦令免除刑罚的;

(四)依照刑法告诉才处理的犯罪,没有告诉或者撤回告诉的;(五)犯罪嫌疑人、被告人死亡的;(六)其他法律规定免予追究刑事责任的。"这一规定确立了具有法定情形不予追究刑事责任原则。《关于办理盗窃刑事案件适用法律若干问题的解释》第1条第1款规定,盗窃公私财物价值1000元至3000元以上、3万元至10万元以上、30万元至50万元以上的,应当分别认定为《刑法》第264条规定的"数额较大""数额巨大""数额特别巨大"。盗窃400元未达到定罪的数额标准,故属于"情节显著轻微、危害不大,不认为是犯罪的"这一情形,公安机关决定撤销案件。故A项体现了具有法定情形不予追究刑事责任原则,当选。

依据《刑事诉讼法》第177条第2款的规定,对于犯罪情节轻微,依照《刑法》规定不需要判处刑罚或者免除刑罚的,人民检察院可以作出不起诉决定。B项的处理方式正确,但是,该不起诉属于酌定不起诉,未体现具有法定情形不予追究刑事责任原则。故B项不当选。

法院是因为丙的行为未满足犯罪构成要件而作出的无罪判决,不是因为《刑事诉讼法》第16条规定的情形作出的无罪判决,未体现具有法定情形不予追究刑事责任原则。故C项不当选。

D项的不起诉属于证据不足不起诉,不是依据《刑事诉讼法》第16条规定的情形作出的法定不起诉,未体现具有法定情形不予追究刑事责任原则。故D项不当选。

14. 具有法定情形不予追究刑事责任原则[B]

[解析]《刑事诉讼法》第16条规定:"有下列情形之一的,不追究刑事责任,已经追究的,应当撤销案件,或者不起诉,或者终止审理,或者宣告无罪:……(五)犯罪嫌疑人、被告人死亡的;……"《高检规则》第242条第1款规定:"人民检察院在侦查过程中或者侦查终结后,发现具有下列情形之一的,负责侦查的部门应当制作拟撤销案件意见书,报请检察长决定:(一)具有刑事诉讼法第十六条规定情形之一的;……"根据前述法条,本题中,犯罪嫌疑人甲在侦查阶段死亡,应由检察院作出撤销案件决定。故B项正确,C项错误。

在刑事诉讼中,民事部分对于刑事诉讼而言具有附带性,犯罪嫌疑人死亡意味着刑事诉讼的终结,因此刑事诉讼的终结意味着民事部分不可能再经由刑事诉讼的专门机关处理。《刑事诉讼法》和《高检规则》均未规定在犯罪嫌疑人死亡情形下对附带民事部分的处理方式。依据法律和相关法规,本题情形下的民事部分只能由被害人根据《民事诉讼法》的有关规定向人民法院提起民事诉讼。故A、D项错误。

法条变更	《人民检察院刑事诉讼规则》2019年12月2日最高人民检察院第十三届检察委员会第二十八次会议通过,自2019年12月30日起施行(高检发释字〔2019〕4号)

15. 不予追究刑事责任的法定情形[BD]

[解析] 刑事案件中,除非是不告不理案件,否则一律是国家追诉,追究犯罪嫌疑人的刑事责任是国家专门机关的义务。A项中,犯罪嫌疑人甲和被害人乙虽然达成刑事和解,被害人乙要求不追究甲刑事责任,但这并不能阻碍司法机关对甲依法追究刑事责任。故A项错误。

《刑事诉讼法》第16条规定:"有下列情形之一的,不追究刑事责任,已经追究的,应当撤销案件,或者不起诉,或者终止审理,或者宣告无罪:(一)情节显著轻微、危害不大,不认为是犯罪的;(二)犯罪已过追诉时效期限的;(三)经特赦令免除刑罚的;(四)依照刑法告诉才处理的犯罪,没有告诉或者撤回告诉的;(五)犯罪嫌疑人、被告人死亡的;(六)其他法律规定免予追究刑事责任的。"B项符合上述第4项情形,D项符合上述第5项情形。故B、D项正确。

C项中,高某犯罪情节"轻微",而非"显著轻微",不属于《刑事诉讼法》第16条第1项规定的"情节显著轻微,危害不大,不认为是犯罪"的情形。依照《刑法》规定构成犯罪的,需要追究刑事责任。故C项错误。

考点5 严格遵守法律程序原则

16. 程序法定原则[ABD]

[解析] 程序法定原则包括两层含义:一是立法方面的要求,即刑事诉讼程序应当由法律事先明确规定;二是司法方面的要求,即刑事诉讼活动应当依据国家法律规定的刑事程序来进行。故A项正确。大陆法系国家,程序法定原则与罪刑法定原则共同构成法定原则的内容。也就是说,法定原则既包括实体上的罪刑法定原则,也包括程序上的程序法定原则。故B项正确。在英美法系国家,刑事程序法定原则具体表现为正当程序原则。故C项错误。从我国《宪法》和《刑事诉讼法》"以法律为准绳"等规定来看,可以说,我国法律已基本确立了刑事程序法定原则。故D项正确。

17. 刑事诉讼的基本原则;刑事诉讼程序的独立价值[BCD]

[解析]《刑事诉讼法》第3条第2款规定,人民法院、人民检察院和公安机关进行刑事诉讼,必须严格遵守本法和其他法律的有关规定。《刑事诉讼法》

第238条规定:"第二审人民法院发现第一审人民法院的审理有下列违反法律规定的诉讼程序的情形之一的,应当裁定撤销原判,发回原审人民法院重新审判:(一)违反本法有关公开审判的规定的;(二)违反回避制度的;(三)剥夺或者限制了当事人的法定诉讼权利,可能影响公正审判的;(四)审判组织的组成不合法的;(五)其他违反法律规定的诉讼程序,可能影响公正审判的。"《刑事诉讼法》第238条关于程序违法能够带来法律后果的规定,体现了严格遵守法定程序原则的要求,同时也表明了程序公正具有独立价值。故本题B、C、D项均正确。A项为公检法三机关的关系,不符合题意。

考点6 未经法院依法判决,对任何人都不得确定有罪原则

18. 刑事诉讼法基本原则[AB]

[解析]"未经法院依法判决,对任何人都不得确定有罪"原则明确规定了确定被告人有罪的权力由人民法院统一行使,其他任何机关、团体和个人都无权行使。定罪权是刑事审判权的核心,人民法院作为我国唯一的审判机关,代表国家统一独立行使刑事审判权。人民法院判决被告人有罪,必须严格依照法定程序,在保障被告人享有充分的辩护权的基础上,依法组成审判庭进行公正、公开的审理。故A、B两项说法正确。

该原则明确规定只有人民法院享有定罪权,在一定程度上吸收了无罪推定原则的精神,但C项所言"表明我国刑事诉讼法已经全面认同和确立无罪推定原则"则言过其实。故C项说法错误。

"疑罪从无"是人民法院在对被告人定罪时需要把握的司法原则,与人民法院享有排他的定罪权没有关系。我们可以说,从无罪推定原则可以推导出疑罪从无的精神或者理念,但说从人民法院专属定罪权则可得出疑罪从无的结论,则略显牵强。故D项说法错误。

考点7 保障诉讼参与人的诉讼权利原则

19. 保障诉讼参与人的诉讼权利原则[ABC]

[解析]《刑事诉讼法》第14条规定:"人民法院、人民检察院和公安机关应当保障犯罪嫌疑人、被告人和其他诉讼参与人依法享有的辩护权和其他诉讼权利。诉讼参与人对于审判人员、检察人员和侦查人员侵犯公民诉讼权利和人身侮辱的行为,有权提出控告。"我国《宪法》和《刑事诉讼法》都明确规定了尊重和保障人权,保障诉讼参与人的诉讼权利原则自然是《宪法》和《刑事诉讼法》尊重和保障人权的具体化。故A项正确。

犯罪嫌疑人、被告人是刑事诉讼活动的核心,而辩护权在犯罪嫌疑人、被告人的权利体系中居于核心地位,因此,保障诉讼参与人的诉讼权利,核心在于保护犯罪嫌疑人、被告人的辩护权。故B项正确。

权利和义务是相对的,诉讼参与人在享有诉讼权利的同时,还应当承担法律规定的诉讼义务。故C项正确。

在刑事案件中,受侵害的人在公诉案件中被称为被害人,在自诉案件中被称为自诉人。其中,对于自诉案件而言,自诉人既有起诉权,也有上诉权。但在公诉案件中,被害人没有起诉权(但享有控告权),也没有上诉权(但享有申请抗诉权)。D项表述较为片面,故D项错误。

考点8 认罪认罚从宽原则

20. 认罪认罚从宽制度[AD]

[解析] 认罪,是指犯罪嫌疑人、被告人自愿如实供述自己的罪行,对指控的犯罪事实没有异议。本题中,胡某在审查起诉阶段认罪认罚,但在审判环节,辩称自己是借款而非骗钱,即否认了自己构成诈骗,因而属于认罪后又反悔。《人民检察院办理认罪认罚案件开展量刑建议工作的指导意见》第30条规定,除发现犯罪嫌疑人认罪悔罪不真实、认罪认罚后又反悔或者不履行具结书中需要履行的赔偿损失、退赃退赔等情形外,人民检察院不得提出加重犯罪嫌疑人刑罚的量刑建议。据此,检察院可以提出加重胡某刑罚的量刑建议。故A项正确,B项错误。

根据《刑事诉讼法》第222条规定,认罪认罚案件可以适用速裁程序。因为胡某在认罪后又反悔,不再属于认罪认罚案件,本案不能再适用速裁程序。根据《刑事诉讼法》第214条规定,被告人承认自己所犯罪行,对指控的犯罪事实没有异议的,可以适用简易程序。由于胡某不认罪,所以不能适用简易程序,只能转为普通程序审理。故C项错误。

虽然对胡某不适用"认罪认罚从宽",但积极退赔仍属于量刑情节中从宽处罚的情节之一。故D项正确。

21. 认罪认罚从宽制度;公诉案件和解程序[ACD]

[解析]《关于适用认罪认罚从宽制度的指导意见》第42条第1款规定:"速裁程序的适用条件。基层人民法院管辖的可能判处三年有期徒刑以下刑罚的案件,案件事实清楚,证据确实、充分,被告人认罪认罚并同意适用速裁程序的,可以适用速裁程序,由审判员一人独任审判。人民检察院提起公诉时,可以建议人民法院适用速裁程序。"故A项正确。

根据《关于适用认罪认罚从宽制度的指导意见》第17条第1款规定,对符合当事人和解程序适用条件的公诉案件,犯罪嫌疑人、被告人认罪认罚的,人民法院、人民检察院、公安机关应当积极促进当事人自愿达成和解。《公安部规定》第333条第1款规定:"下列公诉案件,犯罪嫌疑人真诚悔罪,通过向被害人

赔偿损失、赔礼道歉等方式获得被害人谅解,被害人自愿和解的,经县级以上公安机关负责人批准,可以依法作为当事人和解的公诉案件办理:(一)因民间纠纷引起,涉嫌刑法分则第四章、第五章规定的犯罪案件,可能判处三年有期徒刑以下刑罚的;(二)除渎职犯罪以外的可能判处七年有期徒刑以下刑罚的过失犯罪案件。"又根据《公安部规定》第334条规定,涉及寻衅滋事的,不属于因民间纠纷引起的犯罪案件。因为本案涉及寻衅滋事,所以不属于因民间纠纷引起的犯罪,不满足公诉案件和解的范围,故本案不能和解,B项错误。【陷阱点拨】注意认罪认罚从宽制度适用范围与公诉和解案件范围并不相同。认罪认罚可适用于任何案件,而公诉和解程序有适用范围的限制,目前仅限于上述《公安部规定》第333条第1款规定的两类案件。

法条变更	《公安机关办理刑事案件程序规定》 根据2020年7月20日公安部令第159号《公安部关于修改〈公安机关办理刑事案件程序规定〉的决定》修正,自2020年9月1日起施行

《关于适用认罪认罚从宽制度的指导意见》第21条规定:"逮捕的变更。已经逮捕的犯罪嫌疑人、被告人认罪认罚的,人民法院、人民检察院应当及时审查羁押的必要性,经审查认为没有继续羁押必要的,应当变更为取保候审或者监视居住。"本题中蔡某在审查起诉阶段认罪认罚,人民检察院应当及时审查羁押的必要性,故C项正确。

《关于适用认罪认罚从宽制度的指导意见》第36条规定:"审查起诉阶段的社会调查。犯罪嫌疑人认罪认罚,人民检察院拟提出缓刑或者管制量刑建议的,可以及时委托犯罪嫌疑人居住地的社区矫正机构进行调查评估,也可以自行调查评估。……"故D项正确。

22. 认罪认罚从宽制度[BC]

[解析]《关于适用认罪认罚从宽制度的指导意见》第3条规定:"坚持证据裁判原则。……坚持法定证明标准,侦查终结、提起公诉、作出有罪裁判应当做到犯罪事实清楚,证据确实、充分,防止因犯罪嫌疑人、被告人认罪而降低证据要求和证明标准。……"据此,认罪认罚虽然有可能导致程序从简,适用简易程序或者速裁程序,但证据要求或证明标准不能降低,故A项错误。

《关于适用认罪认罚从宽制度的指导意见》第7条规定:"'认罚'的把握。……犯罪嫌疑人、被告人虽然表示'认罚',却暗中串供、干扰证人作证、毁灭、伪造证据或者隐匿、转移财产,有赔偿能力而不赔偿损失,则不能适用认罪认罚从宽制度。犯罪嫌疑人、被告人享有程序选择权,不同意适用速裁程序、简易程序的,不影响'认罚'的认定。"据此,若犯罪嫌疑人隐匿、转移财产,不能适用认罪认罚从宽制度,故B项正确。在刑事诉讼活动中,犯罪嫌疑人享有一定的程序选择权,不同意适用速裁或者简易程序的,不影响"认罚"的认定,故C项正确。

《关于适用认罪认罚从宽制度的指导意见》第9条规定:"从宽幅度的把握。……认罪认罚与自首、坦白不作重复评价……"故D项错误。

23. 认罪认罚从宽制度;羁押必要性审查;法律援助制度[ABC]

[解析] 根据《关于适用认罪认罚从宽制度的指导意见》第5条规定,认罪认罚从宽制度贯穿刑事诉讼全过程,适用于侦查、起诉、审判各个阶段。因此,即便岳某在审查起诉阶段拒绝认罪认罚,其在审判阶段仍可选择认罪认罚,故A项正确。

《高检规则》第270条第2款规定:"已经逮捕的犯罪嫌疑人认罪认罚的,人民检察院应当及时对羁押必要性进行审查。经审查,认为没有继续羁押必要的,应当予以释放或者变更强制措施。"故B项正确。

《关于适用认罪认罚从宽制度的指导意见》第28条第2款规定:"经审查,犯罪嫌疑人违背意愿认罪认罚的,人民检察院可以重新开展认罪认罚工作。存在刑讯逼供等非法取证行为的,依照法律规定处理。"故C项正确。

《法律援助法》第25条规定:"刑事案件的犯罪嫌疑人、被告人属于下列人员之一,没有委托辩护人的,人民法院、人民检察院、公安机关应当通知法律援助机构指派律师担任辩护人:(一)未成年人;(二)视力、听力、言语残疾人;(三)不能完全辨认自己行为的成年人;(四)可能被判处无期徒刑、死刑的人;(五)申请法律援助的死刑复核案件被告人;(六)缺席审判案件的被告人;(七)法律法规规定的其他人员。其他适用普通程序审理的刑事案件,被告人没有委托辩护人的,人民法院可以通知法律援助机构指派律师担任辩护人。"本题中,岳某涉嫌抢夺罪,不符合上述应当法律援助的情形,在岳某没有委托辩护人,也拒绝值班律师提供法律帮助的情况下,只能由其自行辩护。故D项错误。

24. 认罪认罚从宽制度[ABD]

[解析] 根据《关于适用认罪认罚从宽制度的指导意见》第6条规定,犯罪嫌疑人、被告人犯数罪,仅如实供述其中一罪或部分罪名事实的,全案不作"认罪"的认定,不适用认罪认罚从宽制度,但对如实供述的部分,人民检察院可以提出从宽处罚的建议,人民

法院可以从宽处罚。故 A 项正确。

根据《关于适用认罪认罚从宽制度的指导意见》第 8 条规定,"可以从宽",是指一般应当体现法律规定和政策精神,予以从宽处理。但可以从宽不是一律从宽,对犯罪性质和危害后果特别严重、犯罪手段特别残忍、社会影响特别恶劣的犯罪嫌疑人、被告人,认罪认罚不足以从轻处罚的,依法不予从宽处罚。故 B 项正确。

根据《关于适用认罪认罚从宽制度的指导意见》第 5 条规定,认罪认罚从宽制度贯穿刑事诉讼全过程,适用于侦查、起诉、审判各个阶段。故 C 项错误。被告人在审查、起诉阶段不认罪认罚,审判阶段认罪认罚的,可以适用认罪认罚从宽制度。但被告人在审查、起诉认罪认罚,审判阶段不认罪认罚的,不得适用认罪认罚从宽制度。故 D 项正确。【总结提示】审前不认,审判认→适用认罪认罚从宽;审前认,审判不认→不适用认罪认罚从宽。

考点9 其他基本原则

25. 刑事诉讼的基本原则[BCD]

[解析]《刑事诉讼法》第 8 条规定:"人民检察院依法对刑事诉讼实行法律监督。"检察院是我国的法律监督机关,有权对公安机关的侦查活动进行监督。本题中,检察院提前介入侦查,是检察院法律监督权的体现,并未代替公安机关行使侦查权,也未违反侦查权、检察权、审判权由专门机关依法行使的原则。故 A 项错误,C 项正确。

《刑事诉讼法》第 7 条规定:"人民法院、人民检察院和公安机关进行刑事诉讼,应当分工负责,互相配合,互相制约,以保证准确有效地执行法律。"本题中,检察院的做法体现这一原则。故 B 项正确。

检察院提前介入侦查活动主要是为了引导侦查,监督侦查机关是否按法律规定的程序收集固定证据,以及是否按法定的要求进行侦查活动,有助于严格遵守法律程序原则的实现。故 D 项正确。

专题三 刑事诉讼中的专门机关和诉讼参与人

考点10 专门机关

26. 检察院办案机关及职权[CD]

[解析]《高检规则》第 5 条第 1 款规定:"人民检察院办理刑事案件,根据案件情况,可以由一名检察官独任办理,也可以由两名检察官以上组成办案组办理。由检察官办案组办理的,检察长应当指定一名检察官担任主办检察官,组织、指挥办案组办理案件。"据此,主办检察官由检察长指定,但并非必须由检察长或副检察长担任主办检察官,故 A 项错误。

《高检规则》第 4 条第 4 款规定:"以人民检察院名义制发的法律文书,由检察长签发;属于检察官职权范围内决定事项的,检察长可以授权检察官签发。"据此,以检察院名义制发的法律文书应当由检察长签发,不可授权检察官签发,故 B 项错误。

《高检规则》第 4 条第 1 款规定:"人民检察院办理刑事案件,由检察官、检察长、检察委员会在各自职权范围内对办案事项作出决定,并依照规定承担相应司法责任。"据此,检察官、检察长、检察委员会各司其职,均可在各自的职权范围内对办案事项作出决定并承担相应的司法责任,故 C 项正确。

《高检规则》第 389 条规定:"最高人民检察院对地方各级人民检察院的起诉、不起诉决定,上级人民检察院对下级人民检察院的起诉、不起诉决定,发现确有错误的,应当予以撤销或者指令下级人民检察院纠正。"据此,D 项正确。【比较记忆】上一级检察院认为下级检察院抗诉错误的,应当先听取下级检察院的意见,理由不成立的,再向同级法院撤回抗诉。(《高检规则》第 589 条)

27. 独立行使职权原则[CD]

[解析]《刑事诉讼法》第 5 条规定:"人民法院依照法律规定独立行使审判权,人民检察院依照法律规定独立行使检察权,不受行政机关、社会团体和个人的干涉。"人民法院上下之间是监督与被监督的关系,各级法院在具体案件的审判过程中独立行使审判权,所以最高法院不得干涉下级法院具体案件的审判,其对下级法院的监督必须通过法定程序进行。故 A、B 项错误。

人民检察院上下之间是领导与被领导的关系,上级人民检察院有权就具体案件对下级人民检察院作出命令、指示。独立行使检察权实质上是指整个检察系统作为一个整体独立行使检察权,因此,最高检察院可以针对具体案件对下级检察院作出命令和指示。故 C、D 项正确。

28. 监狱在刑事诉讼中的职权;暂予监外执行的程序;减刑的程序[D]

[解析]《监察法》第 11 条第 2 项规定,监察委员会依法对涉嫌贪污贿赂、滥用职权、玩忽职守、权力寻租、利益输送、徇私舞弊以及浪费国家资财等职务违法和职务犯罪进行调查。A 项中,监狱监管人员指使被监管人体罚虐待其他被监管人的犯罪属于国家机关工作人员的职务犯罪,应由监察委员会立案调查,监狱无管辖权。故 A 项错误。

对罪犯在监狱内犯罪的案件,由监狱进行侦查。罪犯被发现判决时所没有发现的罪行,则有管辖权的机关侦查。故 B 项错误。

《刑事诉讼法》第 265 条第 5 款规定:"在交付执

行前,暂予监外执行由交付执行的人民法院决定;在交付执行后,暂予监外执行由监狱或者看守所提出书面意见,报省级以上监狱管理机关或者设区的市一级以上公安机关批准。"因此,一般而言,被判处有期徒刑罪犯的暂予监外执行由监狱提出书面意见,报省级以上监狱管理部门批准,亦可能由法院决定。但是,如果有期徒刑余刑在3个月以下,刑罚由看守所代为执行,此时,暂予监外执行则应由看守所提出书面意见,报设区的市一级以上的公安机关批准。故C项错误。

《刑事诉讼法》第273条第2款规定:"被判处管制、拘役、有期徒刑或者无期徒刑的罪犯,在执行期间确有悔改或者立功表现,应当依法予以减刑、假释的时候,由执行机关提出建议书,报请人民法院审核裁定,并将建议书副本抄送人民检察院。人民检察院可以向人民法院提出书面意见。"故D项正确。

29. 通缉;二审中检察院撤回抗诉;级别管辖的流转[AB]

[解析]《刑事诉讼法》第155条第2款规定:"各级公安机关在自己管辖的地区以内,可以直接发布通缉令;超出自己管辖的地区,应当报请有权决定的上级机关发布。"故A项正确。

检察机关上下级之间是领导关系,奉行"检察一体,上命下从"的体制,整体独立于外部的行政机关、社会团体、个人。故B项正确。

《高检规则》第589条第2款规定,上一级人民检察院认为抗诉不当的,应当听取下级人民检察院的意见。C项错误在于缺少了"听取下级检察院的意见"这一程序。

《刑诉解释》第17条第1款规定:"基层人民法院对可能判处无期徒刑、死刑的第一审刑事案件,应当移送中级人民法院审判。"由此可见,下级人民法院不能审理应当由上级法院管辖的案件,故D项错误。

考点11 诉讼参与人

30. 诉讼参与人[AB]

[解析] 诉讼参与人是指在刑事诉讼过程中享有一定诉讼权利,承担一定诉讼义务的除了国家专门机关工作人员以外的人。《刑事诉讼法》第108条第4项规定,诉讼参与人包括当事人、法定代理人、诉讼代理人、辩护人、证人、鉴定人和翻译人员。因此,本题A项中的"翻译人员"、B项中的"法医"属于鉴定人,都是诉讼参与人。C项中的"侦查人员"是专门机关的工作人员,不属于诉讼参与人。D项中的"有专门知识的人"不是鉴定人,因而不是诉讼参与人。故A、B项正确,C、D项错误。

31. 犯罪嫌疑人、被告人享有的救济权利[BCD]

[解析] 刑事诉讼中犯罪嫌疑人、被告人享有广泛的诉讼权利。这些诉讼权利根据其性质和作用的不同,可分为防御性权利和救济性权利两种。所谓防御性权利,是指犯罪嫌疑人、被告人为对抗追诉方的指控、抵消其控诉效果所享有的诉讼权利。主要有:(1)有权使用本民族的语言文字进行诉讼;(2)辩护权;(3)拒绝回答权;(4)被告人有权在开庭前10日内收到起诉书副本;(5)参加法庭调查权;(6)参加法庭辩论权;(7)最后陈述权。所谓救济性权利,是指犯罪嫌疑人、被告人对国家专门机关所作的对其不利的行为、决定或裁判,要求另一专门机关予以审查并作出改变或撤销的诉讼权利。主要包括:(1)申请复议权;(2)控告权;(3)申请变更、解除强制措施权;(4)申诉权;(5)上诉权。本题A项属于防御性权利,B、C、D项属于救济性权利。故A项错误,B、C、D项正确。

32. 公诉案件中的被害人的诉讼权利[BD]

[解析] 作为当事人之一的被害人,也享有当事人一样的权利(如申请回避权)。但是公诉案件中的被害人无权撤回起诉,因为公诉案件只有检察院才享有撤回起诉的权利。故A项错误。

被害人自刑事案件移送审查起诉之日起,有权委托诉讼代理人。如有证据证明公安机关、人民检察院对于侵犯其人身权利、财产权利的行为应当追究刑事责任而不予追究的,有权直接向人民法院起诉。故B项正确。

对侵犯其合法权利的犯罪嫌疑人、被告人,被害人有权向公安机关、人民检察院或者人民法院报案或者控告,要求公安司法机关依法追究、惩罚犯罪,保护其合法权利。控告人对公安机关不立案的决定不服的,可以申请复议。但是,公诉案件被害人不服地方各级人民法院的第一审判决的,有权请求人民检察院抗诉,无权提起上诉。故C项错误。

公诉案件被害人不服地方各级人民法院的第一审判决的,有权请求人民检察院抗诉。被害人的申诉包括三种情况:(1)对公安机关不立案的申诉;(2)对检察机关不起诉决定的申诉;(3)对生效裁判的申诉。故D项正确。

33. 被害人的诉讼权利[D]

[解析]《刑事诉讼法》第46条第1款规定,公诉案件的被害人及其法定代理人或者近亲属,附带民事诉讼的当事人及其法定代理人,自案件移送审查起诉之日起,有权委托诉讼代理人。自诉案件的自诉人及其法定代理人,附带民事诉讼的当事人及其法定代理人,有权随时委托诉讼代理人。故A项错误。

《刑事诉讼法》第65条第1款规定,证人因履行作证义务而支出的交通、住宿、就餐等费用,应当给予补助。证人作证的补助列入司法机关业务经费,由同级政府财政予以保障。故B项的错误在于,只需要补助证人,不需要补助被害人。

《刑事诉讼法》第305条第2款规定,被决定强制医疗的人、被害人及其法定代理人、近亲属对强制医疗决定不服的,可以向上一级人民法院申请复议。故C项的错误在于,不是向作出决定的法院申请复议一次,而是向上一级法院申请复议。

《刑事诉讼法》第282条第2款规定,对附条件不起诉的决定,公安机关要求复议、提请复核或者被害人申诉的,适用该法第179条、第180条的规定。《刑事诉讼法》第180条规定,对于有被害人的案件,决定不起诉的,人民检察院应当将不起诉决定书送达被害人。被害人如果不服,可以自收到决定书后7日以内向上一级人民检察院申诉,请求提起公诉。故D项正确。

34. 被害人的诉讼权利[ABCD]

[解析]《刑事诉讼法》第111条第3款规定,公安机关、人民检察院或者人民法院应当保障报案人、控告人、举报人及其近亲属的安全。报案人、控告人、举报人如果不愿公开自己的姓名和报案、控告、举报的行为,应当为他保密。本题中,高某作为被害人,有权要求不公开自己的姓名和报案行为。故A项正确。

《刑事诉讼法》第112条规定,人民法院、人民检察院或者公安机关对于报案、控告、举报和自首的材料,应当按照管辖范围,迅速进行审查,认为有犯罪事实需要追究刑事责任的时候,应当立案;认为没有犯罪事实,或者犯罪事实显著轻微,不需要追究刑事责任的时候,不予立案,并且将不立案的原因通知控告人。控告人如果不服,可以申请复议。B项中,如公安机关不立案,公安机关应将不立案的原因通知高某,高某有权要求其告知不立案的原因。故B项正确。

《刑事诉讼法》第148条规定,侦查机关应当将用作证据的鉴定意见告知犯罪嫌疑人、被害人。如果犯罪嫌疑人、被害人提出申请,可以补充鉴定或者重新鉴定。由此可得知,作为证据使用的鉴定意见,经申请可以补充或者重新鉴定。故C项正确。

《刑事诉讼法》第180条规定:"对于有被害人的案件,决定不起诉的,人民检察院应当将不起诉决定书送达被害人。被害人如果不服,可以自收到决定书后七日以内向上一级人民检察院申诉,请求提起公诉。人民检察院应当将复查决定告知被害人。对人民检察院维持不起诉决定的,被害人可以向人民法院起诉。被害人也可以不经申诉,直接向人民法院起诉。人民法院受理案件后,人民检察院应当将有关案件材料移送人民法院。"本案中,若检察院作出不起诉决定,高某可以向上一级人民检察院申诉,也可以直接向法院提起自诉。故D项正确。

35. 诉讼参加人[BC]

[解析] 根据《刑事诉讼法》第108条第4项规定,诉讼参与人包括:当事人、法定代理人、诉讼代理人、辩护人、证人、鉴定人和翻译人员。可见,公诉人尽管承担控诉职能,但不是诉讼参与人。故A项错误。

证人虽然属于诉讼参与人,但其仅依据自身所了解的案件事实提供证人证言,而不承担控诉或者辩护职能。控方证人或者辩方证人只是意味着该证人是由控方还是辩方提请法院通知出庭作证。故D项错误。

在自诉案件中,自诉人是以自己的名义直接向人民法院提起诉讼的人,其地位相当于原告,行使控诉职能。被害人是指在人民检察院代表国家提起公诉的刑事案件中,以个人身份参与诉讼,并与人民检察院共同行使控诉职能的人。故B、C项正确。

36. 被害人的诉讼权利[C]

[解析]《刑事诉讼法》第46条第1款规定:"公诉案件的被害人及其法定代理人或者近亲属,附带民事诉讼的当事人及其法定代理人,自案件移送审查起诉之日起,有权委托诉讼代理人。自诉案件的自诉人及其法定代理人,附带民事诉讼的当事人及其法定代理人,有权随时委托诉讼代理人。"故A项正确。

根据《刑事诉讼法》第29、30条规定,当事人有申请回避的权利。根据《刑事诉讼法》第108条第2项规定,当事人是指被害人、自诉人、犯罪嫌疑人、被告人、附带民事诉讼的原告人和被告人,故被害人有权申请回避,故B项正确。

《刑诉解释》第242条第1、2款规定:"在审判长主持下,公诉人可以就起诉书指控的犯罪事实讯问被告人。经审判长准许,被害人及其法定代理人、诉讼代理人可以就公诉人讯问的犯罪事实补充发问;附带民事诉讼原告人及其法定代理人、诉讼代理人可以就附带民事部分的事实向被告人发问;被告人的法定代理人、辩护人,附带民事诉讼被告人及其法定代理人、诉讼代理人可以在控诉方、附带民事诉讼原告就某一问题讯问、发问完毕后向被告人发问。"《刑事诉讼法》第198条第2款规定:"经审判长许可,公诉人、当事人和辩护人、诉讼代理人可以对证据和案件情况发表意见并且可以互相辩论。"由此可见,被告人既有权参与刑事部分的法庭调查和辩论,也可以参加附带民事诉讼部分的审理活动,故C项错误。

《刑事诉讼法》第229条规定:"被害人及其法定代理人不服地方各级人民法院第一审的判决的,自收到判决书后五日以内,有权请求人民检察院提出抗诉。……"据此,被害人及其法定代理人对刑事判决部分只有请求检察院抗诉的权利,没有上诉权,故D项正确。

专题四 管辖

考点 12 立案管辖

37. 立案管辖[AC]

[解析]《刑诉解释》第1条第1项规定："人民法院直接受理的自诉案件包括：(一)告诉才处理的案件：1.侮辱、诽谤案(刑法第二百四十六条规定的，但严重危害社会秩序和国家利益的除外)；2.暴力干涉婚姻自由案(刑法第二百五十七条第一款规定的)；3.虐待案(刑法第二百六十条第一款规定的，但被害人没有能力告诉或者因受到强制、威吓无法告诉的除外)；4.侵占案(刑法第二百七十条规定的)。"

张小某的继母陈某长期虐待张小某，张小某本人没有能力直接告诉的，其法定代理人、近亲属可以代为向法院起诉。在本题中，张小某的法定代理人、近亲属包括张某(生父)、李某(生母)和陈某(继母)。因此，A项中，生母李某既是张小某的监护人(法定代理人)，又属于近亲属，可以代为起诉，A项正确。

D项说只有张小某的生父张某可以向法院提起自诉过于片面，错误。

B项，邻居王某不是张小某的法定代理人或者近亲属，无权代为提起自诉，B项错误。

C项，若张小某没有能力告诉，为了最大限度保障被害人合法权益，无需等待张小某的法定代理人、近亲属告诉，公安机关可以对陈某立案侦查，将案件作为公诉案件办理。C项正确。

故本题答案为AC。

38. 立案管辖[B]

[解析]《刑事诉讼法》第19条规定："刑事案件的侦查由公安机关进行，法律另有规定的除外。人民检察院在对诉讼活动实行法律监督中发现的司法工作人员利用职权实施的非法拘禁、刑讯逼供、非法搜查等侵犯公民权利、损害司法公正的犯罪，可以由人民检察院立案侦查。对于公安机关管辖的国家机关工作人员利用职权实施的重大犯罪案件，需要由人民检察院直接受理的时候，经省级以上人民检察院决定，可以由人民检察院立案侦查。自诉案件，由人民法院直接受理。"

根据上述规定，选项A中辩护人陈某帮助张某隐瞒证据毁灭罪证，应由公安机关立案侦查。《刑事诉讼法》第44条规定："辩护人或者其他任何人，不得帮助犯罪嫌疑人、被告人隐匿、毁灭、伪造证据或者串供，不得威胁、引诱证人作伪证以及进行其他干扰司法机关诉讼活动的行为。违反前款规定的，应当依法追究法律责任，辩护人涉嫌犯罪的，应当由办理辩护人所承办的案件的侦查机关以外的侦查机关办理。辩护人是律师的，应当及时通知其所在的律师事务所或者律师协会。"据此，A项中，辩护人陈某在B市甲区帮助张某隐瞒证据毁灭罪证，应当由办理辩护人陈某所承办案件的B市侦查机关以外的侦查机关办理，故A项错误。D项中，辩护人陈某涉嫌的强奸罪与张某的贩卖毒品罪并无关，陈某并未帮助张某实施《刑事诉讼法》第44条规定的违法行为，所以不需要B市以外的侦查机关立案侦查，故D项错误。

选项B中陈某涉嫌的盗窃罪，依据《刑事诉讼法》第19条的规定，也属于公安机关立案侦查的案件。《公安部规定》第15条第1款规定："刑事案件由犯罪地的公安机关管辖。如果由犯罪嫌疑人居住地的公安机关管辖更为适宜的，可以由犯罪嫌疑人居住地的公安机关管辖。"本案中，乙区就是犯罪地，故可由乙区公安局立案侦查，B项正确。

《监察法》第11条规定："监察委员会依照本法和有关法律规定履行监督、调查、处置职责：……(二)对涉嫌贪污贿赂、滥用职权、玩忽职守、权力寻租、利益输送、徇私舞弊以及浪费国家资财等职务违法和职务犯罪进行调查；……"据此，陈某涉嫌的行贿罪应当由监察机关立案调查。故C项错误。

39. 检察院直接受理的刑事案件范围[ABCD]

[解析]《刑事诉讼法》第19条规定，刑事案件的侦查由公安机关进行，法律另有规定的除外。人民检察院在对诉讼活动实行法律监督中发现的司法工作人员利用职权实施的非法拘禁、刑讯逼供、非法搜查等侵犯公民权利、损害司法公正的犯罪，可以由人民检察院立案侦查。对于公安机关管辖的国家机关工作人员利用职权实施的重大犯罪案件，需要由人民检察院直接受理的时候，经省级以上人民检察院决定，可以由人民检察院立案侦查。自诉案件，由人民法院直接受理。本题中，孙某涉嫌走私犯罪，对于走私犯罪，公安机关有权立案侦查。故A项正确。对于公安机关管辖的国家机关工作人员利用职权实施的重大犯罪案件，经省级以上人民检察院决定，可以由人民检察院立案侦查。故B项正确。

《高检规则》第15条规定："对本规则第十三条第二款规定的案件，人民检察院需要直接立案侦查的，应当层报省级人民检察院决定。……省级人民检察院可以决定由设区的市级人民检察院立案侦查，也可以自行立案侦查。"故C、D项正确。

40. 立案管辖[D]

[解析]《刑事诉讼法》第19条第1款规定："刑事案件的侦查由公安机关进行，法律另有规定的除外。"《监察法》第11条第2项规定，监察委员会依法对涉嫌贪污贿赂、滥用职权、玩忽职守、权力寻租、利益输送、徇私舞弊以及浪费国家资财等职务违法和职

务犯罪进行调查。

本题中，林业局副局长王某违法发放林木采伐许可证罪和李某阻碍解救被拐卖儿童罪均属于国家机关工作人员实施的渎职犯罪，由监察委员会进行调查（如果李某是司法工作人员，则由检察院立案侦查）。故A、C项不当选。

破坏选举案的犯罪主体可以由一般主体构成，也可以由国家机关工作人员构成。因此，当吴某为国家工作人员时，案件应由监察委员会调查，而非一定由公安机关立案侦查。故B项不当选。

传染病菌种、毒种扩散罪属于《刑法》分则第六章妨害社会管理秩序罪，应由公安机关立案侦查。故D项当选。

考点13 审判管辖

41. 并案管辖[D]

[解析]《刑诉解释》第24条规定："人民法院发现被告人还有其他犯罪被起诉的，可以并案审理；涉及同种犯罪的，一般应当并案审理。人民法院发现被告人还有其他犯罪被审查起诉、立案侦查、立案调查的，可以参照前款规定协商人民检察院、公安机关、监察机关并案处理，但可能造成审判过分迟延的除外。根据前两款规定并案处理的案件，由最初受理地的人民法院审判。必要时，可以由主要犯罪地的人民法院审判。"据此，岳某前后涉嫌同种犯罪（诈骗罪），一般应并案审理，由最初受理地法院（甲区法院）审判。《刑诉解释》第25条规定："第二审人民法院在审理过程中，发现被告人还有其他犯罪没有判决的，参照前条规定处理。第二审人民法院决定并案审理的，应当发回第一审人民法院，由第一审人民法院作出处理。"据此，对于决定并案审理的案件，二审法院（市中级法院）应当发回一审法院（甲区法院）重审。故D项正确，A、B、C项均错误。对于C项应注意，二审法院撤销原判后，要么发回重审，要么改判，因为属于已经审理中的案件，不存在提审问题。

42. 地域管辖[BCD]

[解析] 根据《刑诉解释》第10条的规定："中国公民在中华人民共和国领域外的犯罪，由其登陆地、入境地、离境前居住地或者现居住地的人民法院管辖；被害人是中国公民的，也可以由被害人离境前居住地或者现居住地的人民法院管辖。"简言之，居住地和登入地可以管辖。本题中，被告人甲和被害人乙都是中国公民，公海属于中华人民共和国领域外，因此被告甲的中国入境地法院、入境后居所地法院、被害人乙的离境前居住地法院都有管辖权。因此选项B、C、D正确，选项A错误。

43. 指定管辖；回避制度[ABD]

[解析]《刑事诉讼法》第29条规定："审判人员、

检察人员、侦查人员有下列情形之一的，应当自行回避，当事人及其法定代理人也有权要求他们回避：（一）是本案的当事人或者是当事人的近亲属的；（二）本人或者他的近亲属和本案有利害关系的；（三）担任过本案的证人、鉴定人、辩护人、诉讼代理人的；（四）与本案当事人有其他关系，可能影响公正处理案件的。"本案中，由于齐某曾任甲市乙区法院院长，该院审理本案的审判人员可能与本案当事人有利害关系，因此，齐某可以申请具体审理该案的审判人员回避。但是，齐某申请甲市乙区法院全体人员回避于法无据，我国刑事诉讼法并未规定法院整体回避的问题。故A项错误。

《刑诉解释》第18条规定："有管辖权的人民法院因案件涉及本院院长需要回避或者其他原因，不宜行使管辖权的，可以请求移送上一级人民法院管辖。上一级人民法院可以管辖，也可以指定与提出请求的人民法院同级的其他人民法院管辖。"据此，由于犯罪嫌疑人齐某曾任甲市乙区法院院长，现任甲市中院副院长，因此甲市中院不宜成为本案的二审法院，甲市辖区内所有基层法院都不宜成为本案的一审法院。本案乙区法院的正确做法是可以请求移送上一级人民法院指定管辖。另外，由于甲市辖区内所有法院都不宜成为本案的一审法院，因此，甲市中院接到乙区法院报请后，应当再报请省高院指定甲市以外的其他法院行使管辖权。故B、D项错误，C项正确。

44. 指定管辖[ABCD（原答案为C）]

[解析]《监察法》第11条第2项规定，监察委员会依法对涉嫌贪污贿赂、滥用职权、玩忽职守、权力寻租、利益输送、徇私舞弊以及浪费国家资财等职务违法和职务犯罪进行调查。本案中，甲省A市副市长涉嫌受贿2000万元，属于职务犯罪，应当由监察委员会立案调查，检察院无权侦查。故A、C项错误。【旧题新解】本题原本C项正确，但《监察法》实施后，贪污贿赂等职务犯罪改由监察机关立案调查，检察机关不再行使相关侦查权，故根据新法C项错误，导致本题无答案，遂改编为多选题。

在我国，检察院和法院是分立的两个机关，上级检察院领导下级检察院，但不能领导下级法院。因此，指定管辖是由检察院、法院分别进行。甲省检察院可以指定甲省B市检察院审查起诉，但无权指定甲省B市中级法院审理。故B项错误。

《刑诉解释》第22条规定："原受理案件的人民法院在收到上级人民法院改变管辖决定书、同意移送决定书或者指定其他人民法院管辖的决定书后，对公诉案件，应当书面通知同级人民检察院，并将案卷材料退回，同时书面通知当事人；对自诉案件，应当将案卷材料移送被指定管辖的人民法院，并书面通知当事人。"如果指定B市中级法院审理，应当由A市中级法院将案卷材料退回检察院，而不是直接移送B市中级法院。故D项错误。

45. 移送管辖；级别管辖；分案审理[CD]

[解析]《刑诉解释》第17条第1款规定，基层人民法院对可能判处无期徒刑、死刑的第一审刑事案件，应当移送中级人民法院审判。《刑诉解释》第15条规定，一人犯数罪、共同犯罪或者其他需要并案审理的案件，其中一人或者一罪属于上级人民法院管辖的，全案由上级人民法院管辖。但是，本题题干是未成年人和成年人共同犯罪。依据《刑诉解释》第551条第1款规定，对分案起诉至同一人民法院的未成年人与成年人共同犯罪案件，可以由同一个审判组织审理；不宜由同一个审判组织审理的，可以分别审理。所以，可以将赵某移送中级法院审理，其余被告人继续在县法院审理，也可以将全案一并移送中级法院审理。故A项错误。B项的错误在于，不是"应当"，而是"可以"。故B项错误。

《刑诉解释》第17条第3款规定，需要将案件移送中级人民法院审判的，应当在报请院长决定后，至迟于案件审理期限届满15日以前书面请求移送。中级人民法院应当在接到申请后10日以内作出决定。不同意移送的，应当下达不同意移送决定书，由请求移送的人民法院依法审判；同意移送的，应当下达同意移送决定书，并书面通知同级人民检察院。故C、D项正确。

46. 地域管辖[ABCD]

[解析]《刑诉解释》第2条规定："犯罪地包括犯罪行为地和犯罪结果地。针对或者主要利用计算机网络实施的犯罪，犯罪地包括用于实施犯罪行为的网络服务使用的服务器所在地，网络服务提供者所在地，被侵害的信息网络系统及其管理者所在地，犯罪过程中被告人、被害人使用的信息网络系统所在地，以及被害人被侵害时所在地和被害人财产遭受损失地等。"

本题中，A、B两项中的周某、齐某计算机所在地分别是被告人、被害人使用的计算机信息系统所在地，C项中的周某租用的服务器所在地是犯罪行为发生地的网站服务器所在地，D项中的经营该网络游戏的公司所在地是网站管理者所在地。因此，A、B、C、D四项中涉及地区的法院对该案都有管辖权。

47. 级别管辖[A]

[解析]《刑事诉讼法》第21条规定："中级人民法院管辖下列第一审刑事案件：(一)危害国家安全、恐怖活动案件；(二)可能判处无期徒刑、死刑的案件。"因此，本案中被告人之一虽然是外国人，属于外国人犯罪的刑事案件，但是按照《刑事诉讼法》的规

定，只要不符合上述情形，则不应当由中级人民法院管辖。而且，私藏枪支、弹药罪的最高刑为7年，妨害公务罪的最高刑为3年，两者都不属于可能判处无期徒刑以上刑罚的案件，本案犯罪人所犯的罪行不属于中级人民法院管辖范围，故A项正确，B、C、D项均错误。

48. 指定管辖[D]

[解析] 依据《刑事诉讼法》第25条的规定，王某的受贿罪应由甲省的法院管辖，但因王某曾是甲省副省长，为保证不受干扰顺利进行审判，则有必要通过指定管辖由其他省人民法院审判，因此应由其共同上级法院指定。又因为本案属于跨省指定，依据《刑诉解释》第19条第2款规定："管辖权发生争议的，应当在审理期限内协商解决；协商不成的，由争议的人民法院分别层报共同的上级人民法院指定管辖。"综上，本案应由最高人民法院指定管辖，故A、B、C项错误，D项正确。

49. 地域管辖[ABCD]

[解析]《刑事诉讼法》第25条规定："刑事案件由犯罪地的人民法院管辖。如果由被告人居住地的人民法院审判更为适宜的，可以由被告人居住地的人民法院管辖。"确定刑事案件地区管辖的原则是以犯罪地人民法院管辖为主，以被告人居住地人民法院管辖为辅。犯罪地的含义，依据《刑诉解释》第2条第1款规定，是指犯罪行为地和犯罪结果地。

在地域管辖问题上，我国奉行犯罪地管辖为主、居住地管辖为辅的原则，即刑事案件由犯罪地的人民法院管辖。如果由被告人居住地的人民法院审判更为适宜的，可以由被告人居住地的人民法院管辖。

由于非法拘禁是继续犯，甲与乙经过的A、B、C、D四区都可看作犯罪地。其中A区、D区为主要犯罪地，B区、C区也为犯罪地，因此四地法院都有管辖权，A、B、C、D项均正确。

考点14 特殊情况的管辖

50. 特殊情况的地域管辖[BCD]

[解析]《刑诉解释》第4条规定："在中华人民共和国内水、领海发生的刑事案件，由犯罪地或者被告人登陆地的人民法院管辖。由被告人居住地的人民法院审判更为适宜的，可以由被告人居住地的人民法院管辖。"其中，犯罪地包括犯罪行为地和犯罪结果发生地。甲市既不是犯罪地和被告人登陆地，也不是被告人姜某的居住地，故甲市人民法院对本案没有管辖权，A项错误。乙市属于被告人姜某的登陆地，故乙市人民法院有管辖权，B项正确。丙市和丁市均属于犯罪地，故丙市和丁市人民法院均有管辖权，C、D项正确。【总结提示】内水、领海犯罪的管辖地：犯罪地+登陆地+居住地。

51. 特殊地域管辖[ABD]

[解析]《刑诉解释》第 10 条规定:"中国公民在中华人民共和国领域外的犯罪,由其登陆地、入境地、离境前居住地或者现居住地的人民法院管辖;被害人是中国公民的,也可以由被害人离境前居住地或者现居住地的人民法院管辖。"本案中,甲、乙在斯里兰卡对国内的丙实施敲诈勒索,A 市属于甲、乙离境前的居住地,C 市属于甲入境地,E 市属于乙入境地,因此这三地法院对本案具有管辖权。故 A、B、D 项正确,C项错误。【总结提示】(1)中国人在国外犯罪的管辖法院:犯罪嫌疑人登陆地、入境地、离境前居住地;被害人离境前居住地或现居住地(《刑诉解释》第 10条)。(2)外国人在国外对中国人犯罪的管辖法院:犯罪嫌疑人登陆地、入境地、入境后居住地;被害人离境前居住地或现居住地(《刑诉解释》第 11 条)。

52. 地域管辖;级别管辖;特殊情况的管辖[BC]

[解析]《刑诉解释》第 15 条规定:"一人犯数罪、共同犯罪或者其他需要并案审理的案件,其中一人或者一罪属于上级人民法院管辖的,全案由上级人民法院管辖。"由于故意杀人案件由中院管辖,故 A 项中故意杀人案和非法拘禁案均由中级法院审理。故 A 项错误。

《刑事诉讼法》第 25 条规定:"刑事案件由犯罪地的人民法院管辖。如果由被告人居住地的人民法院审判更为适宜的,可以由被告人居住地的人民法院管辖。"《刑诉解释》第 2 条第 1 款规定:"犯罪地包括犯罪行为地和犯罪结果地。"非法拘禁行为是一个持续性的行为,其犯罪地包括实施整个非法拘禁行为的所有地点。在本案中,非法拘禁行为从 C 市持续到 A市,因此 A 市和 C 市均对非法拘禁案具有管辖权。故B 项正确。

《刑诉解释》第 7 条规定:"在中华人民共和国领域外的中国船舶内的犯罪,由该船舶最初停泊的中国口岸所在地或者被告人登陆地、入境地的人民法院管辖。"故 C 项正确,D 项错误。

53. 特殊情况的管辖[C]

[解析]《刑诉解释》第 7 条规定:"在中华人民共和国领域外的中国船舶内的犯罪,由该船舶最初停泊的中国口岸所在地或者被告人登陆地、入境地的人民法院管辖。"本案中,犯罪发生地为公海,应由犯罪发生后首泊港地法院即丙市法院管辖。因此,C 项正确。

专题五 回 避

考点15 回避的对象与理由

54. 回避;二审审理方式[C]

[解析]《刑诉解释》第 393 条规定:"下列案件,根据刑事诉讼法第二百三十四条的规定,应当开庭审理:(一)被告人、自诉人及其法定代理人对第一审认定的事实、证据提出异议,可能影响定罪量刑的上诉案件;……"本题中,张某以事实不清为由提起上诉,符合上述规定。又根据《刑诉解释》第 394 条规定:"对上诉、抗诉案件,第二审人民法院经审查,认为原判事实不清、证据不足,或者具有刑事诉讼法第二百三十八条规定的违反法定诉讼程序情形,需要发回重新审判的,可以不开庭审理。"本题中,本案由二审法院裁定发回重审,对于发回重审的案件,无须开庭审理。故 A 项错误。

《刑诉解释》第 29 条第 2 款规定:"在一个审判程序中参与过本案审判工作的合议庭组成人员或者独任审判员,不得再参与本案其他程序的审判。但是,发回重新审判的案件,在第一审人民法院作出裁判后又进入第二审程序、在法定刑以下判处刑罚的复核程序或者死刑复核程序的,原第二审程序、在法定刑以下判处刑罚的复核程序或者死刑复核程序中的合议庭组成人员不受本款规定的限制。"据此,书记员不属于合议庭成员,所以本案发回重审,林某仍可继续担任该案的书记员。故 B 项错误。王某为一审审判长,属于合议庭组成人员,不能再参与本案其他程序的审判,如果作为审委会委员参与该案的讨论,则属于实质性参与案件审理。因此,王某不能参与审委会对该案的讨论。故 C 项正确。本案经二审法院发回重审,一审法院重新作出裁判后又上诉到二审法院,此时原二审合议庭人员可以继续参与该案的审理。因此,赵某作为原二审审判长,仍可作为该案的审判长审理本案。故 D 项错误。

55. 指定管辖;回避[B]

[解析]《刑诉解释》第 316 条规定:"人民法院受理自诉案件必须符合下列条件:(一)符合刑事诉讼法第二百一十条、本解释第一条的规定;(二)属于本院管辖;(三)被害人告诉;(四)有明确的被告人、具体的诉讼请求和证明被告人犯罪事实的证据。"《刑事诉讼法》第 25 条规定:"刑事案件由犯罪地的人民法院管辖。如果由被告人居住地的人民法院审判更为适宜的,可以由被告人居住地的人民法院管辖。"本题中,犯罪地为 B 区,因此 B 区法院对本案有管辖权,应当受理。故 A 项错误。

《刑诉解释》第 18 条规定:"有管辖权的人民法院因案件涉及本院院长需要回避或者其他原因,不宜行使管辖权的,可以请求移送上一级人民法院管辖。上一级人民法院可以管辖,也可以指定与提出请求的人民法院同级的其他人民法院管辖。"本题中,王某与本案有利害关系,所以,B 区法院受理该案后应请示上级法院指定管辖。故 B 项正确。

《刑事诉讼法》第29条规定,审判人员、检察人员、侦查人员有下列情形之一的,应当自行回避,当事人及其法定代理人也有权要求他们回避:(1)是本案的当事人或者是当事人的近亲属的;(2)本人或者他的近亲属和本案有利害关系的;(3)担任过本案的证人、鉴定人、辩护人、诉讼代理人的;(4)与本案当事人有其他关系,可能影响公正处理案件的。本案中,B区法院受理此案后,王某是上一级法院A市中级法院院长,并非此案审理法院的审判人员,所以无须自行回避。故C项错误。

我国没有整体回避的制度规定,因此,齐某无权申请A市中级法院及其下辖的所有基层法院法官整体回避。故D项错误。

56. 回避的申请主体[ABCD]

[解析] 根据《刑事诉讼法》第29条规定,当事人及其法定代理人可提出回避申请。又根据《刑事诉讼法》第32条规定,辩护人、诉讼代理人可以依照本章的规定要求回避、申请复议。因此,有权要求审判人员回避的有:当事人、法定代理人、诉讼代理人、辩护人。本题中,黄某是辩护人,袁某是自诉人(属于当事人之一),袁某的儿子是诉讼代理人,小付的父亲是被告人的法定代理人,这四个人均有权申请回避。故A、B、C、D项均正确。

57. 回避程序;回避的法定理由[AB]

[解析]《刑诉解释》第27条规定:"审判人员具有下列情形之一的,应当自行回避,当事人及其法定代理人有权申请其回避:(一)是本案的当事人或者是当事人的近亲属的;(二)本人或者其近亲属与本案有利害关系的;(三)担任过本案的证人、鉴定人、辩护人、诉讼代理人、翻译人员的;(四)与本案的辩护人、诉讼代理人有近亲属关系的;(五)与本案当事人有其他利害关系,可能影响公正审判的。"《最高人民法院关于审判人员在诉讼活动中执行回避制度若干问题的规定》第1条规定:"审判人员具有下列情形之一的,应当自行回避,当事人及其法定代理人有权以口头或者书面形式申请其回避:(一)是本案的当事人或者与当事人有近亲属关系的;(二)本人或者其近亲属与本案有利害关系的;(三)担任过本案的证人、翻译人员、鉴定人、勘验人、诉讼代理人、辩护人的;(四)与本案的诉讼代理人、辩护人有夫妻、父母、子女或者兄弟姐妹关系的;(五)与本案当事人之间存在其他利害关系,可能影响案件公正审理的。本规定所称近亲属,包括与审判人员有夫妻、直系血亲、三代以内旁系血亲及近姻亲关系的亲属。"

通过以上两个规定可以发现,A项属于"与本案的辩护人、诉讼代理人有近亲属关系"情形。故A项正确。C项中审判长丙尽管与当事人黄某有其他利害关系,但是没有达到可能影响公正审判的程度。故C项错误。B项中"一审书记员乙系林某的表弟"属于法定回避理由,乙应当回避,但是其没有回避,依据《刑事诉讼法》第238条规定:"第二审人民法院发现第一审人民法院的审理有下列违反法律规定的诉讼程序的情形之一的,应当裁定撤销原判,发回原审人民法院重新审判:(一)违反本法有关公开审判的规定的;(二)违反回避制度的;(三)剥夺或者限制了当事人的法定诉讼权利,可能影响公正审判的;(四)审判组织的组成不合法的;(五)其他违反法律规定的诉讼程序,可能影响公正审判的。"二审法院可以此为由裁定发回原审法院重审。故B项正确。

《刑诉解释》第29条规定:"参与过本案调查、侦查、审查起诉工作的监察、侦查、检察人员,调至人民法院工作的,不得担任本案的审判人员。在一个审判程序中参与过本案审判工作的合议庭组成人员或者独任审判员,不得再参与本案其他程序的审判。但是,发回重新审判的案件,在第一审人民法院作出裁判后又进入第二审程序、在法定刑以下判处刑罚的复核程序或者死刑复核程序的,原第二审程序、在法定刑以下判处刑罚的复核程序或者死刑复核程序中的合议庭组成人员不受本款规定的限制。"本题中,丁系二审合议庭成员,对再次上诉的案件,丁可以参加审理,无需回避。故D项错误。

考点16 回避的程序

58. 回避[A]

[解析]《刑事诉讼法》第29条规定:"审判人员、检察人员、侦查人员有下列情形之一的,应当自行回避,当事人及其法定代理人也有权要求他们回避:(一)是本案的当事人或者是当事人的近亲属的;(二)本人或者他的近亲属和本案有利害关系的;(三)担任过本案的证人、鉴定人、辩护人、诉讼代理人的;(四)与本案当事人有其他关系,可能影响公正处理案件的。"第30条规定:"审判人员、检察人员、侦查人员不得接受当事人及其委托的人的请客送礼,不得违反规定会见当事人及其委托的人。审判人员、检察人员、侦查人员违反前款规定的,应当依法追究法律责任。当事人及其法定代理人有权要求他们回避。

本题中,赵某申请回避的理由是审判长打断其发言,不属于以上法定的回避理由。故A项正确。

申请回避可以在各个诉讼阶段进行,并不必然限制于法庭调查前。故B项错误。

对驳回回避申请决定的救济方式应当是申请复议,而不能是上诉或者抗诉。故C项错误。

《刑诉解释》第35条第2款规定:"当事人及其法定代理人申请回避被驳回的,可以在接到决定时申请复议一次。不属于刑事诉讼法第二十九条、第三十条规定情形的回避申请,由法庭当庭驳回,并不得申请复议。"本案中,赵某申请回避的理由不是法定回避理由,应当由法庭当庭驳回其申请,并且赵某不能申请复议。此外,就算赵某可以复议,也应当向作出驳回回避申请决定的法院申请复议,而非向上级法院复议。故D项错误。

59. 回避决定的复议主体[D]

[解析]《刑诉解释》第35条规定:"对当事人及其法定代理人提出的回避申请,人民法院可以口头或者书面作出决定,并将决定告知申请人。当事人及其法定代理人申请回避被驳回的,可以在接到决定时申请复议一次。不属于刑事诉讼法第二十九条、第三十条规定情形的回避申请,由法庭当庭驳回,并不得申请复议。"据此,当事人及其法定代理人申请回避被驳回(申请回避失败),有权申请复议;若法院作出回避决定(申请回避成功),被决定回避的人(公、检、法等人员)对回避决定不服,无权申请复议。本题中,法院作出了李某回避的决定,罗某申请回避成功,且郭某其父某并非申请复议的当事人,故其不能对申请复议,故A、B项错误。李某是被决定回避的人,对回避决定无权申请复议,故C项错误。综上,本题D项当选。【旧题新解】本题根据旧法,李某作为被决定回避的人原本有申请复议的权利,但根据新法不再有相关权利,导致本题无答案,故对本题进行了改编。【思路拓展】当事人、法定代理人、辩护人、诉讼代理人申请回避,均适用上述复议规则。

60. 提出回避的形式;回避的决定权;对驳回回避申请的复议权[C]

[解析]《刑事诉讼法》第19条第2款规定:"人民检察院在对诉讼活动实行法律监督中发现的司法工作人员利用职权实施的非法拘禁、刑讯逼供、非法搜查等侵犯公民权利、损害司法公正的犯罪,可以由人民检察院立案侦查。对于公安机关管辖的国家机关工作人员利用职权实施的重大犯罪案件,需要由人民检察院直接受理的时候,经省级以上人民检察院决定,可以由人民检察院立案侦查。"本题中,刑讯逼供是司法工作人员利用职权实施的犯罪,属于人民检察院管辖。《高检规则》第25条规定:"检察人员自行回避的,应当书面或者口头提出,并说明理由。口头提出的,应当记录在案。"可知,王某可以提出自行回避的申请。故A项正确,不当选。

《刑事诉讼法》第31条第2款规定:"对侦查人员的回避作出决定前,侦查人员不能停止对案件的侦查。"故B项正确,不当选。

《刑事诉讼法》第31条第1款规定:"审判人员、检察人员、侦查人员的回避,应当分别由院长、检察长、公安机关负责人决定;院长的回避,由本院审判委员会决定;检察长和公安机关负责人的回避,由同级人民检察院检察委员会决定。"本题中,刑讯逼供由人民检察院立案侦查。王某是检察院的侦查人员,其回避由检察长决定,而不是公安机关负责人决定。故C项错误,当选。

《刑事诉讼法》第31条第3款规定:"对驳回申请回避的决定,当事人及其法定代理人可以申请复议一次。"故D项正确,不当选。

61. 回避的主体与程序[D]

[解析]《刑事诉讼法》第32条第1款规定:"本章关于回避的规定适用于书记员、翻译人员和鉴定人。"《刑事诉讼法》第29条规定:"审判人员、检察人员、侦查人员有下列情形之一的,应当自行回避,当事人及其法定代理人也有权要求他们回避:(一)是本案的当事人或者是当事人的近亲属的;(二)本人或者他的近亲属和本案有利害关系的;(三)担任过本案的证人、鉴定人、辩护人、诉讼代理人的;(四)与本案当事人有其他关系,可能影响公正处理案件的。"本案书记员李某因曾在侦查阶段担任过鉴定人,符合第29条第3项的规定,具有法定回避情形,故A项错误。

《刑诉解释》第36条规定:"当事人及其法定代理人申请出庭的检察人员回避的,人民法院应当区分情况作出处理:(一)属于刑事诉讼法第二十九条、第三十条规定情形的回避申请,应当决定休庭,并通知人民检察院尽快作出决定;(二)不属于刑事诉讼法第二十九条、第三十条规定情形的回避申请,应当当庭驳回,并不得申请复议。"此外,《高检规则》第28条规定:"在开庭审理过程中,当事人及其法定代理人向法庭申请出庭的检察人员回避的,在收到人民法院通知后,人民检察院应当作出回避或者驳回申请的决定。不属于刑事诉讼法第二十九条、第三十条规定情形的回避申请,出席法庭的检察人员应当建议法庭当庭驳回。"第29条规定:"检察长的回避,由检察委员会讨论决定。检察委员会讨论检察长回避问题时,由副检察长主持,检察长不得参加。其他检察人员的回避,由检察长决定。"本案中,李某属于检察院的书记员,所以其回避应由检察长决定,故D项正确,B、C项错误。

专题六 辩护与代理

考点17 有效辩护原则

62. 有效辩护原则[ACD]

[解析]有效辩护原则的确立,体现了犯罪嫌疑人、被告人刑事诉讼主体地位的确立和人权保障的理念,有助于维系控辩平等对抗和审判方居中"兼听则明"的刑事诉讼构造。故A项正确。有效辩护原则应

包括以下几方面的内容：(1)犯罪嫌疑人、被告人作为刑事诉讼的当事人在整个诉讼过程中应当享有充分的辩护权。(2)允许犯罪嫌疑人、被告人聘请合格的能够有效履行辩护职责的辩护人为其辩护,这种辩护同样应当覆盖从侦查到审判甚至执行阶段的整个刑事诉讼过程。(3)国家应当保障犯罪嫌疑人、被告人自行辩护权的充分行使,并通过设立法律援助制度确保犯罪嫌疑人、被告人能够获得符合最低标准并具有实质意义的律师帮助。故 B 项错误,D 项正确。辩护应当对保护犯罪嫌疑人、被告人的权利具有实质意义,而不仅仅是形式上的,这是有效辩护原则的基本要求。故 C 项正确。

考点18 辩护的种类

63. 拒绝辩护的处理[A]

[解析]《刑诉解释》第 311 条规定,被告人在一个审判程序中更换辩护人一般不得超过两次。被告人当庭拒绝辩护人辩护,要求另行委托辩护人或者指派律师的,合议庭应当准许。被告人拒绝辩护人辩护后,没有辩护人的,应当宣布休庭;仍有辩护人的,庭审可以继续进行。有多名被告人的案件,部分被告人拒绝辩护人辩护后,没有辩护人的,根据案件情况,可以对该部分被告人另案处理,对其他被告人的庭审继续进行。重新开庭后,被告人再次当庭拒绝辩护人辩护的,可以准许,但被告人不得再次另行委托辩护人或者要求另行指派律师,由其自行辩护。被告人属于应当提供法律援助的情形,重新开庭后再次当庭拒绝辩护人辩护的,不予准许。

由此可知 A 项表述正确。B 项的错误在于,辩护人尽管依据事实和法律辩护,具有独立的诉讼地位,但是,被告人有委托和拒绝辩护人辩护的权利。C 项的错误在于,应当提供法律援助的被告人可以拒绝辩护一次,被告人属于应当提供法律援助的情形,重新开庭后再次当庭拒绝辩护人辩护的,合议庭不予准许。D 项的错误在于,有多名被告人的案件,部分被告人拒绝辩护人辩护的,合议庭也是应当准许的。

64. 指定辩护[B]

[解析]《刑诉解释》第 564 条规定:"审判时不满十八周岁的未成年被告人没有委托辩护人的,人民法院应当通知法律援助机构指派熟悉未成年人身心特点的律师为其提供辩护。"本题 A 项中的王某在开庭审理时已满 18 周岁,不属于应当提供法律援助辩护的被告人范围。故 A 项错误。

《刑诉解释》第 311 条第 2、5 款规定:"被告人当庭拒绝辩护人辩护,要求另行委托辩护人或者指派律师的,合议庭应当准许。被告人拒绝辩护人辩护后,没有辩护人的,应当宣布休庭;仍有辩护人的,庭审可以继续进行。被告人属于应当提供法律援助的情形,重新开庭后再次当庭拒绝辩护人辩护的,不予准许。"本题 B 项中的李某可能被判处死刑,属于应当提供法律援助辩护的情形,在重新开庭审理后,李某再次当庭拒绝辩护人辩护的,合议庭不予准许的做法是正确的。故 B 项正确。

《刑诉解释》第 485 条第 4 款规定:"外国籍被告人没有委托辩护人的,人民法院可以通知法律援助机构为其指派律师提供辩护。被告人拒绝辩护人辩护的,应当由其出具书面声明,或者将其口头声明记录在案;必要时,应当录音录像。被告人属于应当提供法律援助情形的,依照本解释第五十条规定处理。"本题 C 项中法院为外籍被告汤姆指定辩护人的做法正确,但被告人拒绝辩护人辩护的,法院应予准许。故 C 项错误。

《刑诉解释》第 313 条第 1 款规定:"依照前两条规定另行委托辩护人或者通知法律援助机构指派律师的,自案件宣布休庭之日起至第十五日止,由辩护人准备辩护,但被告人及其辩护人自愿缩短时间的除外。"D 项中"延期审理的期限为 10 日"的说法不准确。故 D 项错误。

考点19 辩护人的诉讼地位

65. 辩护人的诉讼地位[ABD]

[解析]辩护人,是指接受被追诉一方委托或者受法律援助机构指派,帮助犯罪嫌疑人、被告人行使辩护权以维护其合法权益的人。可见,辩护人是维护被告人的合法权益的,不能维护被告人的非法权利,故 B 项正确。

根据《刑事诉讼法》的规定,辩护人的责任是根据事实和法律,提出证明犯罪嫌疑人、被告人无罪、罪轻或者减轻、免除其刑事责任的材料和意见,维护犯罪嫌疑人、被告人的诉讼权利和其他合法权益。辩护人在刑事诉讼中是独立的诉讼参与人,有独立的诉讼地位,并不是被告人的代言人。据此,A、D 项正确,C 项错误。

考点20 辩护人的范围

66. 辩护人的范围与人数[D]

[解析]《刑诉解释》第 41 条第 1、2 款规定:"审判人员和人民法院其他工作人员从人民法院离任后二年内,不得以律师身份担任辩护人。审判人员和人民法院其他工作人员从人民法院离任后,不得担任原任职法院所审理案件的辩护人,但系被告人的监护人、近亲属的除外。"本案中,齐某作为被告人的监护人或近亲属的情形下,可以担任被告人的辩护人。故 A 项错误。

《刑诉解释》第 43 条规定:"一名被告人可以委托一至二人作为辩护人。一名辩护人不得为两名以上的同案被告人,或者未同案处理但犯罪事实存在关联

· 16 ·

的被告人辩护。"可知,法律并未规定两名辩护人不得分别担任同案犯罪嫌疑人的辩护人或者同时担任同一犯罪嫌疑人的辩护人。故B、C项错误。

《刑诉解释》第41条第3款规定,审判人员和人民法院其他工作人员的配偶、子女或者父母不得担任其任职法院所审理案件的辩护人,但系被告人的监护人、近亲属的除外。本案中,洪某虽然是齐某的配偶,但齐某已经辞职,其身份已经不是法院工作人员,因此,洪某可以律师身份担任A县法院审理案件的辩护人。故D项正确。

67. 辩护人接受委托的权限[A]

[解析]《刑诉解释》第43条第2款规定:"一名辩护人不得为两名以上的同案被告人,或者未同案处理但犯罪事实存在关联的被告人辩护。"本题中,鲁某与洪某系共同犯罪人,二者虽未同案处理,但二者之间仍有利益冲突,沈律师为鲁某担任辩护人,就不得再为洪某担任辩护人,故A项正确。

68. 刑事诉讼辩护人的资格[D]

[解析]《刑事诉讼法》第33条第1、2款规定:"犯罪嫌疑人、被告人除自己行使辩护权以外,还可以委托一至二人作为辩护人。下列的人可以被委托为辩护人:(一)律师;(二)人民团体或者犯罪嫌疑人、被告人所在单位推荐的人;(三)犯罪嫌疑人、被告人的监护人、亲友。正在被执行刑罚或者依法被剥夺、限制人身自由的人,不得担任辩护人。"《刑诉解释》第40条规定:"人民法院审判案件,应当充分保障被告人依法享有的辩护权利。被告人除自己行使辩护权以外,还可以委托辩护人辩护。下列人员不得担任辩护人:(一)正在被执行刑罚或处于缓刑、假释考验期间的人;(二)依法被剥夺、限制人身自由的人;(三)被开除公职或者被吊销律师、公证员执业证书的人;(四)人民法院、人民检察院、监察机关、公安机关、国家安全机关、监狱的现职人员;(五)人民陪审员;(六)与本案审理结果有利害关系的人;(七)外国人或者无国籍人;(八)无行为能力或者限制行为能力的人。前款第三项至第七项规定的人员,如果是被告人的监护人、近亲属,由被告人委托担任辩护人的,可以准许。"

近亲属是指夫、妻、父、母、子、女,同胞兄弟姊妹,所以郭某的爷爷不属于近亲属,且其已经加入了美国国籍,符合《刑诉解释》第40条规定中的第7项,故其不能担任辩护人,A项错误。

B项郭某的儿子16岁,属于限制行为能力的人,依据《刑诉解释》第40条规定中的第3项,不能担任辩护人,B项错误。

C项郭某的朋友甲为郭某招摇撞骗伪造国家机关证件,其与本案审理结果有利害关系,依据《刑诉解释》第40条规定中的第6项,不能担任辩护人,C项错误。

D项郭某的朋友乙是司法行政部门负责人,而不是人民法院、人民检察院、公安机关、国家安全机关、监狱的现职人员,且其符合《刑事诉讼法》第33条第1款第3项规定,因此乙可以担任辩护人,D项正确。

考点21 辩护人的诉讼权利和诉讼义务

69. 辩护人的诉讼权利;分案起诉、审理[A]

[解析]《刑事诉讼法》第97条规定:"犯罪嫌疑人、被告人及其法定代理人、近亲属或者辩护人有权申请变更强制措施。人民法院、人民检察院和公安机关收到申请后,应当在三日以内作出决定;不同意变更强制措施的,应当告知申请人,并说明不同意的理由。"在本题中,钱乙并非律师,所以侦查阶段不能作为钱甲的辩护人,但可以作为近亲属为钱甲申请取保候审。故A项正确。

《刑事诉讼法》第162条第1款规定:"公安机关侦查终结的案件,应当做到犯罪事实清楚、证据确实、充分,并且写出起诉意见书,连同案卷材料、证据一并移送同级人民检察院审查决定;同时将案件移送情况告知犯罪嫌疑人及其辩护律师。"本题中,钱乙不是律师,不得在侦查阶段担任钱甲的辩护人,公安机关也无须将案件移送情况告知钱乙。故B项错误。

《刑事诉讼法》第281条第1款规定:"对于未成年人刑事案件,在讯问和审判的时候,应当通知未成年犯罪嫌疑人、被告人的法定代理人到场。无法通知、法定代理人不能到场或者法定代理人是共犯的,也可以通知未成年犯罪嫌疑人、被告人的其他成年亲属,所在学校、单位、居住地基层组织或者未成年人保护组织的代表到场,并将有关情况记录在案。到场的法定代理人可以代为行使未成年犯罪嫌疑人、被告人的诉讼权利。"可知,对于未成年人刑事案件,在讯问和审判的时候,应当通知未成年犯罪嫌疑人、被告人的法定代理人到场,不包括担任未成年犯罪嫌疑人、被告人的辩护人。故C项错误。

对于共同犯罪的案件,法院可以并案审理;但是,对未成年人刑事案件,我国秉持分案处理原则,即对未成年人犯罪案件的处理在时间、地点上都与成年人犯罪案件的处理分开来进行。《人民检察院办理未成年人刑事案件的规定》第51条第1款规定:"人民检察院审查未成年人与成年人共同犯罪案件,一般应当将未成年人与成年人分案起诉……"第54条规定:"人民检察院对未成年人与成年人共同犯罪案件分别提起公诉后,在诉讼过程中出现不宜分案起诉情形的,可以建议人民法院并案审理。"可见,对于检察院起诉至法院的未成年人案件,法院应当分案审理,仅特殊情况下,检察院有并案建议权。故D项错误。

特别注意《刑诉解释》第 551 条第 1 款的规定:"对分案起诉至同一人民法院的未成年人与成年人共同犯罪案件,可以由同一个审判组织审理;不宜由同一个审判组织审理的,可以分别审理。"有考生据此对本题作出误判。该条文是说,对于分案起诉的案件,可以由同一个审判组织审理,但不等于法院可以并案审理;这同一个审判组织,要对成年人案件与未成年人案件作为两个案件分别审理。

70. 辩护人的权利[D]

[解析]《最高人民法院、最高人民检察院、公安部、国家安全部、司法部关于依法保障律师执业权利的规定》第 7 条第 4 款规定,辩护律师可以带 1 名律师助理协助会见。故 A 项错误。

《最高人民法院、最高人民检察院、公安部、国家安全部、司法部关于依法保障律师执业权利的规定》第 13 条规定:"看守所应当及时传递辩护律师同犯罪嫌疑人、被告人的往来信件。看守所可以对信件进行必要的检查,但不得截留、复制、删改信件,不得向办案机关提供信件内容,但信件内容涉及危害国家安全、公共安全、严重危害他人人身安全以及涉嫌串供、毁灭证据等情形的除外。"B 项的表述没有例外情形,故 B 项错误。

《最高人民法院、最高人民检察院、公安部、国家安全部、司法部关于依法保障律师执业权利的规定》第 18 条规定:"辩护律师申请人民检察院、人民法院收集、调取证据的,人民检察院、人民法院应当在三日以内作出是否同意的决定,并通知辩护律师。辩护律师书面提出有关申请时,办案机关不同意的,应当书面说明理由;辩护律师口头提出申请的,办案机关可以口头答复。"因此,只有律师书面提出申请的,办案机关才应当书面说明不同意的理由。故 C 项错误。

《最高人民法院、最高人民检察院、公安部、国家安全部、司法部关于依法保障律师执业权利的规定》第 35 条规定:"辩护律师作无罪辩护的,可以当庭就量刑问题发表辩护意见,也可以庭后提交量刑辩护意见。"故 D 项正确。

71. 辩护人的义务[C]

[解析]《刑事诉讼法》第 42 条规定:"辩护人收集的有关犯罪嫌疑人不在犯罪现场、未达到刑事责任年龄、属于依法不负刑事责任的精神病人的证据,应当及时告知公安机关、人民检察院。"A 项中被害人是精神病人,法条要求是犯罪嫌疑人属于依法不负刑事责任的精神病人。故 A 项错误。正当防卫不属于应当告知的情形。故 B 项错误。犯罪嫌疑人案发时在外地出差,属于犯罪嫌疑人不在犯罪现场的证据。故 C 项正确。制造毒品案中犯罪嫌疑人已满 16 周岁,不属于未达到刑事责任年龄的情形。故 D 项错误。

72. 辩护律师的诉讼权利与义务[B]

[解析]《刑事诉讼法》第 39 条第 4 款规定:"辩护律师会见在押的犯罪嫌疑人、被告人,可以了解案件有关情况,提供法律咨询等;自案件移送审查起诉之日起,可以向犯罪嫌疑人、被告人核实有关证据。辩护律师会见犯罪嫌疑人、被告人时不被监听。"故 B 项正确。A 项错误在于向犯罪嫌疑人核实证据的时间起点为"自案件移送审查起诉之日",而不是"侦查期间"。

《刑事诉讼法》第 42 条规定:"辩护人收集的有关犯罪嫌疑人不在犯罪现场、未达到刑事责任年龄、属于依法不负刑事责任的精神病人的证据,应当及时告知公安机关、人民检察院。"据此,辩护律师收集到的、应当及时告知于公安机关、检察院的证据只限于以上三类,而非将收集到的所有有利于犯罪嫌疑人的证据都予以告知。故 C 项错误。

《刑事诉讼法》第 48 条规定:"辩护律师对在执业活动中知悉的委托人的有关情况和信息,有权予以保密。但是,辩护律师在执业活动中知悉委托人或者其他人,准备或者正在实施危害国家安全、公共安全以及严重危害他人人身安全的犯罪的,应当及时告知司法机关。"辩护律师只对自己知悉的委托人或其他人正准备或正在实施的特定的犯罪行为负有告知司法机关的义务,不包括过去已经实施的犯罪。故 D 项错误。

73. 犯罪嫌疑人、被告人有权获得辩护原则[AD]

[解析]《刑事诉讼法》第 11 条规定:"人民法院审判案件,除本法另有规定的以外,一律公开进行。被告人有权获得辩护,人民法院有义务保证被告人获得辩护。"我国法律赋予犯罪嫌疑人、被告人辩护权,并在制度和程序上充分保障犯罪嫌疑人、被告人行使辩护权。在任何情况下,对任何犯罪嫌疑人、被告人都不得以任何理由限制或者剥夺其辩护权。故 A 项正确。

在刑事诉讼中,为保障犯罪嫌疑人、被告人的辩护权,公检法机关负有以下义务:(1)告知义务。即应该及时告知犯罪嫌疑人、被告人享有辩护权以及法律赋予的其他诉讼权利。(2)为犯罪嫌疑人、被告人提供进行辩护的条件,如为符合法定情形的被告人指定承担法律援助义务的律师。B 项前半句"辩护权是犯罪嫌疑人、被告人最基本的诉讼权利"是正确的,但是并不是有关机关在任何情况下都有为每个犯罪嫌疑人、被告人免费提供律师帮助的义务。故 B 项错误。

辩护权是犯罪嫌疑人、被告人应该得到的保障,但是,并不是任何机关都有为犯罪嫌疑人、被告人提供辩护帮助的义务,承担该义务的主体仅限于公安机关、人民检察院和人民法院。故 C 项错误。

辩护权是具有实质意义的诉讼权利,在控辩审三方构造的现代刑事诉讼模式下,只有辩护权得到充分行使,才能有效对抗控方指控,从而实现案件客观真实的查明和法律的正确适用,以保证诉讼法治和现代民主价值的实现。故 D 项正确。

74. 辩护人的诉讼权利[ABC(原答案为 AC)]

[解析]《刑事诉讼法》第 99 条规定,犯罪嫌疑人、被告人及其法定代理人、近亲属或者辩护人对于人民法院、人民检察院或者公安机关采取强制措施法定期限届满的,有权要求解除强制措施。本题中,甲被超期羁押时,乙作为辩护人有权要求解除强制措施,故 A 项正确。

《刑事诉讼法》第 32 条第 2 款规定:"辩护人、诉讼代理人可以依照本章的规定要求回避、申请复议。"即辩护人有权申请回避,故 B 项正确。

《刑事诉讼法》第 173 条第 1 款规定:"人民检察院审查案件,应当讯问犯罪嫌疑人,听取辩护人或者值班律师、被害人及其诉讼代理人的意见,并记录在案。辩护人或者值班律师、被害人及其诉讼代理人提出书面意见的,应当附卷。"因此,乙作为辩护人可以向检察机关陈述辩意见,故 C 项正确。

依据《刑事诉讼法》第 43 条的规定,亲自调查取证权仅限辩护律师独有,非律师辩护人并不享有此项权利,故 D 项错误在于,甲的弟弟乙系非律师辩护人,无权自行调查取证。

考点 22 值班律师制度

75. 值班律师的权利与义务[A]

[解析]《法律援助值班律师工作办法》第 6 条第 3 款规定:"值班律师办理案件时,可以应犯罪嫌疑人、被告人的约见进行会见,也可以经办案机关允许主动会见;自人民检察院对案件审查起诉之日起可以查阅案卷材料、了解案情。"故 A 项正确。

《法律援助值班律师工作办法》第 10 条规定:"犯罪嫌疑人签署认罪认罚具结书时,值班律师对犯罪嫌疑人认罪认罚自愿性、人民检察院量刑建议、程序适用等均无异议的,应当在具结书上签名……值班律师对人民检察院量刑建议、程序适用有异议的,在确认犯罪嫌疑人系自愿认罪认罚后,应当在具结书上签字,同时可以向人民检察院提出法律意见。犯罪嫌疑人拒绝值班律师帮助的,值班律师无需在具结书上签字……"据此,只要确认犯罪嫌疑人属于自愿认罪认罚,值班律师就应在具结书上签字;即使值班律师认为量刑建议过重,犯罪嫌疑人仍自愿认罪认罚,仍应在具结书上签字,同时可向检察院提出法律意见。故 B 项错误。

根据《刑事诉讼法》第 39 条第 4 款规定,辩护律师会见犯罪嫌疑人、被告人时不被监听。彭某作为

律援助值班律师,也适用上述规定。若办案机关在彭某会见秦某时安排人员在场,则涉嫌旁听,违反上述规定。故 C 项错误。

《法律援助值班律师工作办法》第 21 条规定:"侦查阶段,值班律师可以向侦查机关了解犯罪嫌疑人涉嫌的罪名及案件有关情况;案件进入审查起诉阶段后,值班律师可以查阅案卷材料,了解案情,人民检察院、人民法院应当及时安排,并提供便利。已经实现卷宗电子化的地方,人民检察院、人民法院可以安排在线阅卷。"据此,值班律师在审查起诉阶段只享有阅卷权,无摘抄、复制案卷材料的权利,故 D 项错误。

【陷阱点拨】根据《刑事诉讼法》第 40 条,辩护律师自人民检察院对案件审查起诉之日起,可以查阅、摘抄、复制本案的案卷材料。

76. 值班律师制度[A]

[解析] 值班律师,是指法律援助机构在看守所、人民检察院、人民法院等场所设立法律援助工作站,通过派驻或安排的方式,为没有辩护人的犯罪嫌疑人、被告人提供法律帮助的律师。

《法律援助值班律师工作办法》第 6 条规定:"值班律师依法提供以下法律帮助:(一)提供法律咨询;(二)提供程序选择建议;(三)帮助犯罪嫌疑人、被告人申请变更强制措施;(四)对案件处理提出意见;(五)帮助犯罪嫌疑人、被告人及其近亲属申请法律援助;(六)法律法规规定的其他事项。……值班律师办理案件时,可以应犯罪嫌疑人、被告人的约见进行会见,也可以经办案机关允许主动会见;自人民检察院对案件审查起诉之日起可以查阅案卷材料、了解案情。"故 A 项正确。根据上述第 1 款第 1 项,值班律师提供法律咨询属于提供法律帮助,不是辩护权的体现,故 B 项错误。**【思路点拨】**辩护权归属于犯罪嫌疑人、被告人及其辩护人。值班律师是在犯罪嫌疑人没有委托辩护人、法律援助机构没有指派律师提供辩护时才会出现的提供基本法律帮助的人,值班律师不是辩护人,虽然可以行使辩护人的部分职责,但其并非辩护权的主体。

值班律师不是辩护人,只能提供基本的法律帮助,无权出庭发表意见,也无权调查取证,故 C 项错误。**【知识拓展】**值班律师为犯罪嫌疑人、被告人提供法律帮助的,不妨碍犯罪嫌疑人、被告人继续委托辩护人或者获得法律援助辩护。犯罪嫌疑人、被告人委托辩护人或者获得法律援助辩护后,值班律师退出,但之前提供的法律帮助继续有效。

值班律师可以参与各类型案件,提供法律帮助,与犯罪嫌疑人、被告人是否认罪认罚无关,故 D 项错误。

77. 值班律师制度[ACD]

[解析] 2018 年《刑事诉讼法》增加了值班律师

制度,本题是对相关规定的考查。

《高检规则》第269条第1、2款规定:"犯罪嫌疑人认罪认罚的,人民检察院应当告知其享有的诉讼权利和认罪认罚的法律规定,听取犯罪嫌疑人、辩护人或者值班律师、被害人及其诉讼代理人对下列事项的意见,并记录在案:……依照前款规定听取值班律师意见的,应当提前为值班律师了解案件有关情况提供必要的便利。自人民检察院对案件审查起诉之日起,值班律师可以查阅案卷材料,了解案情。人民检察院应当为值班律师查阅案卷材料提供便利。"据此,A项正确。

《刑事诉讼法》第174条第1款规定:"犯罪嫌疑人自愿认罪,同意量刑建议和程序适用的,应当在辩护人或者值班律师在场的情况下签署认罪认罚具结书。"据此,签署认罪认罚具结书只需要辩护人或者值班律师在场即可,因此值班律师在场的情况下签署的认罪认罚具结书是有效的。故B项错误。

《刑事诉讼法》第173条第2、3款规定:"犯罪嫌疑人认罪认罚的,人民检察院应当告知其享有的诉讼权利和认罪认罚的法律规定,听取犯罪嫌疑人、辩护人或者值班律师、被害人及其诉讼代理人对下列事项的意见,并记录在案:(一)涉嫌的犯罪事实、罪名及适用的法律规定;(二)从轻、减轻或者免除处罚等从宽处罚的建议;(三)认罪认罚后案件审理适用的程序;(四)其他需要听取意见的事项。人民检察院依照前两款规定听取值班律师意见的,应当提前为值班律师了解案件有关情况提供必要的便利。"上述《高检规则》第269条也有同样规定。据此,C项正确。

根据《刑事诉讼法》第36条第1款规定:"法律援助机构可以在人民法院、看守所等场所派驻值班律师。犯罪嫌疑人、被告人没有委托辩护人,法律援助机构没有指派律师为其提供辩护的,由值班律师为犯罪嫌疑人、被告人提供法律咨询、程序选择建议、申请变更强制措施、对案件处理提出意见等法律帮助。"因此,本案如果甲、乙均没有委托辩护人,二人都能获得值班律师的帮助。至于一名值班律师能否同时为甲、乙两名犯罪嫌疑人提供法律咨询,法律并未禁止。根据《刑诉解释》第43条的规定:"一名被告人可以委托一至二人作为辩护人。一名辩护人不得为两名以上的同案被告人,或者未同案处理但犯罪事实存在关联的被告人辩护。"该条文仅限制辩护人,并未限制值班律师。因此,D项正确。

考点23 刑事代理

78. 诉讼代理人的权限、职责[D]

[解析] 刑事诉讼代理人是指接受公诉案件的被害人及其法定代理人或者附带民事诉讼的当事人及其法定代理人、自诉案件的自诉人及其法定代理人的委托,以被代理人的名义,在被代理人授权范围内,为维护其合法权益所进行的诉讼活动的人。

诉讼代理人的权限是依据被代理人的授权产生而不是依据法律规定,当然也不会自动享有被代理人的权利。故A、B项错误。

诉讼代理人的责任是根据事实和法律,维护被害人、自诉人或者附带民事诉讼当事人的合法权益,而不承担代理人依法负有的义务。故C项错误,D项正确。

79. 辩护人和诉讼代理人接受委托的时间、在诉讼中的权利及地位[B(原答案为A)]

[解析]《刑事诉讼法》第34条第1款规定:"犯罪嫌疑人自被侦查机关第一次讯问或者采取强制措施之日起,有权委托辩护人;在侦查期间,只能委托律师作为辩护人。被告人有权随时委托辩护人。"《刑事诉讼法》第46条第1款规定:"公诉案件的被害人及其法定代理人或者近亲属,附带民事诉讼的当事人及其法定代理人,自案件移送审查起诉之日起,有权委托诉讼代理人。自诉案件的自诉人及其法定代理人,附带民事诉讼的当事人及其法定代理人,有权随时委托诉讼代理人。"可见,辩护人、诉讼代理人介入诉讼的时间因案件类型不同而不同。本案是公诉案件,自被侦查机关第一次讯问后或者采取强制措施之日起,赵律师可以接受委托担任辩护人,但是自案件移送审查起诉之日起,孙律师才可以接受委托担任诉讼代理人。故A项错误。

《刑事诉讼法》第32条第2款规定:"辩护人、诉讼代理人可以依照本章的规定要求回避、申请复议。"据此,赵律师、孙律师分别作为辩护人和诉讼代理人,有权申请该案的审判人员和公诉人员回避。故B项正确。

《刑事诉讼法》第191条第2款规定:"被害人、附带民事诉讼的原告人和辩护人、诉讼代理人,经审判长许可,可以向被告人发问。"据此,赵律师和孙律师分别作为辩护人、诉讼代理人,均可经审判长许可,向被告人张某发问。故C项错误。

辩护人在刑事诉讼中具有独立的诉讼地位,其根据对事实的掌握和对法律的理解,依自己的意志独立进行辩护,依法履行职责,不受犯罪嫌疑人、被告人意思表示的约束。而诉讼代理人必须在被代理人的授权范围内进行诉讼,超过授权范围进行诉讼活动所产生的结果,除非得到被代理人的承认,否则被代理人不予承担。故D项错误。

80. 刑事诉讼法定代理人与诉讼代理人的区别[ABC]

[解析]《刑事诉讼法》第108条规定:"……(三)'法定代理人'是指被代理人的父母、养父母、监护人和负有保护责任的机关、团体的代表;……(五)'诉讼代理人'是指公诉案件的被害人及其法定代理

人或者近亲属、自诉案件的自诉人及其法定代理人委托代为参加诉讼的人和附带民事诉讼的当事人及其法定代理人委托代为参加诉讼的人；……"由此可知，法定代理人是基于法律规定或法定程序产生，其权利来源于法律授权，诉讼代理人是基于被代理人委托产生，其权利源于委托协议授权。故A、B项正确。

根据前述规定，诉讼代理人只能在被代理人授权范围内进行诉讼活动，既不能超越代理范围，也不能违背被代理人意志。而根据《刑事诉讼法》第227条第1款规定，被告人、自诉人和他们的法定代理人，不服地方各级人民法院第一审的判决、裁定，有权用书状或者口头向上一级人民法院上诉。据此，法定代理人享有独立上诉权，即使被告人不同意，法定代理人也可以提起上诉，可以违背被代理人意志进行诉讼活动。故C项正确。

根据《刑事诉讼法》的有关规定，法定代理人享有广泛的与被代理人大致相同的诉讼权利，但是陈述案情的权利具有人身性质，所以，法定代理人不可以代替被代理人陈述案情，诉讼代理人也不能代替被代理人陈述案情。故D项错误。

81. 有权委托诉讼代理人的主体[B]

[解析]《刑事诉讼法》第46条规定，公诉案件的被害人及其法定代理人或者近亲属、附带民事诉讼的当事人及其法定代理人，自案件移送审查起诉之日起，有权委托诉讼代理人。自诉案件的自诉人及其法定代理人、附带民事诉讼的当事人及其法定代理人，有权随时委托诉讼代理人。《刑事诉讼法》第108条第5项规定，"诉讼代理人"是指公诉案件的被害人及其法定代理人或者近亲属、自诉案件的自诉人及其法定代理人委托代为参加诉讼的人和附带民事诉讼的当事人及其法定代理人委托代为参加诉讼的人；第6项规定，"近亲属"是指夫、妻、父、母、子、女、同胞兄弟姊妹。

根据上述法条可知，本题A项中，涉嫌强奸罪被告人的父亲，有权委托辩护人，但无权委托诉讼代理人。故A项错误。B项中抢劫案被害人的胞妹，为公诉案件被害人的近亲属，有权自案件移送审查起诉之日起委托诉讼代理人。故B项正确。而附带民事被告人、自诉人，只有其本人及其法定代理人有权委托诉讼代理人，他们的近亲属无权委托诉讼代理人。故C、D项均错误。

专题七 刑事证据

考点24 证据的基本属性
82. 证据的关联性[C]

[解析]证据的关联性，是指证据必须与案件事实有客观联系，对证明刑事案件事实具有某种实际意义；反之，与本案无关的事实或者材料，都不能成为刑事证据。故A项错误。

关联性仅是证据的一个基本属性，证据具有关联性仅表示证据与待证事实之间存在关联，但证据是否具有可采性，还应当考虑证据是否具有其他两个基本属性——合法性与客观性。故B项错误。

证据的关联性是证据证明力的原因。所谓证明力，即证据对证明案件事实的证明作用，也就是证据对证明案件事实的价值。证据对案件事实有无证明力以及证明力的大小，取决于证据本身与案件事实有无联系以及联系的紧密、强弱程度。一般来说，如果证据与案件事实之间的联系紧密，则该证据的证明力较强，在诉讼中所起的作用也较大。故C项正确。

一般而言，英美证据法认为下列几种证据不具有关联性，不得作为认定案件事实的依据：(1)品格证据；(2)类似行为；(3)特定的诉讼行为；(4)特定的事实行为；(5)被害人过去的行为。故D项错误。

考点25 刑事证据规则
83. 非法证据排除[ABC]

[解析]《刑诉解释》第125条规定："采用暴力、威胁以及非法限制人身自由等非法方法收集的证人证言、被害人陈述，应当予以排除。"甲侦查人员通过威胁证人的方式获取证言，属于非法取证行为，应当予以排除，故A项当选。

《刑诉解释》第124条规定："采用刑讯逼供方法使被告人作出供述，之后被告人受该刑讯逼供行为影响而作出的与该供述相同的重复性供述，应当一并排除，但下列情形除外：(一)调查、侦查期间，监察机关、侦查机关根据控告、举报或者自己发现等，确认或者不能排除以非法方法收集证据而更换调查、侦查人员，其他调查、侦查人员再次讯问时告知有关权利和认罪的法律后果，被告人自愿供述的；(二)审查逮捕、审查起诉和审判期间，检察人员、审判人员讯问时告知诉讼权利和认罪的法律后果，被告人自愿供述的。"B项中不存在除外情形，属于非法取证行为，应当予以排除，故B项当选。

《刑诉解释》第123条规定："采用下列非法方法收集的被告人供述，应当予以排除：(一)采用殴打、违法使用戒具等暴力方法或者变相肉刑的恶劣手段，使被告人遭受难以忍受的痛苦而违背意愿作出的供述；(二)采用以暴力或者严重损害本人及其近亲属合法权益等相威胁的方法，使被告人遭受难以忍受的痛苦而违背意愿作出的供述；(三)采用非法拘禁等非法限制人身自由的方法收集的被告人供述。"原则上连续审讯犯罪嫌疑人不得超过12小时，丙侦查人员对犯罪嫌疑人连续讯问25小时,采用了疲劳审讯、变相肉刑的取证手段,属于非法取证行为,应当予以排除,故C项当选。D项中,丁侦查人员并非采用了"暴力或者严重损害"犯罪嫌疑人近亲属合法权益的方式,因为证人有作证的义务,侦查人员通知证人作证属于合法侦查行为,故D项不当选。【总结提示】被告人供述的非法证据排除:(1)暴力+遭受痛苦;(2)威胁+遭受痛苦;(3)非法拘禁(不考虑是否遭受痛苦);(4)重复供述(换人或换阶段后依法讯问自愿供述的除外)。

84. 证据规则;证据能力;证明力[C]
[解析] 证据能力,是指证据资格,即能否作为证据。证明力,是指证据所具有的对案件事实的证明作用,即证据对证明事实的价值。证据对案件事实有无证明力以及证明力的大小,取决于证据本身与案件事实有无联系以及联系的紧密、强弱程度。

证据规则大体包括两类:一类是调整证据能力的规则,如传闻证据规则、非法证据排除规则、意见证据规则、最佳证据规则等;另一类是调整证明力的规则,如关联性规则、补强证据规则等。因此,本题C项中的"关联性规则"是调整证明力的规则。故C项当选,A、B、D项不当选。

85. 勘验检查;非法证据的排除[D]
[解析]《刑诉解释》第80条规定:"下列人员不得担任见证人:(一)生理上、精神上有缺陷或者年幼,不具有相应辨别能力或者不能正确表达的人;(二)与案件有利害关系,可能影响案件公正处理的人;(三)行使勘验、检查、搜查、扣押、组织辨认等监察调查、刑事诉讼职权的监察、公安、司法机关的工作人员或者其聘用的人员。对见证人是否属于前款规定的人员,人民法院可以通过相关笔录载明的见证人的姓名、身份证件种类及号码、联系方式以及常住人口信息登记表等材料进行审查。由于客观原因无法由符合条件的人员担任见证人的,应当在笔录材料中注明情况,并对相关活动进行全程录音录像。"本题中,因地处偏僻且天气恶劣,无法找到见证人,这一情形属于"由于客观原因无法由符合条件的人员担任见证人"情形,公安机关对勘验过程全程录像并在笔录中已注明理由,未违反法律程序,收集的物证不予排除。故A、B项错误,D项正确。

本题中勘验的过程没有违法,所收集的物证不予排除,对物证的鉴定意见等衍生证据也不需要排除。故C项错误。

86. 传闻证据规则[B]
[解析] 传闻证据规则,是指证人所陈述的非亲身经历的事实,以及证人未出庭作证时向法庭提出的文件中的主张,原则上不能作为认定案件事实的根据。简言之,即传闻证据不具有可采性。传闻证据规则是排除一种证明手段的规则,不是排除事实的规则。可见,传闻证据规则强调三个方面:(1)针对证人证言;(2)应当由证人亲自陈述;(3)证人一般应当在庭审期间出庭作证。

甲不是证人,不属于传闻证据。故A项错误。

乙无法出庭,属于庭外所作证言,该证言属于传闻证据。故B项正确。

丙不属于本案证人,丙没有目睹或者感知案件事实,他只是作为技术人员出庭说明录像是否经过剪辑,其陈述不属于传闻证据。故C项错误。

丁所作证言属于丁的亲身经历,不属于传闻证据。故D项错误。

87. 补强证据规则[D]
[解析] 一般来说,在刑事诉讼中需要补强的不仅包括被追诉人的供述,而且包括证人证言、被害人陈述等特定证据。补强证据必须满足以下条件:(1)补强证据必须具有证据能力;(2)补强证据本身必须具有担保补强对象真实的能力;(3)补强证据必须具有独立的来源。

本题中,A、B两项均证明证据的合法性,即证据能力,而非补强证据的证明力。故A、B项错误。C项中"根据被告人供述提取到的隐蔽性极强、并能与被告人供述和其他证据相印证的物证"属于被告人供述的派生证据,根据补强证据规则要求补强与被补强的证据相互独立,不存在派生关系的原理,该物证不能补强供述。故C项错误。D项中是用书证补强证人证言,两种证据相互独立,没有派生关系,不属于同一来源,可以进行补强。故D项正确。

88. 辨认笔录的排除[D]
[解析]《刑诉解释》第105条规定:"辨认笔录具有下列情形之一的,不得作为定案的根据:(一)辨认不是在调查人员、侦查人员主持下进行的;(二)辨认前使辨认人见到辨认对象的;(三)辨认活动没有个别进行的;(四)辨认对象没有混杂在具有类似特征的其他对象中,或者供辨认的对象数量不符合规定的;(五)辨认中给辨认人明显暗示或者明显有指认嫌疑的;(六)违反有关规定,不能确定辨认笔录真实性的其他情形。"本题中,A、B、C项,"对尸体的辨认过程没有录像""组织辨认时没有见证人在场""辨认前没有详细向辨认人询问被辨认对象的具体特征"并非导致辨认笔录不得作为定案根据的原因。这些情况都属于瑕疵,如果能够补正或者作出合理解释,辨认笔录仍然可以作为定案根据。故A、B、C项错误。

《关于办理死刑案件审查判断证据若干问题的规定》第30条第2款规定,有下列情形之一的,通过有关办案人员的补正或者作出合理解释的,辨认结果可以作为证据使用:(1)主持辨认的侦查人员少于2人的;(2)没有向辨认人详细询问辨认对象的具体特征的;(3)对辨认经过和结果没有制作专门的规范的辨认笔录,或者辨认笔录没有侦查人员、辨认人、见证人的签名或者盖章的;(4)辨认记录过于简单,只有结果没有过程的;(5)案卷中只有辨认笔录,没有被辨认对象的照片、录像等资料,无法获悉辨认的真实情况的。故D项正确。

89. 非法证据排除规则[AD]

[解析]《刑事诉讼法》第56条第1款规定,采用刑讯逼供等非法方法收集的犯罪嫌疑人、被告人供述和采用暴力、威胁等非法方法收集的证人证言、被害人陈述,应当予以排除。A项中的屠某是本案被告人,"大"字型吊铐属于典型的刑讯逼供,应当排除。故A项当选。

《刑事诉讼法》第52条规定,严禁刑讯逼供和以威胁、引诱、欺骗以及其他非法方法收集证据。以引诱的非法方法取证的,对办案人员采取纪律处分,并不以非法证据排除的方式惩罚办案人员。故B项不当选。

《关于办理刑事案件严格排除非法证据若干问题的规定》第3条规定,采用以暴力或者严重损害本人及其近亲属合法权益等进行威胁的方法,使犯罪嫌疑人、被告人遭受难以忍受的痛苦而违背意愿作出的供述,应当予以排除。采用威胁方法取得的供述须符合"导致难以忍受的痛苦作出的非自愿供述"才排除。故C项不当选。

朱某属于证人,对朱某进行威胁取得的证言,属于非法言词证据,《刑事诉讼法》第56条规定应当排除。故D项当选。

90. 对辨认笔录的审查判断[C]

[解析]《关于办理死刑案件审查判断证据若干问题的规定》第30条规定:"侦查机关组织的辨认,存在下列情形之一的,应当严格审查,不能确定其真实性的,辨认结果不能作为定案的根据:(一)辨认不是在侦查人员主持下进行的;(二)辨认前使辨认人见到辨认对象的;(三)辨认人的辨认活动没有个别进行的;(四)辨认对象没有混杂在具有类似特征的其他对象中,或者供辨认的对象数量不符合规定的;尸体、场所等特定辨认对象除外。(五)辨认中给辨认人明显暗示或者明显有指认嫌疑的。有下列情形之一的,通过有关办案人员的补正或者作出合理解释后,辨认结果可以作为证据使用的:(一)主持辨认的侦查人员少于二人的;(二)没有向辨认人详细询问辨认对象的具体特征的;(三)对辨认经过和结果没有制作专门的规范的辨认笔录,或者辨认笔录没有侦查人员、辨认人、见证人的签名或者盖章的;(四)辨认记录过于简单,只有结果没有过程的;(五)案卷中只有辨认笔录,没有被辨认对象的照片、录像等资料,无法获悉辨认的真实情况的。"

做题时需要分清楚哪些情形是绝对不能作为定案根据的,哪些情形经补正是可以作为定案根据的,依据法条,A、B、D项属于辨认结果在不能确定其真实性时不能作为定案根据的情况,分别符合第1款第2、3、4项情形,故不当选。C项则属于经补正或者作出合理解释后,辨认笔录可以作为证据使用的情况,符合第2款第5项情形,故C项当选。

91. 自白任意性规则[B]

[解析]自白任意性规则,又称非任意自白排除规则,是指在刑事诉讼中,只有基于被追诉人自由意志而作出的表白(承认有罪的供述),才具有可采性;违背当事人意愿或违反法定程序而强制作出的供述不是自白,而是逼供,不具有可采性,必须予以排除。其在本质上属于证据的排除规则。

《刑事诉讼法》第52条规定:"……不得强迫任何人证实自己有罪……"此规定即表明我国基本确立了自白任意性规则。故B项当选。

A、C、D项也属于《刑事诉讼法》在保障人权方面的规定,但是都不属于自白任意性规则。其中A项是关于同步录音录像制度的有关规定,重在对侦查讯问的监督制约。C项是逮捕后将被逮捕人送交看守所羁押的时效规定。D项是为了防止办案机关以滥用拘传的方式侵犯犯罪嫌疑人、被告人的合法权益。故A、C、D项均不当选。

92. 补强证据规则[A]

[解析]补强证据,是指用以增强另一个证据证明力的证据,一开始收集到的对证实案情有重要意义的证据,称为"主证据",而用以印证该证据真实性的其他证据,就称之为"补强证据"。其目的是防止误认为事实或发生其他危险性,而在运用某些证明力比较薄弱的证据认定案情时,必须有其他证据补强其证明力,才能被法庭采信为定案根据。

补强证据必须满足以下条件:(1)补强证据必须具有证据能力;(2)补强证据本身必须具有担保补强对象真实的能力,补强证据的作用仅仅在于担保特定补强对象的真实性,而非对整个待证事实或案件事实具有补强作用;(3)补强证据必须具有独立的来源。故A项正确,B、C项错误。

刑事诉讼中补强证据对证据种类无限制,包括被追诉人的供述、证人证言、被害人陈述等,不限于物证或书证。故D项错误。

93. 证人证言的审查判断[B]

[解析]《刑诉解释》第89条规定:"证人证言具有下列情形之一的,不得作为定案的根据:(一)询问证人没有个别进行的;(二)书面证言没有经证人核对

确认的；(三)询问聋、哑人，应当提供通晓聋、哑手势的人员而未提供的；(四)询问不通晓当地通用语言、文字的证人，应当提供翻译人员而未提供的。"

《刑诉解释》第90条规定："证人证言的收集程序、方式有下列瑕疵，经补正或者作出合理解释的，可以采用；不能补正或者作出合理解释的，不得作为定案的根据：(一)询问笔录没有填写询问人、记录人、法定代理人姓名以及询问的起止时间、地点的；(二)询问地点不符合规定的；(三)询问笔录没有记录告知证人有关权利义务和法律责任的；(四)询问笔录反映出在同一时段，同一询问人员询问不同证人的；(五)询问未成年人，其法定代理人或者合适成年人不在场的。"

由上述法条可知，A、C、D三项的证人证言，均不能作为定案的根据，B项的证人证言，经补正或者作出合理解释后，可以作为证据使用。故B项当选。

94. 非法证据排除程序[ABC]

[解析]《刑事诉讼法》第58条规定："法庭审理过程中，审判人员认为可能存在本法第五十六条规定的以非法方法收集证据情形的，应当对证据收集的合法性进行法庭调查。当事人及其辩护人、诉讼代理人有权申请人民法院对以非法方法收集的证据依法予以排除。申请排除以非法方法收集的证据的，应当提供相关线索或者材料。"可知，有权在庭审程序中启动非法证据排除程序的主体有两类：一类是审判人员，可以依职权主动启动；另一类是当事人及其辩护人、诉讼代理人，在提供相关线索或材料后可以向法院申请启动。故A、B项正确。

《刑事诉讼法》第59条第1款规定："在对证据收集的合法性进行法庭调查的过程中，人民检察院应当对证据收集的合法性加以证明。"故C项正确。

《刑事诉讼法》第60条规定："对于经过法庭审理，确认或者不能排除存在本法第五十六条规定的以非法方法收集证据情形的，对有关证据应当予以排除。"可知，经法庭审理后，应当对有关证据予以排除的情形有两种：一是可以确认存在以非法方法收集证据的情形；二是虽不能确认但也不能排除存在以非法方法收集证据的情形。D项只包含了第一种情形，表述不够完整。故D项错误。

95. 意见证据规则[B]

[解析] 刑事证据规则包括：关联性规则、非法证据排除规则、自白任意性规则、传闻证据规则、意见证据规则、补强证据规则和最佳证据规则等。

传闻证据规则，也称传闻证据排除规则，即法律排除传闻证据作为认定犯罪事实的根据的规则。根据这一规则，如无法定理由，任何人在法庭之外的陈述，不得作为认定被告人有罪的证据。

意见证据规则是指证人只能陈述自己亲身感受和经历的事实，而不得陈述对该事实的意见或者结论。"证人猜测性、评论性、推断性的证言"不属于证人陈述的自身感知的事实，而是对其感知、观察到的事实进行推断、猜测进而发表意见、评论，因此不能作为证据使用。故其符合意见证据规则的基本要求，B项正确，当选。

补强证据规则，是指为了防止错误认定案件事实或发生其他危险性，而在运用某些证明力明显薄弱的证据认定案件时，法律规定必须有其他证据补强其证明力。

最佳证据规则，又称原始证据规则，是指以文字、符号、图形等方式记载的内容来证明案情时，其原件的证明效力大于副本等非原始材料，原件才是最佳证据。

考点26 刑事证据的种类

96. 电子数据；鉴定意见；鉴定人出庭[BD]

[解析] 根据《刑诉解释》第110条第1项的规定，对电子数据是否真实，应当着重审查是否移送原始存储介质；在原始存储介质无法封存、不便移动时，有无说明原因，并注明收集、提取过程及原始存储介质的存放地点或者电子数据的来源等情况。因此，并非一定要将电子数据的原始介质移送至法院，如果出现无法封存、不便移动等情况时，只要注明相关情况即可。故A项错误。

《刑诉解释》第120条规定："采取技术调查、侦查措施收集的证据材料，应当经过当庭出示、辨认、质证等法庭调查程序查证。当庭调查技术调查、侦查证据材料可能危及有关人员的人身安全，或者可能产生其他严重后果的，法庭应当采取不暴露有关人员身份和技术调查、侦查措施使用的技术设备、技术方法等保护措施。必要时，审判人员可以在庭外对证据进行核实。"据此，必要时，法院可以在庭外对技术侦查收集的证据进行核实。故B项正确。

《刑诉解释》第99条第1款规定："经人民法院通知，鉴定人拒不出庭作证的，鉴定意见不得作为定案的根据。"本案中，法院依职权通知鉴定人出庭，而其无正当理由未出庭，鉴定意见不得作为定案的根据。故C项错误。

《刑诉解释》第259条规定："证人出庭后，一般先向法庭陈述证言；其后，经审判长许可，由申请通知证人的一方发问，发问完毕后，对方也可以发问。法庭依职权通知证人出庭的，发问顺序由审判长根据案件情况确定。"对于鉴定人、有专门知识的人、调查人员、侦查人员或者其他人员出庭的，参照上述规定。本题中，法院是依职权通知鉴定人出庭，因此发问顺序应由审判长决定。故D项正确。

97. 证据的种类 [BD(原答案为B)]

[解析] 物证是指证明案件真实情况的一切物品和痕迹。物证是以其外部特征、物质属性、存在状况等来发挥证明作用的。书证是指以记载的内容和反映的思想来证明案件真实情况的书面材料或其他物质材料。书证的表现形式和制作方法多种多样，不限于"书写的文字材料"，凡是以记载的内容和表达的思想来证明案件事实的一切物品，都属于书证。

A项中的失窃药材清单，属于勘验、检查、辨认、侦查实验等笔录中的笔录类证据，而不是书证。故A项错误。B项和C项均是以记载的内容和反映的思想来证明案件真实情况的书面材料，属于书证，故B项正确、C项错误。D项，对某些难以移动或易于消失的物品、痕迹，进行复制的模型或拍摄的照片，是对物证的固定和保全。法官在认定时，作为物证发挥作用的不是这些照片和模型本身，而是被拍摄的照片、复制的模型所反映的原物和痕迹。因此，因部分失窃药材不宜保存而在法庭上出示的药材照片应当属于物证。D项正确。【特别提醒】侦查机关在勘查现场时所制作的图表、拍摄的照片属于勘验、检查笔录。本案中，侦查机关若是在侦查过程中提取到失窃药材，当场拍照并注明种类、尺寸、重量等信息，附于案卷中，也可以属于勘验笔录。但公诉人向法庭举证时，为了证明盗窃的药材而专门出示的药材照片，属于物证。因此，本案中该药材的照片若是侦查机关在勘查现场时所拍摄，既可以是物证，也可以是勘验笔录。

98. 刑事证据的种类 [B]

[解析] 本题是对书证、物证、视听资料的区别的考查。

首先，视听资料与书证既有相同之处也有不同之点。相同之处在于它们都以一定的思想内容来证明案件事实。不同之处在于书证是以书面文字形式记载的思想或者行为内容来证明案件事实的。视听资料主要是以音响、图像、数据来反映案件的内容的。再者，书证是以静态的方式来证明案件事实的，而视听资料则是以动态的方式来证明案件事实的，其具有生动逼真的特点。

其次，书证与物证的区别。书证是以记载的内容和表达的思想来证明案情，而物证是以其外部特征、存在场所和物质属性来证明案件事实。

本题中，有关讯问的录音录像记录了整个讯问过程，是用来证明讯问的合法性，并不是用来证明犯罪嫌疑人实施了某项犯罪，不属于犯罪嫌疑人供述和辩解，故A项不当选。由于不是以该录音录像的物理特征来证明案件事实的，所以该录音录像不属于物证，故D项不当选。

关于B、C项，书证和视听资料都以其记载的内容来证明案件事实的，区分的关键在于载体的不同，如果是以录音、录像储存的信息来证明的，那就属于视听资料而不是书证，故B项当选，C项不当选。

99. 证人证言与犯罪嫌疑人、被告人的供述和辩解的区别 [D]

[解析] 证人证言是指当事人以外了解有关案件情况的第三人，向公安、司法机关所作的与案件有关的事实情况的陈述。犯罪嫌疑人、被告人的供述是犯罪嫌疑人、被告人就有关案件的情况向侦查、检察和审判人员所作的陈述。

本题中，A项是张某所作的有罪供述，属于犯罪嫌疑人、被告人的供述；B项和C项都是张某对同案犯李某的共同犯罪的情况所作的检举，与本人罪责有关，属于犯罪嫌疑人、被告人的辩解，不是证人证言。而D项是张某就抢劫案之外的另一起案件，向办案人员所作的有关案件事实真相的陈述，由于张某与此案没有切身利益关系且知道这一案情，所以张某的陈述属于证人证言。A、B、C项不属于证人证言，不当选；D项属于证人证言，当选。

100. 证人与鉴定人 [AD]

[解析] 刑事诉讼中的证人是指在诉讼外了解案件情况的当事人以外的人。而鉴定人是指接受公安司法机关的指派或者聘请，运用自己的专门知识或者技能对刑事案件中专门问题进行分析判断并提出书面鉴定意见的人。两者的共同之处有：二者都是刑事诉讼中除了公安司法人员及当事人以外，参与诉讼活动并在诉讼中享有一定的诉讼权利、承担一定的诉讼义务的人；有义务出席法庭接受控辩双方询问。故A、D项正确。

只要是了解案件情况的人，依法都有作证的义务，都可以充当证人，证人不存在回避的问题。鉴定人则不同，如果与本案或本案当事人有利害关系或其他法定情况，便应当回避，不能接受指派或聘请作鉴定人。故B项错误。

证人是由案件本身决定的，因此具有不可选择性和不可替代性。鉴定人则是在案件发生后由公安司法机关根据需要指派或聘请，既可以选择，也可以更换和替代，必要时还可以组织重新鉴定或补充鉴定。故C项错误。

101. 法定的证据种类 [D]

[解析]《刑事诉讼法》第50条第2款规定："证据包括：(一)物证；(二)书证；(三)证人证言；(四)被害人陈述；(五)犯罪嫌疑人、被告人供述和辩解；(六)鉴定意见；(七)勘验、检查、辨认、侦查实验等笔录；(八)视听资料、电子数据。"本题中涉及的警犬辨认和心理测试结论只能属于获取证据的侦查手段，不属于上述8种证据种类，不具有证据的法定性，因此

刑事诉讼法 [答案详解]

均不可以作为认定案件事实的根据,只能作为定案的线索材料。故A、B、C项错误,D项正确。

102.书证[AD]

[解析]笔记本记录了犯罪的过程,与犯罪事实相关,属于书证,A项正确。

笔迹属于痕迹,痕迹属于物证,B项错误。

书面证词属于证人证言,C项错误。【特别提醒】并非以白纸黑字形式表现的证据都是书证,如果由证人作出就是证人证言,如果由被害人作出就是被害人陈述,如果由鉴定人作出就是鉴定意见。

从走私的物品来看,淫秽书刊属于物证。另外,从书刊的定性上来看,书刊是否构成"淫秽",需要审查书刊的内容和思想,因此这些书刊也可以成为书证。故D项正确。

103.书证[CD]

[解析]精神病医院受到指派,针对精神病问题作出专门的诊断结论,应当属于鉴定意见,A项错误。

笔迹属于痕迹,痕迹属于物证,B项错误。

一贯表现的证明属于书证,C项正确。【特别提醒】童某的一贯表现虽然与其故意杀人的事实没有关联性,但仍然属于证据。因为案件事实可以区分为定罪事实和量刑事实,一贯表现与定罪事实无关,但却与量刑轻重有关,故属于书证。

通过数字反映出的内容找到了门房号码,该数字属于书证,D项正确。

考点27 刑事证据的分类

104.证据的分类;补强证据[B]

[解析]本题中,恐吓信的复印件是由犯罪嫌疑人自己复印,没有经过中转环节,直接来源于案件事实,因此属于原始证据。故A项错误。

传闻证据,是指证人所陈述的非亲身经历的事实,以及证人在法庭外所作的书面证人证言和记录其法庭外证言的询问笔录。本题中,乙提交的情况说明是向公安机关提供的,并非乙本人在法庭所作的陈述,因此属于传闻证据。故B项正确。

恐吓信属于书证,是以实物作为表现形式的证据,因此属于实物证据,而非言词证据。故C项错误。

补强证据必须具有独立的来源,即与被补强的证据有不同的来源。丙的证言来源于甲,与甲的口供属于同一来源,因此不能对甲的口供进行补强。故D项错误。

105.刑事证据的分类;关联性规则;意见证据规则[AC]

[解析]关联性也称为相关性,是指证据必须与案件事实有客观联系,对证明刑事案件事实具有某种实际意义。关联性是证据的一种客观属性,不是办案人员的主观想象或者强加的联系,而是根源于证据事

实同案件事实之间的客观联系。本案中,甲垫付医疗费的行为与撞人肇事的行为之间不具有关联性,不能证明甲是否实施了交通肇事行为。故A项正确。

直接证据是能够单独、直接证明案件主要事实的证据。也就是说,某一项证据的内容,无需经过推理过程,即可以直接地说明犯罪行为是否由犯罪嫌疑人、被告人所实施。乙只说自己被车撞倒,但没有交代清楚是何人所撞,该陈述属于间接证据。故B项错误。

凡是来自原始出处,即直接来源于案件事实的证据材料,是原始证据。凡是不直接来源于案件事实,而是从间接的非第一来源获得的证据材料,称为传来证据。医生转告警察,乙系被车辆撞倒的证言并非亲眼所见,不是直接来源于案件事实,因此属于传来证据。故C项正确。

《刑诉解释》第88条第2款规定:"证人的猜测性、评论性、推断性的证言,不得作为证据使用,但根据一般生活经验判断符合事实的除外"。医生称从甲送乙入院时的神态来看,甲应该就是肇事者的证词属于意见证据,且不属于一般生活经验的推断性证言,不能作为定案依据。故D项错误。

106.证据的理论分类[C]

[解析]根据证据材料的来源不同,证据可以分为原始证据和传来证据。凡是直接来源于案件事实的证据材料,是原始证据;从间接的非第一来源获得的证据材料,称为传来证据。

根据证据与案件主要事实证明关系的不同,可以将证据划分为直接证据与间接证据。直接证据是能够单独、直接证明案件主要事实的证据。也就是说,某一项证据的内容,无需经过推理过程,即可以直观地说明犯罪行为是否为犯罪嫌疑人、被告人所实施。间接证据是不能单独、直接证明刑事案件主要事实,需要与其他证据相结合,形成一个证据体系,才能共同证明案件的主要事实。

A项中的指纹是直接来源于案件事实,属于原始证据,可是该指纹并不能单独证明案件主要事实,属于间接证据。故A项不当选。

B项中侦查人员在室友丙手机中直接提取的视频,经过了复制,属于传来证据。该内容可以单独证明案件主要事实,属于直接证据。故B项不当选。

C项中室友丁的证言,内容是曾看到甲将一台相同的笔记本电脑交给乙保管,属于第一手材料,直接来源于案件事实,属于原始证据。同时该证据能够直接证明案件主要事实,无需经过推理过程。故C项当选。

D项中甲转卖电脑时出具的现金收条属于第一手的原始证据,但是并不能单独证明案件主要事实,

· 26 ·

属于间接证据。故 D 项不当选。

107. 刑事证据的分类[D]

[解析] 根据证据与案件主要事实证明关系的不同,可以将证据划分为直接证据与间接证据。直接证据是能够单独、直接证明案件主要事实的证据。也就是说,某一项证据的内容,无需经过推理过程,即可以直观地说明犯罪行为是否为犯罪嫌疑人、被告人所实施。间接证据是不能单独、直接证明刑事案件主要事实,需要与其他证据相结合形成一个证据体系,才能共同证明案件的主要事实。

根据证据的表现形式不同,可以将证据分为言词证据和实物证据。凡是表现为人的陈述,即以言词作为表现形式的证据,是言词证据。凡是表现为物品、痕迹和内容具有证据价值的书面文件,即以实物作为表现形式的证据,是实物证据。

本题中,A、B 项的工具和文件物品都是以非言词的形式表现的,属于实物证据,同时这些物品并不能单独证明案件的主要事实,因此属于间接证据。C 项张某关于实施伪造、变造行为的供述,属于言词证据,该供述能够单独直接证明案件主要事实,属于直接证据。D 项判别国家机关公文、证件、印章真伪的鉴定意见,属于言词证据,该意见不能单独证明案件的主要事实,属于间接证据。故 D 项符合题意,当选。

108. 原始证据与传来证据;直接证据与间接证据[B]

[解析] 根据证据材料来源、出处的不同,可以将证据划分为原始证据与传来证据。凡是来自原始出处,即直接来源于案件事实的证据材料,称作原始证据,也称第一手材料;凡是从原始出处以外的其他来源获得的证据,即并非产生于案件事实,而是从第二手以上的来源获得的证据,称作传来证据,也称第二手材料。

根据证据与案件主要事实的证明关系的不同,可以将证据划分为直接证据与间接证据。证明关系的不同,是指某一证据是否可以单独地、直接地证明案件的主要事实。直接证据是指可以独立证明案件主要事实的证据。凡是直接证明犯罪事实是否存在,以及犯罪嫌疑人、被告人是否有罪的证据就是直接证据。间接证据是指不能独立证明案件的主要事实,凡是必须与其他证据相结合才能证明案件主要事实的证据,属于间接证据。

A 项中被告人丁某承认伤害被害人的供述,由于丁某是案件亲历者,其供述来源于原始出处,是原始证据,且能够单独证明丁某实施了犯罪,因而是直接证据。故 A 项错误。

B 项中证人王某陈述看到被告人丁某在案发现场擦拭手上血迹的证言,直接来源于案件事实,属于原始证据;该证言只能证明被告人丁某在案发现场,不能单独、直接的证明被告人就是杀人凶手,属于间接证据。所以,证人王某的陈述既是原始证据又是间接证据。故 B 项正确。

C 项中证人李某陈述被害人向他讲过被告人丁某伤害她的经过,李某的陈述是从被害人的讲述中了解到某种事实而进行转述,并非其亲眼见到案件事实,故属于传来证据,而不是原始证据。而且该证据能够单独证明丁某伤害被害人的事实以及丁某是否有罪,因此属于直接证据。故 C 项错误。

D 项中被告人丁某的精神病鉴定的抄本不是文件的原本,而是经过复制的证据,属于传来证据,而不是原始证据。而且,这一证据只能证明被告人的精神状态,而不能独立证明案件的主要事实,因此属于间接证据。故 D 项错误。

109. 证据的分类[D]

[解析] 根据证据材料的来源的不同,可以分为原始证据和传来证据。凡是来自原始出处,即直接来源于案件事实的证据材料,叫作原始证据,也称第一手材料;凡不是直接来源于案件事实,而是从间接的非第一来源获得的证据材料,称为传来证据,即通常所称的第二手材料。

根据证据与案件主要事实的证明关系的不同,可以将证据划分为直接证据与间接证据(刑事案件的主要事实,是指犯罪嫌疑人、被告人是否实施了犯罪行为。证明关系的不同,是指某一证据是不是可以单独地、直接地证明案件的主要事实)。凡是可以单独直接证明案件主要事实的证据,属于直接证据。凡是必须与其他证据相结合才能证明案件主要事实的证据,属于间接证据。

A 项匕首虽为原始证据,但只能证明匕首是伤害被害人的工具,并不能单独证明甲有杀人的行为,还需要结合其他证据,因此属于间接证据。A 项错误。

B 项证人证言虽为原始证据,但只能证明甲从现场走出,并不能单独证明甲有杀人的行为,属于间接证据。B 项错误。

C 项指纹同一的鉴定意见属于原始证据,但指纹同一不能证明案件主要事实,属于间接证据。C 项错误。

D 项被害人讲述被害过程属于被害人陈述,是原始证据,并且通过陈述能够证明案件主要事实,属于直接证据。D 项正确。

110. 实物证据[ABD]

[解析] 根据证据的表现形式,可以将证据划分为言词证据与实物证据。

凡是以物品的性质或外部形态、存在状况以及其内容表现证据价值的证据(包括书面文件),都是实物证据。勘验、检查笔录之所以列入实物证据，是因为它是办案人员在勘验、检查中对所见情况的客观记载。故A项中的勘验笔录和B项中的书证均属于实物证据，当选。

凡是通过人的陈述来反映，以语言形式表现的证据，是言词证据。鉴定意见虽然具有书面形式，但因其实质是鉴定人就鉴定的专门性问题所表述的个人意见，而且在法庭审理时需要鉴定人对鉴定意见作口头解释，接受控辩双方的质证，所以其属于言词证据。故C项为言词证据，不当选。

此外，对于视听资料属于言词证据还是实物证据，应当具体分析。多数视听资料属于实物证据，但是讯问犯罪嫌疑人、被告人，询问证人、被害人时的录音资料近似于笔录，是对讯问或询问过程和陈述内容的录制，应划归言词证据。故D项中伤害过程的监控录像属于实物证据，当选。

考点28 证据的审查认定

111. 证据的法定种类；传闻证据规则；补强证据规则；证据的审查判断[A]

[解析] 被害人陈述，是指刑事被害人就其受害情况和其他与案件有关的情况向公安司法机关所作的陈述。证人证言，是指证人就自己所知道的案件情况向公安司法机关所作的陈述。本案中甲向公安机关反映的被杨某猥亵的经过，属于被害人陈述；甲曾目睹杨某在课间猥亵丙，属于证人证言。故A项正确。

"补强证据"，是指用以增强另一证据证明力的证据。补强证据必须满足以下条件：(1)补强证据必须具有证据能力。(2)补强证据本身必须具有担保补强对象真实的能力。(3)补强证据必须具有独立的来源。本案中，许某是通过甲的陈述了解的甲被猥亵的经过与甲的陈述属于同一来源，不具有独立的来源，因而不属于补强证据。故B项错误。

传闻证据规则，也称传闻证据排除规则，即若无法定理由，任何人在庭审期间以外及庭审准备期间以外的陈述，原则上不得作为认定被告人有罪的证据。但是，在我国即使证人未出庭，只要其证言能够与其他证据相印证也是可以作为定案根据的。本案中，甲的证言内容是听乙所说，属于传闻证据，但只要能够与其他证据印证就可以采用而无需排除。故C项错误。

《刑诉解释》第143条规定："下列证据应当慎重使用，有其他证据印证的，可以采信：(一)生理上、精神上有缺陷，对案件事实的认知和表达存在一定困难，但尚未丧失正确认知、表达能力的被害人、证人和被告人所作的陈述、证言和供述；(二)与被告人有亲属关系或者其他密切关系的证人所作的有利于被告

人的证言，或者与被告人有利害冲突的证人所作的不利于被告人的证言。"年幼的人只要具有相应的辨别能力，能够正确表达，其陈述或证言并不需要其他证据加以印证。故D项错误。

112. 非法证据排除规则；询问被害人、证人[BC]

[解析]《刑诉解释》第91条第3款规定："经人民法院通知，证人没有正当理由拒绝出庭或者出庭后拒绝作证，法庭对其证言的真实性无法确认的，该证人证言不得作为定案的根据。"证人拒不到庭而无法当庭询问并不必然导致证人证言不能作为定案的依据，还必须附加法庭对其证言的真实性无法确认的条件。故A项错误。

《刑事诉讼法》第60条规定："对于经过法庭审理，确认或者不能排除存在本法第五十六条规定的以非法方法收集证据情形的，对有关证据应当予以排除。"B项所述中，被告人提供了有关刑讯逼供的线索及材料，但公诉人不能证明讯问合法符合上述法律规定，应当排除，不得作为定案的依据。故B项正确。

《刑事诉讼法》第54条第2款规定："行政机关在行政执法和查办案件过程中收集的物证、书证、视听资料、电子数据等证据材料，在刑事诉讼中可以作为证据使用。"可见，行政证据转化为刑事证据，主要转化的是实物证据。言词证据一般需要重新收集，不能直接转化为刑事证据。C项中工商行政管理部门(现为市场监督管理部门)属于行政部门，收集的询问笔录属于言词证据，不能直接作为刑事证据使用。故C项正确。

《刑事诉讼法》第124条规定，侦查人员询问证人，可以在现场进行，也可以到证人所在单位、住处或者证人提出的地点进行，在必要的时候，可以通知证人到人民检察院或者公安机关提供证言。该法第127条规定，询问被害人，适用有关询问证人的规定。因此，侦查人员可以到被害人所在单位等办案场所以外的地点询问被害人。故D项错误。

113. 视听资料；电子数据的概念与特点；关联性规则[A]

[解析]《关于办理刑事案件收集提取和审查判断电子数据若干问题的规定》第1条规定："电子数据是案件发生过程中形成的，以数字化形式存储、处理、传输的，能够证明案件事实的数据。电子数据包括但不限于下列信息、电子文件：(一)网页、博客、微博客、朋友圈、贴吧、网盘等网络平台发布的信息；(二)手机短信、电子邮件、即时通信、通讯群组等网络应用服务的通信信息；(三)用户注册信息、身份认证信息、电子交易记录、通信记录、登录日志等信息；(四)文档、图片、音视频、数字证书、计算机程序等电子文件。以数字化形式记载的证人证言、被害人陈述以及犯罪嫌

人、被告人供述和辩解等证据,不属于电子数据。确有必要的,对相关证据的收集、提取、移送、审查,可以参照适用本规定。"因此,本案中的网络聊天记录属于电子数据。故A项正确。

《关于办理刑事案件收集提取和审查判断电子数据若干问题的规定》第9条第1、2款规定:"具有下列情形之一,无法扣押原始存储介质的,可以提取电子数据,但应当在笔录中注明不能扣押原始存储介质的原因、原始存储介质的存放地点或者电子数据的来源等情况,并计算电子数据的完整性校验值:(一)原始存储介质不便封存的;(二)提取计算机内存数据、网络传输数据等不是存储在存储介质上的电子数据的;(三)原始存储介质位于境外的;(四)其他无法扣押原始存储介质的情形。对于原始存储介质位于境外或者远程计算机信息系统上的电子数据,可以通过网络在线提取。"在本题中,手机为网络聊天记录的原始存储介质,但不一定必须随案移送。故B项错误。

《刑事诉讼法》第50条第3款规定:"证据必须经过查证属实,才能作为定案的根据。"但是,查证属实有很多种方法,不一定必须经过被害人核实。故C项错误。

网络聊天记录可以证明犯罪行为发生的起因,与犯罪具有关联性。故D项错误。

114. 证人证言;鉴定意见[D]

[解析] 证人只能是自然人,国家机关、企业、事业单位或者人民团体不能成为证人,因为它们不能像自然人一样感知案件事实,无法享有证人的诉讼权利或承担证人的诉讼义务。鉴定人同样应当是自然人,虽然具体的鉴定人可能由某一鉴定机构进行指定,但最终作出鉴定和出具鉴定意见的只能是作为自然人的鉴定人。故A项错误。

《刑事诉讼法》第62条规定,凡是知道案件情况的人,都有作证的义务。生理上、精神上有缺陷或者年幼,不能辨别是非、不能正确表达的人,不能作证人。可见,生理上、精神上有缺陷,同时不能辨别是非、不能正确表达的人才不能作证人,否则,有可能成为证人。此外,精神上有缺陷的人确实不能成为鉴定人,但生理上有缺陷的人,还是有可能成为鉴定人的。故B项错误。

《刑事诉讼法》第192条第1、3款规定,公诉人、当事人或者辩护人、诉讼代理人对证人证言有异议,且该证人证言对案件定罪量刑有重大影响,人民法院认为证人有必要出庭作证的,证人应当出庭作证。公诉人、当事人或者辩护人、诉讼代理人对鉴定意见有异议,人民法院认为鉴定人有必要出庭作证的,鉴定人应当出庭作证。可见,需要向法庭提出证人、鉴定人出庭的申请,法院认为确有出庭必要的才会出庭。故C项错误。

《刑诉解释》第91条规定,证人当庭作出的证言,经控辩双方质证、法庭查证属实的,应当作为定案的根据。证人当庭作出的证言与其庭前证言矛盾,证人能够作出合理解释,并有其他证据印证的,应当采信其庭审证言;不能作出合理解释,而其庭前证言有其他证据印证的,可以采信其庭前证言。经人民法院通知,证人没有正当理由拒绝出庭或者出庭后拒绝作证,法庭对其证言的真实性无法确认的,该证人证言不得作为定案的根据。《刑事诉讼法》第192条第3款规定,经人民法院通知,鉴定人拒不出庭作证的,鉴定意见不得作为定案的根据。故D项正确。

115. 鉴定人与鉴定意见;专家辅助人;审理程序的中断;意见证据规则[C]

[解析]《刑事诉讼法》第192条第3款规定,公诉人、当事人或者辩护人、诉讼代理人对鉴定意见有异议,人民法院认为鉴定人有必要出庭的,鉴定人应当出庭作证。经人民法院通知,鉴定人拒不出庭作证的,鉴定意见不得作为定案的根据。《刑事诉讼法》第193条第1款规定,经人民法院通知,证人没有正当理由不出庭作证的,人民法院可以强制其到庭,但是被告人的配偶、父母、子女除外。由此可知,不能强制鉴定人出庭,只能强制证人出庭作证。故A项错误。

《刑诉解释》第99条规定,经人民法院通知,鉴定人拒不出庭作证的,鉴定意见不得作为定案的根据。鉴定人由于不能抗拒的原因或者有其他正当理由无法出庭的,人民法院可以根据情况决定延期审理或者重新鉴定。鉴定人无正当理由拒不出庭作证的,人民法院应当通报司法行政机关或者有关部门。故B项的错误在于,不是"中止审理",而是"延期审理"。

《刑事诉讼法》第197条第2款规定,公诉人、当事人和辩护人、诉讼代理人可以申请法庭通知有专门知识的人出庭,就鉴定人作出的鉴定意见提出意见。可见,有专门知识的人出庭的目的就是向鉴定人发问。故C项正确。

意见证据规则,是指证人只能陈述自己亲自感受和经历的事实,而不得陈述对该事实的意见或者结论。意见证据规则只规制证人作证,对鉴定意见的审查和认定不受其规制。故D项错误。

116. 证人保护;技术侦查[ABD]

[解析]《刑事诉讼法》第64条第1款规定:"对于危害国家安全犯罪、恐怖活动犯罪、黑社会性质的组织犯罪、毒品犯罪等案件,证人、鉴定人、被害人因在诉讼中作证,本人或者其近亲属的人身安全面临危险的,人民法院、人民检察院和公安机关应当采取以下一项或者多项保护措施:(一)不公开真实姓名、住址和工作单位等个人信息;(二)采取不暴露外貌、真

实声音等出庭作证措施;(三)禁止特定的人员接触证人、鉴定人、被害人及其近亲属;(四)对人身和住宅采取专门性保护措施;(五)其他必要的保护措施。"故A、B项均正确。侦查人员是"出庭说明情况",而并非作为证人"出庭作证",所以,不受证人保护法律规范的约束。故C项错误。

《刑事诉讼法》第154条规定,依照本节规定采取侦查措施收集的材料在刑事诉讼中可以作为证据使用。如果使用该证据可能危及有关人员的人身安全,或者可能产生其他严重后果的,应当采取不暴露有关人员身份、技术方法等保护措施,必要的时候,可以由审判人员在庭外对证据进行核实。故D项正确。

117. 证人出庭作证制度[AD]

[解析]《刑事诉讼法》第192条第1、2款规定:"公诉人、当事人或者辩护人、诉讼代理人对证人证言有异议,且该证人证言对案件定罪量刑有重大影响,人民法院认为证人有必要出庭作证的,证人应当出庭作证。人民警察就其执行职务时目击的犯罪情况作为证人出庭作证,适用前款规定。"可知,人民警察就其执行职务时目击的犯罪情况出庭作证,适用证人作证的有关规定,A项正确。警察非执行职务时的身份同于一般普通公民,其所目击的犯罪情况同样适用证人作证的规定,依当然解释,B项错误。

《刑事诉讼法》第193条第1款规定:"经人民法院通知,证人没有正当理由不出庭作证的,人民法院可以强制其到庭,但是被告人的配偶、父母、子女除外。"可知,采取强制到庭措施的条件是证人没有正当理由拒绝出庭,而且对被告人的配偶、父母、子女不得采取强制到庭措施。C项中的强制到庭理由违背了上述法律规定,同时也没有说明不得强制到庭人员的例外情况,C项错误。

《刑事诉讼法》第193条第2款规定:"证人没有正当理由拒绝出庭或者出庭后拒绝作证的,予以训诫,情节严重的,经院长批准,处以十日以下的拘留。被处罚人对拘留决定不服的,可以向上一级人民法院申请复议。复议期间不停止执行。"可知,对于证人拒绝到庭作证的,应当予以训诫,只有在情节严重时,才可以处以10日以下的拘留,D项正确。

118. 证据的审查判断[D]

[解析]《刑诉解释》第143条规定:"下列证据应当慎重使用,有其他证据印证的,可以采信:(一)生理上、精神上有缺陷,对案件事实的认知和表达存在一定困难,但尚未丧失正确认知、表达能力的被害人、证人和被告人所作的陈述、证言和供述;(二)与被告人有亲属关系或者其他密切关系的证人所作的有利于被告人的证言,或者有利害冲突的证人所作的不利于被告人的证言。"据此,被害人即使有生理缺陷,对案件事实的认知和表达存在一定的困难,但若其在自身判断和表达能力范围内对案件作出了准确陈述,并且有其他证据印证,则可以被采信。故A项错误。B项中"与被告人有利害冲突的证人提供的对被告人不利的证言"在有其他证据印证的情形下也可以被采信。故B项错误。

《刑诉解释》第103条规定:"勘验、检查笔录存在明显不符合法律、有关规定的情形,不能作出合理解释的,不得作为定案的根据。"据此,C项中的情况,应当允许补正或者作出合理解释说明,并非一律不得采信。故C项错误。

《刑诉解释》第86条第1款规定:"在勘验、检查、搜查过程中提取、扣押的物证、书证,未附笔录或者清单,不能证明物证、书证来源的,不得作为定案的根据。"D项中情形符合该法条规定。故D项正确。

119. 证据的审查判断[AB(原答案为ABD)]

[解析]《刑诉解释》第109条规定:"视听资料具有下列情形之一的,不得作为定案的根据:(一)系篡改、伪造或者无法确定真伪的;(二)制作、取得的时间、地点、方式等有疑问,不能作出合理解释的。"A项中的视听资料存在该条文所列举的第2项证据瑕疵,因此不能作为定案的根据,A项当选。

《刑诉解释》第98条规定:"鉴定意见具有下列情形之一的,不得作为定案的根据:(一)鉴定机构不具备法定资质,或者鉴定事项超出该鉴定机构业务范围、技术条件的;(二)鉴定人不具备法定资质,不具有相关专业技术或者职称,或者违反回避规定的;(三)送检材料、样本来源不明,或者因污染不具备鉴定条件的;(四)鉴定对象与送检材料、样本不一致的;(五)鉴定程序违反规定的;(六)鉴定过程和方法不符合相关专业的规范要求的;(七)鉴定文书缺少签名、盖章的;(八)鉴定意见与案件事实没有关联的;(九)违反有关规定的其他情形。"B项中,在做DNA检测时,送检材料与比对样本属于同一个来源,属于前述第6项鉴定过程和方法不符合相关专业的规范要求,故不能作为定案依据,B项当选。

《刑事诉讼法》第56条规定,采用刑讯逼供等非法方法收集的犯罪嫌疑人、被告人供述和采用暴力、威胁等非法方法收集的证人证言、被害人陈述,应当予以排除。C项属于证据种类中的证人证言,该证言是证人对案发事实客观真实的陈述,并未出现法律禁止的情形,因此C项可以作为定案的根据,故不当选。

《高检规则》第188条规定,讯问犯罪嫌疑人,应当制作讯问笔录。讯问笔录应当忠实于原话,字迹清楚,详细具体,并交犯罪嫌疑人核对。犯罪嫌疑人没有阅读能力的,应当向他宣读。如果记载有遗漏或者差错,应当补充或者改正。犯罪嫌疑人认为讯问笔录没有错误的,由其在笔录上逐页签名或者盖章,并捺指印,在末页写明"以上笔录我看过(向我宣读过),和我说的相符",同时签名或者盖章,并捺指印,注明日期。如果犯罪嫌疑人拒绝签名、盖章、捺指印的,应当在笔录上注明。讯问的检察人员、书记员也应当在笔录上签名。《公安部规定》第206条也有类似规定。据此,犯罪嫌疑人应当在讯问笔录上签名、盖章或捺指印,但如果其拒绝的,侦查人员应当在笔录上注明情况,该笔录若经查证属实的,也可以作为定案根据。故D项不当选。

考点29 刑事诉讼证明

120. 刑事诉讼的证明主体[ABD]

[解析]《刑事诉讼法》第51条规定:"公诉案件中被告人有罪的举证责任由人民检察院承担,自诉案件中被告人有罪的举证责任由自诉人承担。"证明主体要提供证据来证明其诉讼主张,在证明不能时,要承担诉讼主张不能成立的后果。简言之,证明主体要提出诉讼主张。在公诉案件中,公诉人、被告人是证明主体;在自诉案件中,自诉人是证明主体;如果被告人提出了反诉,被告人也是证明主体;在附带民事诉讼中,附带民事诉讼原告人是证明主体。故A、B项正确。刑事诉讼主体包括公安司法机关和诉讼参与人,作为证明主体的公诉人、被告人、自诉人、附带民事诉讼原告人都属于刑事诉讼主体。故D项正确。

妨害公务案中就执行职务时目击的犯罪情况出庭作证的警察属于证人,证人对案件并无诉讼主张,不属于证明主体。故C项错误。

121. 证明责任的分担[D]

[解析]《刑事诉讼法》第51条规定:"公诉案件中被告人有罪的举证责任由人民检察院承担,自诉案件中被告人有罪的举证责任由自诉人承担。"公诉案件中被告人有罪的举证责任专属控方人民检察院承担,而被告人举证证明自己无罪是权利,而非责任。故A项错误。

自诉案件的证明责任分配依据不仅仅是"谁主张,谁举证"的法则,还包括"否认者不负证明责任"和"无罪推定"。故B项错误。

被告人原则上不负证明责任,仅在特定情况下承担提出证据的责任,即被告人对于巨额财产来源不明罪、持有型犯罪(非法持有假币罪、非法持有毒品罪等)应当承担一定的证明责任,即提出证据的责任,而非说服责任。故C项错误,D项正确。

122. 证明对象的概念、内容;期间的恢复[AB]

[解析]《刑诉解释》第72条第1款规定:"应当运用证据证明的案件事实包括:(一)被告人、被害人的身份;(二)被指控的犯罪是否存在;(三)被指控的犯罪是否为被告人所实施;(四)被告人有无刑事责任

能力,有无罪过,实施犯罪的动机、目的;(五)实施犯罪的时间、地点、手段、后果以及案件起因等;(六)是否系共同犯罪或者犯罪事实存在关联,以及被告人在犯罪中的地位、作用;(七)被告人有无从重、从轻、减轻、免除处罚情节;(八)有关涉案财物处理的事实;(九)有关附带民事诉讼的事实;(十)有关管辖、回避、延期审理等的程序事实;(十一)与定罪量刑有关的其他事实。"A项,在行贿罪中,要求行贿人明知其谋取的系不正当利益,这是构成犯罪的关键因素,属于关涉定罪事实的证明对象,符合上述第4项,故A项当选。B项,在刑事诉讼活动中,被告人一般处于被羁押的状态,没有人身自由,其亲友替能代为退赃,可以认为被告人认罪态度较好而酌情从轻处罚,属于关涉量刑事实的证明对象,符合上述第7项,故B项当选。

对证据材料的审查与判断被称为验证"证据事实"的过程,证据事实不是证明对象,而是证明手段。证明对象是指需要用证据证明的案件事实,而证据事实则是指证据本身的来源、构成等要素。在C项中,强奸案中用于鉴定的体液检材是否被污染的事实属于证据事实,而非证明对象。故C项不当选。

《高检规则》第401条规定:"在法庭审理中,下列事实不必提出证据进行证明:(一)为一般人共同知晓的常识性事实;(二)人民法院生效裁判所确认并且未依审判监督程序重新审理的事实;(三)法律、法规的内容以及适用等属于审判人员履行职务所应当知晓的事实;(四)在法庭审理中不存在异议的程序事实;(五)法律规定的推定事实;(六)自然规律或者定律。"D项属于上述第4项规定的情形,属于免证事实,不当选。

123. 死刑案件的证明对象[ABCD]

[解析]《关于办理死刑案件审查判断证据若干问题的规定》第5条第3款规定:"办理死刑案件,对于以下事实的证明必须达到证据确实、充分:(一)被指控的犯罪事实的发生;(二)被告人实施了犯罪行为与被告人实施犯罪行为的时间、地点、手段、后果以及其他情节;(三)影响被告人定罪的身份情况;(四)被告人有刑事责任能力;(五)被告人的罪过;(六)是否共同犯罪及被告人在共同犯罪中的地位、作用;(七)对被告人从重处罚的事实。"A、B项的表述符合该法条第1、2项的规定。故A、B项正确。

《关于办理死刑案件审查判断证据若干问题的规定》第36条第1款规定:"在对被告人作出有罪认定后,人民法院认定被告人的量刑事实,除审查法定情节外,还应审查以下影响量刑的情节:(一)案件起因;(二)被害人有无过错及过错程度,是否对矛盾激化负有责任及责任大小;(三)被告人的近亲属是否协助抓

获被告人;(四)被告人平时表现及有无悔罪态度;(五)被害人附带民事诉讼赔偿情况,被告人是否取得被害人或者被害人近亲属谅解;(六)其他影响量刑的情节。"C、D项的表述符合该法条第2、3项的规定。故C、D项正确。

124. 刑事诉讼证明对象范围中的免证事实[D]

[解析]《刑诉解释》第72条第1款规定:"应当运用证据证明的案件事实包括:(一)被告人、被害人的身份;(二)被指控的犯罪是否存在;(三)被指控的犯罪是否为被告人所实施;(四)被告人有无刑事责任能力,有无罪过,实施犯罪的动机、目的;(五)实施犯罪的时间、地点、手段、后果以及案件起因等;(六)是否系共同犯罪或者犯罪事实存在关联,以及被告人在犯罪中的地位、作用;(七)被告人有无从重、从轻、减轻、免除处罚情节;(八)有关涉案财物处理的事实;(九)有关附带民事诉讼的事实;(十)有关管辖、回避、延期审理等的程序事实;(十一)与定罪量刑有关的其他事实。"据此,A、B、C项分别符合第1、5、4项内容,属于需要用证据证明的案件事实。故A、B、C项均不当选。

《高检规则》第401条规定:"在法庭审理中,下列事实不必提出证据进行证明:(一)为一般人共同知晓的常识性事实;(二)人民法院生效裁判所确认的并且未依审判监督程序重新审理的事实;(三)法律、法规的内容以及适用等属于审判人员履行职务所应当知晓的事实;(四)在法庭审理中不存在异议的程序事实;(五)法律规定的推定事实;(六)自然规律或者定律。"本题中,法院就甲乙两家宅基地纠纷所作出的裁判事项已经生效,属于该条第2项不需要证明之事项。故D项当选。

125. 证明责任[ABC]

[解析] 原则上,证明责任总是与一定的积极诉讼主张相联系,否认一方不负证明责任。在刑事诉讼活动中,积极诉讼主张即为控方对被告人的指控,若被告人否定,被告人不承担证明自己有罪或者无罪的证明责任。故A项正确。

证明责任总是与一定的不利诉讼后果相联系,甚至可以说证明责任就是证明不了就败诉的责任。在审判程序中,被告人很有可能被判处有罪,虽然其得到了不利判决,但不能说被告人因此负有证明责任,因为公诉案件中被告人有罪的举证责任由人民检察院承担。故B项正确。

证明责任是提供证据责任与说服责任的统一,仅仅提出证据不等于履行证明责任,还必须尽可能说服裁判者相信其主张的事实存在或不存在。故C项正确。

在刑事诉讼中,原则上应由控诉方承担证明责任,但是,在巨额财产来源不明案、非法持有型的犯罪中,被告人亦负有一定证明责任,也即举证责任倒置。故D项错误。

126. 证明对象[ABCD]

[解析]《刑诉解释》第72条第1款规定:"应当运用证据证明的案件事实包括:(一)被告人、被害人的身份;(二)被指控的犯罪是否存在;(三)被指控的犯罪是否为被告人所实施;(四)被告人有无刑事责任能力,有无罪过,实施犯罪的动机、目的;(五)实施犯罪的时间、地点、手段、后果以及案件起因等;(六)是否系共同犯罪或者犯罪事实存在关联,以及被告人在犯罪中的地位、作用;(七)被告人有无从重、从轻、减轻、免除处罚情节;(八)有关涉案财物处理的事实;(九)有关附带民事诉讼的事实;(十)有关管辖、回避、延期审理等的程序事实;(十一)与定罪量刑有关的其他事实。"

依据上述法条,本题中A、B、C、D项分别符合第1、2、5、7项的规定,均属于需要运用证据加以证明的事实。故A、B、C、D项正确。

127. 证据的证明力[D]

[解析]《刑事诉讼法》第55条规定:"对一切案件的判处都要重证据,重调查研究,不轻信口供。只有被告人供述,没有其他证据的,不能认定被告人有罪和处以刑罚;没有被告人供述,证据确实、充分的,可以认定被告人有罪和处以刑罚。证据确实、充分,应当符合以下条件:(一)定罪量刑的事实都有证据证明;(二)据以定案的证据均经法定程序查证属实;(三)综合全案证据,对所认定事实已排除合理怀疑。"

A项中,只有甲的供述,没有其他证据,不能对甲作出有罪认定。故A项错误。

B项中,在直接证据的运用中应遵循孤证不能定案的原则,只有被害人甲的指证,不能对乙作出有罪认定。故B项错误。

C项中,对于会计而言,只有局长的证言;对于局长而言,只有会计的证言。仅有孤证且相互矛盾,不能对会计和局长作出有罪认定。故C项错误。

D项中,不仅有甲乙的供述,而且甲乙同时开枪,被害人丙身中一弹,也就是说,还有枪作为物证的存在以及丙身中一弹的事实,只是查不清楚这一枪是谁打中的,这种情况下,甲乙属于"同时犯",可以对该案作出有罪认定。故D项正确。

128. 证明对象;免证事实[AB]

[解析]《高检规则》第401条规定:"在法庭审理中,下列事实不必提出证据进行证明:(一)为一般人共同知晓的常识性事实;(二)人民法院生效裁判所确认的并且未依审判监督程序重新审理的事实;(三)法律、法规的内容以及适用等属于审判人员履行职务所应

应当知晓的事实;(四)在法庭审理中不存在异议的程序事实;(五)法律规定的推定事实;(六)自然规律或者定律。"

依据上述法条,本题中A项属于第1项中规定的"一般人共同知晓的常识性事实",不必证明;B项属于第3项"法律、法规的内容",不必证明;而C项是无异议的案件基本事实,不属于程序事实,需要证明;D项石某精神状态与罪刑轻重的量刑情节有关,需要证明。故A、B项当选。

129. 证明责任的分担[BD]

[解析]《刑事诉讼法》第12条规定:"未经人民法院依法判决,对任何人都不得确定有罪。"虽然在理论上我国并没有确定完整的无罪推定原则,但对其合理精神是承认和接受的,一般情况下,被告人既不承担证明自己有罪的责任,也不承担证明自己无罪的责任。故A项错误。

自诉人相当于原告,根据"谁主张、谁举证"的原则,应承担举证责任。故B项正确。

律师进行无罪辩护时无需承担证明其主张成立的证明责任,律师无法承担证明责任时,不必然导致被告人被定罪或者重判。故C项错误。

在非法持有型犯罪中,由被告人承担一定程度的提供证据的责任,但是不能理解为由被告人承担全部的证明责任。例如,在巨额财产来源不明案中,检察机关应当证明国家工作人员的财产明显超过合法收入且差额巨大这一事实的存在,被告人只需要说明差额部分的来源是合法的即可。故D项正确。

专题八 强制措施

考点30 强制措施适用的原则

130. 强制措施适用的原则[AC]

[解析]适用强制措施需要具有法定性,对不符合强制措施适用条件的犯罪嫌疑人、被告人不得适用。逮捕必须具备证据条件、刑罚条件和危险性条件,若认为案件证据不足,对犯罪嫌疑人不得适用逮捕措施。故A项正确。

比例原则是指适用何种强制措施需要与犯罪嫌疑人、被告人的社会危险性成正比。对于犯罪较轻的犯罪嫌疑人,可以适用取保候审或监视居住;对于犯罪较重的犯罪嫌疑人,适宜适用逮捕。本题中,在住处监视居住和在指定居所监视居住,都属于监视居住措施,没有体现出不同强制措施之间的选择适用,因此没有体现出比例原则。故B项错误。

变更性原则是指可以根据案情发展情况或犯罪嫌疑人、被告人的社会危险性变化,相应调整强制措施的适用种类,包括两个方面:强制措施的变更和解除。本题中,侦查机关对犯罪嫌疑人从逮捕措施变更为释放,属于强制措施的变更,体现了变更性原则。故C项正确。

必要性原则是指适用强制措施应当谦抑、谨慎,避免强制措施的滥用。本题中,通过拘传、取保候审、监视居住等措施都可以实现方便讯问的目的,采用最严重的逮捕措施有违强制措施的必要性原则。故D项错误。

131. 强制措施的变更性原则[ACD]

[解析]变更性原则是指强制措施的适用,需要随着诉讼的进展、犯罪嫌疑人、被告人及案件情况的变化而及时变更或解除。包括两个方面的含义:(1)将已经适用的强制措施变更为另一种强制措施,(2)强制措施的解除和撤销,简单来说即变更和解除两个方面。

《刑事诉讼法》第82条规定:"公安机关对于现行犯或者重大嫌疑分子,如果有下列情形之一的,可以先行拘留:……(三)在身边或者住处发现有犯罪证据的;……"A项从拘传变更为拘留,属于强制措施的变更。故A项当选。

强制措施的变更,是指从A措施变更为B措施,不包含同一强制措施自身内部的变化,如在取保候审中将保证人保证调整为保证金保证、增减保证金数额,在监视居住中增减监视居住的时间等。可见,B项中要求增加取保候审保证金,不属于强制措施的变更,不符合强制措施的变更性原则。故B项不当选。

《刑事诉讼法》第71条第4款规定,犯罪嫌疑人在取保候审期间违反规定后需要予以逮捕的,可以对其先行拘留。C项从取保候审变更为拘留,属于强制措施的变更。故C项当选。

《刑事诉讼法》第98条规定:"犯罪嫌疑人、被告人被羁押的案件,不能在本法规定的侦查羁押、审查起诉、一审、二审期限内办结的,对犯罪嫌疑人、被告人应当予以释放;需要继续查证、审理的,对犯罪嫌疑人、被告人可以取保候审或者监视居住。"从羁押(拘留、逮捕)变更为非羁押措施属于强制措施的解除。故D项当选。

考点31 拘传

132. 拘传[ABCD]

[解析]《公安部规定》第78条第1款规定:"公安机关根据案件情况对需要拘传的犯罪嫌疑人,或者经过传唤没有正当理由不到案的犯罪嫌疑人,可以拘传到其所在市、县公安机关执法办案场所进行讯问。"据此,公安机关根据案件情况对犯罪嫌疑人实施拘传,无需经过上一级公安机关批准,故A项错误;传唤并非拘传的前置程序,公安机关可直接根据案情实施拘传,故B项错误;只能将犯罪嫌疑人拘传到其所在

市、县公安机关执法办案场所进行讯问,不允许带至酒店进行讯问,故 D 项错误。

《公安部规定》第 80 条第 1 款规定:"拘传持续的时间不得超过十二小时;案情特别重大、复杂,需要采取拘留、逮捕措施的,经县级以上公安机关负责人批准,拘传持续的时间不得超过二十四小时。不得以连续拘传的形式变相拘禁犯罪嫌疑人。"据此,除非案情特别重大、复杂,需要采取拘留、逮捕措施,且经县级以上公安机关负责人批准,拘传时间可延长至 24 小时外,原则上拘传时间不超过 12 小时。本题中,某区公安分局需要对郑某采取取保候审措施,不需要拘留、逮捕,因此拘传时间不得超过 12 小时,故 C 项错误。

133. 传唤;拘传[BC]

[解析]《刑事诉讼法》第 119 条规定:"对不需要逮捕、拘留的犯罪嫌疑人,可以传唤到犯罪嫌疑人所在市、县内的指定地点或者到他的住处进行讯问,但是应当出示人民检察院或者公安机关的证明文件。对在现场发现的犯罪嫌疑人,经出示工作证件,可以口头传唤,但应当在讯问笔录中注明。传唤、拘传持续的时间不得超过十二小时;案情特别重大、复杂,需要采取拘留、逮捕措施的,传唤、拘传持续的时间不得超过二十四小时。不得以连续传唤、拘传的形式变相拘禁犯罪嫌疑人。传唤、拘传犯罪嫌疑人,应当保证犯罪嫌疑人的饮食和必要的休息时间。"故本题 B、C 项符合上述规定,正确,D 项违反上述规定,错误。另外,拘传不能采取口头形式,而必须出具拘传证,A 项是对传唤的规定,错误。

134. 拘传的适用范围[B]

[解析] 拘传是指公安机关、人民检察院和人民法院对未被拘留、逮捕的犯罪嫌疑人、被告人依法强制其到指定地点接受讯问的强制措施。对于已经被拘留、逮捕的犯罪嫌疑人,可以直接进行讯问,不需要经过拘传程序。通常情况下,拘传适用于经过依法传唤,无正当理由拒不到案的犯罪嫌疑人、被告人。拘传作为刑事诉讼中的强制措施,只能适用于犯罪嫌疑人、被告人,对自诉人、被害人、附带民事诉讼的原告人和被告人以及证人、鉴定人、翻译人员等诉讼参与人不能适用。

由此可知,A 项中,对高某虽可以拘传,但其性质并非刑事强制措施,只是一种为保障审判顺利进行的司法措施。故 A 项错误。B 项中抢夺案中非在押的被告人陈某适用拘传。故 B 项正确。C 项中,卢某作为未被羁押的犯罪嫌疑人,可以对其进行拘传,但拘传主体不是人民法院,而应当是公安机关或是人民检察院,人民法院只能对未被羁押的被告人进行拘传。故 C 项错误。D 项中,证人不能成为拘传的对象。故 D 项错误。

考点 32 取保候审

135. 取保候审[C]

[解析]《关于取保候审若干问题的规定》第 15 条第 1 款规定:"公安机关决定取保候审的,应当及时通知被取保候审人居住地的派出所执行。被取保候审人居住地在异地的,应当及时通知居住地公安机关,由其指定被取保候审人居住地的派出所执行。必要时,办案部门可以协助执行。"据此,乙市公安机关应当通知叶某居住地的甲市公安机关在甲市执行。故 A 项错误。

法条变更	《最高人民法院、最高人民检察院、公安部、国家安全部关于取保候审若干问题的规定》
	2022 年 9 月 5 日修订(公通字[2022]25 号)

《关于取保候审若干问题的规定》第 4 条规定:"对犯罪嫌疑人、被告人决定取保候审的,应当责令其提出保证人或者交纳保证金。对同一犯罪嫌疑人、被告人决定取保候审的,不得同时使用保证人保证和保证金保证。对未成年人取保候审的,应当优先适用保证人保证。"本题并未提及叶某是未成年人,则按一般情况对待。故 B 项错误。

《关于取保候审若干问题的规定》第 8 条规定:"决定取保候审时,可以根据案件情况责令被取保候审人不得与下列'特定的人员'会见或者通信:(一)证人、鉴定人、被害人及其法定代理人和近亲属;(二)同案违法行为人、犯罪嫌疑人、被告人以及与案件有关联的其他人员;(三)可能遭受被取保候审人侵害、滋扰的人员;(四)可能实施妨害取保候审执行、影响诉讼活动的人员。前款中的'通信'包括以信件、短信、电子邮件、通话,通过网络平台或者网络应用服务交流信息等各种方式直接或者间接通信。"故 C 项正确。

《关于取保候审若干问题的规定》第 24 条第 2、3 款规定:"对于发现不应当追究被取保候审人刑事责任并作出撤销案件或者终止侦查决定的,决定机关应当及时作出解除取保候审决定,并送交执行机关。有下列情形之一的,取保候审自动解除,不再办理解除手续,决定机关应当及时通知执行机关:(一)取保候审依法变更为监视居住、拘留、逮捕,变更后的强制措施已经开始执行的;(二)人民检察院作出不起诉决定的;(三)人民法院作出的无罪、免予刑事处罚或者不负刑事责任的判决、裁定已经发生法律效力的;(四)被判处管制或者适用缓刑,社区矫正已经开始执行的;(五)被单处附加刑,判决、裁定已经发生法律效力的;(六)被判处监禁刑,刑罚已经开始执行的。"本题中,若公安机关决定撤销案件,应当及时作出解除取保候审决定,不适用自动解除取保候审的情形。故D项错误。

136. 被取保候审人的义务[C]

[解析]《刑事诉讼法》第71条第1、2款规定:"被取保候审的犯罪嫌疑人、被告人应当遵守以下规定:(一)未经执行机关批准不得离开所居住的市、县;(二)住址、工作单位和联系方式发生变动的,在二十四小时以内向执行机关报告;(三)在传讯的时候及时到案;(四)不得以任何形式干扰证人作证;(五)不得毁灭、伪造证据或者串供。人民法院、人民检察院和公安机关可以根据案件情况,责令被取保候审的犯罪嫌疑人、被告人遵守以下一项或者多项规定:(一)不得进入特定的场所;(二)不得与特定的人员会见或者通信;(三)不得从事特定的活动;(四)将护照等出入境证件、驾驶证件交执行机关保存。"由此可知,A、B、D项均属于酌定义务,除非公、检、法明确要求,否则甲没有遵守的义务。故A、B、D项错误,C项正确。

137. 立案管辖;取保候审的保证方式;被取保候审人的法定义务和酌定义务[C]

[解析]报复陷害罪属于国家机关工作人员职务犯罪,应当由监察委员会立案调查或者由检察院(若由司法人员实施)立案侦查。题干中显示的是"侦查机关",因此可以将本案中的报复陷害罪推定为属于检察院立案侦查。在我国,取保候审只能由公安机关执行。A项说由本案侦查机关,即由检察院执行,错误。

保证人与保证金只能择一,不可同时适用。故B项错误。

根据《刑事诉讼法》第71条第2款,人民法院、人民检察院和公安机关可以根据案件情况,责令被取保候审的犯罪嫌疑人、被告人遵守以下一项或者多项规定:(1)不得进入特定的场所;(2)不得与特定的人员会见或者通信;(3)不得从事特定的活动;(4)将护照等出入境证件、驾驶证件交执行机关保存。"可要求郭某在取保候审期间不得进入蒋某居住的小区"属于"不得进入特定的场所"。故C项正确。【特别提醒】根据《关于取保候审若干问题的规定》,这里的"特定的场所"是指:(1)可能导致其再次实施犯罪的场所;(2)可能导致其实施妨害社会秩序、干扰他人正常活动行为的场所;(3)与其所涉嫌犯罪活动有关联的场所;(4)可能导致其实施毁灭证据、干扰证人作证等妨害诉讼活动的场所;(5)其他可能妨害取保候审执行的特定场所。

根据《刑事诉讼法》第71条第1款规定,被取

保候审的犯罪嫌疑人、被告人应当遵守以下规定:(1)未经执行机关批准,不得离开所居住的市、县;(2)住址、工作单位和联系方式发生变动的,在24小时以内向执行机关报告;(3)在传讯的时候及时到案;(4)不得以任何形式干扰证人作证;(5)不得毁灭、伪造证据或者串供。可见,法律只是规定"住址、工作单位和联系方式发生变动的,在24小时以内向执行机关报告",但没有规定应要求郭某在取保候审期间不得变更住址。故D项错误。

138. 取保候审的保证方式[B]

[解析]《刑事诉讼法》第68条规定,人民法院、人民检察院和公安机关决定对犯罪嫌疑人、被告人取保候审,应当责令犯罪嫌疑人、被告人提出保证人或者交纳保证金。因此取保候审有两种方式:一种是保证人保证;另一种是保证金保证。《关于取保候审若干问题的规定》第4条第2款规定,对同一犯罪嫌疑人、被告人决定取保候审的,不得同时使用保证人保证和保证金保证。故A项错误。

《刑诉解释》第151条规定,对下列被告人决定取保候审的,可以责令其提出1~2名保证人:(1)无力交纳保证金的;(2)未成年或者已满75周岁的;(3)不宜收取保证金的其他被告人。故B项正确。

《刑事诉讼法》第70条第2款规定,被保证人有违反该法第71条规定的行为,保证人未履行保证义务,对保证人处以罚款,构成犯罪的,依法追究刑事责任。法条并未规定要求保证人承担相应的民事连带赔偿责任。故C项错误。

《六机关规定》第14条规定,对取保候审保证人是否履行了保证义务,由公安机关认定,对保证人的罚款决定,也由公安机关作出。故D项错误。【特别提醒】2022年《关于取保候审若干问题的规定》对公安机关的罚款进行了细化,其第31条第1款规定,保证人未履行监督义务,或者被取保候审人违反《刑事诉讼法》第71条的规定,保证人未及时报告或者隐瞒不报告的,经查证属实后,由公安机关对保证人处以罚款,并将有关情况及时通知决定机关。第32条规定,公安机关决定对保证人罚款的,应当制作保证人罚款决定书,在3日以内向保证人宣布,告知其如果对罚款决定不服,可以在5日以内向作出罚款决定的公安机关申请复议。保证人对复议决定不服的,可以在收到复议决定书后5日以内向上一级公安机关申请复核一次。

139. 取保候审[C]

[解析]《刑事诉讼法》第72条第2款规定,提供保证金的人应当将保证金存入执行机关指定银行的专门账户。并非由决定机关统一收取后存入指定银行的专门账户。故A项错误。

《刑事诉讼法》第67条规定："人民法院、人民检察院和公安机关对有下列情形之一的犯罪嫌疑人、被告人，可以取保候审：（一）可能判处管制、拘役或者独立适用附加刑的；（二）可能判处有期徒刑以上刑罚，采取取保候审不致发生社会危险性的；（三）患有严重疾病、生活不能自理，怀孕或者正在哺乳自己婴儿的妇女，采取取保候审不致发生社会危险性的；（四）羁押期限届满，案件尚未办结，需要采取取保候审的。取保候审由公安机关执行。"根据该法条第2项的规定，对于可能判处有期徒刑以上刑罚，但采取取保候审不致发生社会危险性的，亦可采取取保候审措施。故B项错误。

《刑诉解释》第150条第2款规定："对被告人决定取保候审的，应当责令其提出保证人或者交纳保证金，不得同时使用保证人保证与保证金保证。"故C项正确。

《刑事诉讼法》第71条第4款规定，对违反取保候审规定，需要予以逮捕的，可以对犯罪嫌疑人、被告人先行拘留。故D项错误。

140. 被取保候审人的义务[CD]

[解析]《刑事诉讼法》第71条第1款规定："被取保候审的犯罪嫌疑人、被告人应当遵守以下规定：（一）未经执行机关批准不得离开所居住的市、县；（二）住址、工作单位和联系方式发生变动的，在二十四小时以内向执行机关报告；（三）在传讯的时候及时到案；（四）不得以任何形式干扰证人作证；（五）不得毁灭、伪造证据或者串供。"根据上述第3、4项，C、D项正确。

《刑事诉讼法》第67条第2款规定，取保候审由公安机关执行。可知，取保候审的执行机关为公安机关，上述《刑事诉讼法》第71条第1款第1项所说未经执行机关批准不得离开所居住的市、县，也就是指未经公安机关批准不得离开所居住的市、县。故A项错误。

《刑事诉讼法》第77条第1款第2项规定，被监视居住的犯罪嫌疑人、被告人应当遵守"未经执行机关批准不得会见他人或者通信"的规定。可知，未经执行机关批准不得会见他人是被监视居住的犯罪嫌疑人、被告人应当遵守的义务，而不是取保候审的犯罪嫌疑人、被告人应当遵守的义务。即使根据《刑事诉讼法》第71条第2款，人民法院、人民检察院和公安机关可以根据案件情况，责令被取保候审的犯罪嫌疑人、被告人遵守"不得与特定的人员会见或者通信"的义务，也只是强调不得会见"特定的人员"，而非"他人"。故B项错误。

141. 取保候审保证金额[BCD（原答案为ABCD）]

[解析]《刑事诉讼法》第72条第1款规定，取保候审的决定机关应当综合考虑保证诉讼活动正常进行的需要，被取保候审人的社会危险性，案件的性质、情节，可能判处刑罚的轻重，被取保候审人的经济状况等情况，确定保证金的数额。

本题中，B项属于被取保候审人的经济状况，C项属于可能判处刑罚的轻重，D项属于犯罪嫌疑人、被告人的社会危险性，都是法律规定的应当考虑的因素，因此，B、C、D均当选。

142. 取保候审的执行机关[D]

[解析]《刑事诉讼法》第4条规定，国家安全机关依照法律规定，办理危害国家安全的刑事案件，行使与公安机关相同的职权。又据《关于取保候审若干问题的规定》第2条规定，公安机关、人民检察院、人民法院决定取保候审的，由公安机关执行。国家安全机关决定取保候审的，以及人民检察院、人民法院办理国家安全机关移送的刑事案件决定取保候审的，由国家安全机关执行。本案中，甲的行为构成为境外窃取、刺探、收买、非法提供国家秘密情报罪，因此属于危害国家安全的刑事案件，应由国家安全机关立案侦查，因此取保候审也由国家安全机关执行。故D项正确，A、B、C项错误。

考点33 监视居住

143. 拘留；逮捕；搜查；监视居住[BD]

[解析]《刑事诉讼法》第85条规定："公安机关拘留人的时候，必须出示拘留证。拘留后，应当立即将被拘留人送看守所羁押，至迟不得超过二十四小时。除无法通知或者涉嫌危害国家安全犯罪、恐怖活动犯罪通知可能有碍侦查的情形以外，应当在拘留后二十四小时以内，通知被拘留人的家属。有碍侦查的情形消失以后，应当立即通知被拘留人的家属。"本案属于毒品犯罪，不属于涉嫌危害国家安全犯罪、恐怖活动犯罪，也不存在有碍侦查的情形，因此公安机关应当在拘留某后24小时以内通知其家属，故A项错误。

《刑事诉讼法》第83条规定："公安机关在异地执行拘留、逮捕的时候，应当通知被拘留、逮捕人所在地的公安机关，被拘留、逮捕人所在地的公安机关应当予以配合。"故B项正确。

《刑事诉讼法》第138条规定："进行搜查，必须向被搜查人出示搜查证。在执行逮捕、拘留的时候，遇有紧急情况，不另用搜查证也可以进行搜查。"本案不存在紧急情况，故对宋某住处进行搜查应当出示搜查证，C项错误。

《刑事诉讼法》第75条第1款规定："监视居住应当在犯罪嫌疑人、被告人的住处执行；无固定住处的，可以在指定的居所执行。对于涉嫌危害国家安全犯罪、恐怖活动犯罪，在住处执行可能有碍侦查的，经上一级公安机关批准,也可以在指定的居所执行。但是,不得在羁押场所、专门的办案场所执行。"本案中,由于宋某的唯一住所被侦查机关查封,因此宋某无固定住处,可以在指定的居所执行监视居住,故 D 项正确。

144. 监视居住的适用对象[ABC]

[解析]《刑事诉讼法》第74条规定:"人民法院、人民检察院和公安机关对符合逮捕条件,有下列情形之一的犯罪嫌疑人、被告人,可以监视居住:(一)患有严重疾病、生活不能自理的;(二)怀孕或者正在哺乳自己婴儿的妇女;(三)系生活不能自理的人的唯一扶养人;(四)因为案件的特殊情况或者办理案件的需要,采取监视居住措施更为适宜的;(五)羁押期限届满,案件尚未办结,需要采取监视居住措施的。对符合取保候审条件,但犯罪嫌疑人、被告人不能提出保证人,也不交纳保证金的,可以监视居住。监视居住由公安机关执行。"据此,监视居住的适用对象可以分为两类:一是符合逮捕条件且满足上述五种情形之一的;二是符合取保候审条件但是不能提出保证人,也不交纳保证金的。A、B、C项分别符合第1款第1、2、3项规定,当选。D项不属于可以监视居住的情形,不当选。

考点 34 拘留

145. 刑事拘留;无证搜查[D]

[解析]《公安部规定》第125条规定:"拘留犯罪嫌疑人,应当填写呈请拘留报告书,经县级以上公安机关负责人批准,制作拘留证。执行拘留时,必须出示拘留证,并责令被拘留人在拘留证上签名、捺指印,拒绝签名、捺指印的,侦查人员应当注明。紧急情况下,对于符合本规定第一百二十四条所列情形(指先行拘留的情形——编者注)之一的,经出示人民警察证,可以将犯罪嫌疑人口头传唤至公安机关后立即审查,办理法律手续。"据此,紧急情况下,对于符合先行拘留情形的,可以经出示人民警察证后拘留,不必出示拘留证。A项说法过于绝对,故错误。

《刑事诉讼法》第85条第2款规定,拘留后,应立即将被拘留人送看守所羁押,至迟不得超过24小时。故B项错误。

《刑事诉讼法》第118条第2款规定,犯罪嫌疑人被送交看守所羁押以后,侦查人员对其进行讯问,应当在看守所内进行。该条只是要求侦查人员讯问应当在看守所内进行,C项的表述过于绝对。故C项错误。

《刑事诉讼法》第138条规定,进行搜查,必须向被搜查人出示搜查证。在执行逮捕、拘留的时候,遇有紧急情况,不另用搜查证也可以进行搜查。《公安部规定》第224条规定,执行拘留、逮捕的时候,遇有下列紧急情况之一的,不用搜查证也可以进行搜查:(1)可能随身携带凶器的;(2)可能隐藏爆炸、剧毒等危险物品的;(3)可能隐匿、毁弃、转移犯罪证据的;(4)可能隐匿其他犯罪嫌疑人的;(5)其他突然发生的紧急情况。本案中,公安机关怀疑章某携带管制刀具(凶器),即属于紧急情况。故D项正确。

146. 拘留;报请批捕;讯问犯罪嫌疑人[B]

[解析]《刑事诉讼法》第85条第2款规定:"拘留后,应当立即将被拘留人送看守所羁押,至迟不得超过二十四小时。除无法通知或者涉嫌危害国家安全犯罪、恐怖活动犯罪通知可能有碍侦查的情形以外,应当在拘留后二十四小时以内,通知被拘留人的家属。有碍侦查的情形消失以后,应当立即通知被拘留人的家属。"因此,对甲刑事拘留后应当在24小时内,也即10月6日上午10点前送往看守所羁押。故A项正确。

根据上述法条可知,拘留后可以不通知被拘留人家属的情形只有两种:一是无法通知的情形;二是被拘留人涉嫌危害国家安全犯罪、恐怖活动犯罪通知可能有碍侦查的情形。B项中甲涉嫌黑社会性质组织犯罪,并不属于上述两种情形之一,所以应当通知甲的家属。故B项错误。

《刑事诉讼法》第86条规定:"公安机关对被拘留的人,应当在拘留后的二十四小时以内进行讯问。在发现不应当拘留的时候,必须立即释放,发给释放证明。"据此,甲在当月6日被送至看守所之前,公安机关对其进行了讯问符合法律规定。故C项正确。

《刑事诉讼法》第91条第1、2款规定,公安机关对被拘留的人,认为需要逮捕的,应当在拘留后的3日以内,提请人民检察院审查批准。在特殊情况下,提请审查批准的时间可以延长1日至4日。对于流窜作案、多次作案、结伙作案的重大嫌疑分子,提请审查批准的时间可以延长至30日。据此,公安机关如认为被拘留人应当被逮捕的,应当自拘留后3日内提请检察院审查批准。根据《刑事诉讼法》第105条第2款规定,期间开始的时和日不算在期间以内。所以,10月5日对甲进行拘留,应当在3日以内,也即10月8日之前提请检察机关审批。故D项正确。

147. 拘留的条件[ABCD]

[解析]《刑事诉讼法》第82条规定:"公安机关对于现行犯或者重大嫌疑分子,如果有下列情形之一的,可以先行拘留:(一)正在预备犯罪、实行犯罪或者在犯罪后即时被发觉的;(二)被害人或者在场亲眼看见的人指认他犯罪的;(三)在身边或者住处发现有犯罪证据的;(四)犯罪后企图自杀、逃跑或者在逃的;(五)有毁灭、伪造证据或者串供可能的;(六)不讲真实姓名、住址,身份不明的;(七)有流窜作案、多次作

案、结伙作案重大嫌疑的。"

本题中,A项甲为投毒而买毒药属于预备犯,因此符合上述第1项规定;B项在乙的住处发现了被盗金项链,属于第3项情形;C项属于第4项情形;D项属于第6项情形。故A、B、C、D项均属于可以执行先行拘留的情形,当选。

148. 刑事拘留与司法拘留、行政拘留的区别[A]

[解析] 司法拘留是在刑事、民事和行政诉讼过程中,法院对于有严重妨碍诉讼行为的诉讼参与人以及其他人员采取的一种强制措施;行政拘留是指法定的行政机关(专指公安机关)依法对违反行政法律规范的人,在短期内限制人身自由的一种行政处罚;刑事拘留是公安机关、人民检察院对直接受理的案件,在侦查过程中,遇到法定的紧急情况时,对于现行犯或者重大嫌疑分子所采取的临时剥夺其人身自由的强制方法。所以A项正确。

刑事拘留在刑事诉讼活动中是一种保障性措施,不具有惩罚性,属于强制措施,B项中刑事拘留是一种处罚手段表述错误。所以B项错误。

行政拘留是行政制裁方法,属于行政处罚,不是强制措施。所以C项错误。

司法拘留由人民法院决定,行政拘留由公安机关决定,刑事拘留由公安机关、人民检察院决定。所以D项错误。

考点35 逮捕

149. 审查逮捕程序[AB]

[解析]《刑事诉讼法》第173条规定,人民检察院审查案件,应当讯问犯罪嫌疑人。犯罪嫌疑人认罪认罚的,人民检察院应当告知其享有的诉讼权利和认罪认罚的法律规定,听取犯罪嫌疑人、辩护人或者值班律师、被害人及其诉讼代理人的意见。据此,犯罪嫌疑人认罪认罚的,检察院在审查批捕时应当讯问犯罪嫌疑人,故A项正确。

《高检规则》第281条规定:"对有重大影响的案件,可以采取当面听取侦查人员、犯罪嫌疑人及其辩护人等意见的方式进行公开审查。"故B项正确。

《高检规则》第282条规定:"对公安机关提请批准逮捕的犯罪嫌疑人,已经被拘留的,人民检察院应当在收到提请批准逮捕书后七日以内作出是否逮捕的决定;未被拘留的,应当在收到提请批准逮捕书后十五日以内作出是否批准逮捕的决定,重大、复杂案件,不得超过二十日。"本题中,甲、乙已经被拘留,检察院应当在7日内作出是否批准逮捕的决定,故C项错误。【特别提醒】已被拘留,批捕时间为7日;未被拘留,批捕时间可以为15—20日。

《高检规则》第287条第2款规定:"有犯罪事实需要追究刑事责任,但不是被立案侦查的犯罪嫌

疑人实施,或者共同犯罪案件中部分犯罪嫌疑人不负刑事责任,人民检察院作出不批准逮捕决定的,应当同时告知公安机关对有关犯罪嫌疑人终止侦查。"D项中,检察院对乙作出不批准逮捕决定正确,但检察院无权直接作出终止侦查的决定,因此公安机关作为侦查机关才有权决定终止侦查,检察院应当告知公安机关对乙终止侦查,故D项错误。

150. 取保候审;逮捕;羁押必要性审查[ACD]

[解析] 取保候审的担保方式有保证人保证和保证金担保两种,根据《刑诉解释》第162条的规定,在法院对甲继续采取取保候审的情况下,决定取保的法院有权变更取保的担保方式,即对甲可变更为保证人保证。故A项正确。

《刑事诉讼法》第71条第4款规定:"对违反取保候审规定,需要予以逮捕的,可以对犯罪嫌疑人、被告人先行拘留。"据此,对违反取保候审规定,需要予以逮捕的,可以先行拘留。本案中,适用强制措施的是法院,根据《刑事诉讼法》的相关规定,有权决定拘留的只有公安机关和检察院,法院没有刑事拘留的决定权、执行权。本案中应由公安机关对乙先行拘留,故B项错误。【要点总结】强制措施的决定与执行机关:(1)拘传:公检法都能决定,都能执行;(2)取保候审、监视居住:公检法都能决定,只能公安机关执行;(3)刑事拘留:公检可决定,只能公安机关执行;(4)逮捕:检法可决定,只能公安机关执行。

《刑事诉讼法》第94条规定,法院、检察院对于各自决定逮捕的人,公安机关对于经检察院批准逮捕的人,都必须在逮捕后的24小时以内进行讯问。故C项正确。

《高检规则》第574条第1款规定:"人民检察院在办案过程中可以依职权主动进行羁押必要性审查。"故D项正确。

151. 羁押必要性审查[C]

[解析]《高检规则》第575条规定,无论侦查、审查起诉还是审判阶段,羁押必要性审查均由检察院负责捕诉的部门负责办理。故A项错误。

《高检规则》第577条规定:"人民检察院可以采取以下方式进行羁押必要性审查:(一)审查犯罪嫌疑人、被告人不需要继续羁押的理由和证明材料;(二)听取犯罪嫌疑人、被告人及其法定代理人、辩护人的意见;(三)听取被害人及其法定代理人、诉讼代理人的意见,了解是否达成和解协议;(四)听取办案机关的意见;(五)调查核实犯罪嫌疑人、被告人的身体健康状况;(六)需要采取的其他方式。必要时,可以依照有关规定进行公开审查。"据此,人民检察院进行羁押必要性审查原则上不公开进行,只有在必要时可以才可以进行公开审查,并且本题案件涉嫌猥亵儿童,

关乎个人隐私,所以不应公开审查。故 B 项错误。

《高检规则》第 574 条第 1 款规定:"人民检察院在办案过程中可以依职权主动进行羁押必要性审查。"故 C 项正确。

《高检规则》第 580 条规定:"人民检察院发现犯罪嫌疑人、被告人具有下列情形之一,且具有悔罪表现,不予羁押不致发生社会危险性的,可以向办案机关提出释放或者变更强制措施的建议:……(十二)可能被判处一年以下有期徒刑或者宣告缓刑的;……"据此,检察院只能"建议"而不能"要求"法院变更强制措施。故 D 项错误。

152. 拘留;逮捕;监视居住[BCD]

[解析]《刑事诉讼法》第 85 条规定,公安机关拘留人的时候,必须出示拘留证。拘留后,应当立即将被拘留人送看守所羁押,至迟不得超过 24 小时。除无法通知或者涉嫌危害国家安全犯罪、恐怖活动犯罪通知可能有碍侦查的情形以外,应当在拘留后 24 小时以内,通知被拘留人的家属。有碍侦查的情形消失以后,应当立即通知被拘留人的家属。第 86 条规定,公安机关对被拘留的人,应当在拘留后的 24 小时以内进行讯问。在发现不应当拘留的时候,必须立即释放,发给释放证明。故 A 项错误,C 项正确。

《刑事诉讼法》第 81 条第 3 款规定:"对有证据证明有犯罪事实,可能判处十年有期徒刑以上刑罚的,或者有证据证明有犯罪事实,可能判处徒刑以上刑罚,曾经故意犯罪或者身份不明的,应当予以逮捕。"甲因涉嫌故意杀人可能判处 10 年以上有期徒刑,如果有证据证明有犯罪事实,就应当逮捕。故 B 项正确。

《刑事诉讼法》第 74 条第 1 款规定:"人民法院、人民检察院和公安机关对符合逮捕条件,有下列情形之一的犯罪嫌疑人、被告人,可以监视居住:(一)患有严重疾病、生活不能自理的……"乙身体虚弱生活无法自理的,可以适用监视居住。故 D 项正确。

153. 逮捕后的羁押必要性审查[ABCD(原答案为C)]

[解析]《刑事诉讼法》第 95 条规定,犯罪嫌疑人被逮捕后,人民检察院仍应当对羁押的必要性进行审查。可知,羁押必要性审查发生在逮捕之后。A 项中 10 月 14 日为逮捕之前,尚不存在羁押必要性审查的问题。故 A 项错误。

向检察院申请羁押必要性审查,没有先向侦查机关申请变更强制措施的前置法律规定,故 B 项错误。

《高检规则》第 575 条规定:"负责捕诉的部门依法对侦查和审判阶段的羁押必要性进行审查。经审查认为不需要继续羁押的,应当建议公安机关或者人民法院释放犯罪嫌疑人、被告人或者变更强制措施。

审查起诉阶段,负责捕诉的部门经审查认为不需要继续羁押的,应当直接释放犯罪嫌疑人或者变更强制措施。负责刑事执行检察的部门收到有关材料或者发现不需要继续羁押的,应当及时将有关材料和意见移送负责捕诉的部门。"据此,无论侦查、审查起诉还是审判阶段,羁押必要性审查均由检察院负责捕诉的部门负责办理,故 C、D 项错误。

154. 审查批捕阶段讯问犯罪嫌疑人的程序[ABCD]

[解析]《高检规则》第 280 条规定:"人民检察院办理审查逮捕案件,可以讯问犯罪嫌疑人;具有下列情形之一的,应当讯问犯罪嫌疑人:(一)对是否符合逮捕条件有疑问的;(二)犯罪嫌疑人要求向检察人员当面陈述的;(三)侦查活动可能有重大违法行为的;(四)案情重大、疑难、复杂的;(五)犯罪嫌疑人认罪认罚的;(六)犯罪嫌疑人系未成年人的;(七)犯罪嫌疑人是盲、聋、哑人或者是尚未完全丧失辨认或者控制自己行为能力的精神病人的。讯问未被拘留的犯罪嫌疑人,讯问前应当听取公安机关的意见。办理审查逮捕案件,对被拘留的犯罪嫌疑人不予讯问的,应当送达听取犯罪嫌疑人意见书,由犯罪嫌疑人填写后及时收回审查并附卷。经审查认为应当讯问犯罪嫌疑人的,应当及时讯问。"

本题中,A 项属于上述 1 项情形;B 项属于上述第 2 项情形;C 项属于上述第 3 项情形,因为根据《刑事诉讼法》第 85 条第 2 款规定,拘留后,应当立即将被拘留人送看守所羁押,至迟不得超过 24 小时;D 项属于上述第 7 项情形。由此可知,本题正确答案为 A、B、C、D 四项。

155. 审查批准逮捕[B]

[解析]《刑事诉讼法》第 88 条规定:"人民检察院审查批准逮捕,可以讯问犯罪嫌疑人;有下列情形之一的,应当讯问犯罪嫌疑人:(一)对是否符合逮捕条件有疑问的;(二)犯罪嫌疑人要求向检察人员当面陈述的;(三)侦查活动可能有重大违法行为的。人民检察院审查批准逮捕,可以询问证人等诉讼参与人,听取辩护律师的意见;辩护律师提出要求的,应当听取辩护律师的意见。"题干所提问题有两点需要注意:(1)时间段:检察院审查批准逮捕时;(2)"应当"而不是"可以"询问情形。依该条第 1 款第 2 项,直接选择 B 项。A、C、D 项不属于应当讯问情形,但检察院可以决定是否讯问。

156. 逮捕的条件[ACD]

[解析]《高检规则》第 128 条第 2、3 款规定:"有证据证明有犯罪事实是指同时具备下列情形:(一)有证据证明发生了犯罪事实;(二)有证据证明该犯罪事实是犯罪嫌疑人实施的;(三)证明犯罪嫌疑人实施犯

罪行为的证据已经查证属实。犯罪事实既可以是单一犯罪行为的事实，也可以是数个犯罪行为中任何一个犯罪行为的事实。"

据此，A、C、D三项均正确。根据上述规定，"有证据证明有犯罪事实"可以是犯罪嫌疑人实施的数个犯罪行为中的一个，而不必须是主要犯罪事实。故B项错误。

考点36 强制措施的变更和解除

157. 羁押必要性审查[B]

[解析] 根据《高检规则》第579条规定："人民检察院发现犯罪嫌疑人、被告人具有下列情形之一的，应当向办案机关提出释放或者变更强制措施的建议：(一)案件证据发生重大变化，没有证据证明有犯罪事实或者犯罪行为系犯罪嫌疑人、被告人所为的；(二)案件事实或者情节发生变化，犯罪嫌疑人、被告人可能被判处拘役、管制、独立适用附加刑、免予刑事处罚或者判决无罪的；(三)继续羁押犯罪嫌疑人、被告人，羁押期限将超过依法可能判处的刑期的；(四)案件事实基本查清，证据已经收集固定，符合取保候审或者监视居住条件的。"根据上述第1项，可知选项B当选。

根据《高检规则》第580条规定："人民检察院发现犯罪嫌疑人、被告人具有下列情形之一，且具有悔罪表现，不予羁押不致发生社会危险性的，可以向办案机关提出释放或者变更强制措施的建议：(一)预备犯或者中止犯；(二)共同犯罪中的从犯或者胁从犯；(三)过失犯罪的；(四)防卫过当或者避险过当的；(五)主观恶性较小的初犯；(六)系未成年人或者已满七十五周岁的人；(七)与被害方依法自愿达成和解协议，且已经履行或者提供担保的；(八)认罪认罚的；(九)患有严重疾病、生活不能自理的；(十)怀孕或者正在哺乳自己婴儿的妇女；(十一)系生活不能自理的人的唯一扶养人；(十二)可能被判处一年以下有期徒刑或者宣告缓刑的；(十三)其他不需要继续羁押的情形。"选项A、C、D中的情形均属于"可以"建议的情形，不当选。

158. 逮捕的变更、撤销或解除[BD]

[解析]《刑诉解释》第169条规定："被逮捕的被告人具有下列情形之一，人民法院可以变更强制措施：(一)患有严重疾病、生活不能自理的；(二)怀孕或者正在哺乳自己婴儿的；(三)系生活不能自理的人的唯一扶养人。"A项和C项属于法院可以变更措施的情形。故A、C项错误。

《刑诉解释》第170条规定："被逮捕的被告人具有下列情形之一的，人民法院应当立即释放；必要时，可以依法变更强制措施：(一)第一审人民法院判决被告人无罪，不负刑事责任或者免予刑事处罚的；(二)

第一审人民法院判处管制、宣告缓刑、单独适用附加刑，判决尚未发生法律效力的；(三)被告人被羁押的时间已到第一审人民法院对其判处的刑期期限的；(四)案件不能在法律规定的期限内审结的。"B项属于宣告缓刑，判决尚未发生法律效力的；D项属于案件不能在法律规定的期限内审结的，均属于应当变更或解除强制措施的情形。故B、D项正确。

159. 审前羁押；羁押必要性审查；强制措施的变更和解除[C]

[解析] 审前羁押是通过拘留或者逮捕的方式将犯罪嫌疑人关押于看守所，从而保证人身危险性较高的犯罪嫌疑人不致再危害社会，并保证后续诉讼程序的顺利进行。所以，对于人身危险性高的犯罪嫌疑人应当进行审前羁押，而对于人身危险性较小的犯罪嫌疑人，可以采取取保候审等非羁押措施，减少审前羁押的适用。这充分体现了"具体问题具体分析"的必要性原则的要求。故A项正确。

审前羁押的另一重要原则为变更性原则，即任何强制措施，随着诉讼的进展和案情的变化要及时进行变更或者解除。如果犯罪嫌疑人的人身危险性增大，可以从非羁押措施变更为羁押措施；反之，如果犯罪嫌疑人的人身危险性降低，可以从羁押措施变更为非羁押措施。故B项正确。

《刑事诉讼法》第95条规定，犯罪嫌疑人、被告人被逮捕后，人民检察院仍应当对羁押的必要性进行审查。对不需要继续羁押的，应当建议予以释放或者变更强制措施。有关机关应当在10日以内将处理情况通知人民检察院。因此，C项错误在于，检察院经羁押必要性审查认为不需要继续羁押的，无权直接决定释放或变更为其他非羁押强制措施，而应当建议予以释放或者变更强制措施。故C项错误。

《刑事诉讼法》第98条规定："犯罪嫌疑人、被告人被羁押的案件，不能在本法规定的侦查羁押、审查起诉、一审、二审期限内办结的，对犯罪嫌疑人、被告人应当予以释放；需要继续查证、审理的，对犯罪嫌疑人、被告人可以取保候审或者监视居住。"据此，D项正确。

160. 强制措施的变更[ABCD]

[解析]《刑诉解释》第169条规定："被逮捕的被告人具有下列情形之一，人民法院可以变更强制措施：(一)患有严重疾病、生活不能自理的；(二)怀孕或者正在哺乳自己婴儿的；(三)系生活不能自理的人的唯一扶养人。"A项中甲被逮捕后发现患有严重疾病和B项中乙被逮捕后经检查正在怀孕的情形，均属于"可以变更"而非"必须变更"的情形。故A、B项不正确。

《刑诉解释》第170条规定："被逮捕的被告人具有下列情形之一的，人民法院应当立即释放；必要时，

· 40 ·

可以依法变更强制措施:(一)第一审人民法院判决被告人无罪,不负刑事责任或者免予刑事处罚的;(二)第一审人民法院判处管制、宣告缓刑、单独适用附加刑,判决尚未发生法律效力的;(三)被告人被羁押的时间已到第一审人民法院对其判处的刑期期限的;(四)案件不能在法律规定的期限内审结的。"直接适用此法条,可知C、D两项分别属于第4、2项规定的情形,一般应当释放,必要时可以变更强制措施,故C、D项不正确。

专题九　附带民事诉讼

考点37　附带民事诉讼当事人

161. 附带民事诉讼当事人[C]

[解析]《刑诉解释》第177条规定:"国家机关工作人员在行使职权时,侵犯他人人身、财产权利构成犯罪,被害人或者其法定代理人、近亲属提起附带民事诉讼的,人民法院不予受理,但应当告知其可以依法申请国家赔偿。"本题中,甲是国家机关工作人员,且是在行使职权时实施的犯罪,因此本案不可以提起附带民事诉讼。故A、B项错误,C项正确。

《刑事诉讼法》第288条第1款规定:"下列公诉案件,犯罪嫌疑人、被告人真诚悔罪,通过向被害人赔偿损失、赔礼道歉等方式获得被害人谅解,被害人自愿和解的,双方当事人可以和解:(一)因民间纠纷引起,涉嫌刑法分则第四章、第五章规定的犯罪案件,可能判处三年有期徒刑以下刑罚的;(二)除渎职犯罪以外的可能判处七年有期徒刑以下刑罚的过失犯罪案件。"本题中,甲涉嫌的滥用职权罪属于渎职犯罪,因此不适用当事人和解的公诉案件诉讼程序。故D项错误。

162. 附带民事诉讼当事人;附带民事诉讼的提起[D]

[解析]《刑事诉讼法》第101条第1款规定,被害人由于被告人的犯罪行为而遭受物质损失的,在刑事诉讼过程中,有权提起附带民事诉讼。被害人死亡或者丧失行为能力的,被害人的法定代理人、近亲属有权提起附带民事诉讼。《刑事诉讼法》第108条第6项规定,"近亲属"是指夫、妻、父、母、子、女、同胞兄弟姊妹。被害人李某的父母作为李某的近亲属有权提起附带民事诉讼,但李某的祖父母不是李某的近亲属,不能提起附带民事诉讼。故A项错误。

《刑诉解释》第183条规定,共同犯罪案件,同案犯在逃的,不应列为附带民事诉讼被告人。逃跑的同案犯到案后,被害人或者其法定代理人、近亲属可以对其提起附带民事诉讼,但已经从其他共同犯罪人处获得足额赔偿的除外。本案中,苏某在逃,不应把苏某列为附带民事诉讼被告人。故B项错误。

《刑诉解释》第176条规定,被告人非法占有、处置被害人财产的,应当依法予以追缴或者责令退赔。被害人提起附带民事诉讼的,人民法院不予受理。追缴、退赔的情况,可以作为量刑情节考虑。故C项错误。

《刑诉解释》第185条规定,侦查、审查起诉期间,有权提起附带民事诉讼的人提出赔偿要求,经公安机关、人民检察院调解,当事人双方已经达成协议并全部履行,被害人或者其法定代理人、近亲属又提起附带民事诉讼的,人民法院不予受理,但有证据证明调解违反自愿、合法原则的除外。故D项正确。

考点38　附带民事诉讼的提起与审判程序

163. 附带民事诉讼当事人及程序[ACD]

[解析]《刑事诉讼法》第101条第1款规定:"被害人由于被告人的犯罪行为而遭受物质损失的,在刑事诉讼过程中,有权提起附带民事诉讼。被害人死亡或者丧失行为能力的,被害人的法定代理人、近亲属有权提起附带民事诉讼。"本题中,被害人丙昏迷后,丙的妻子、儿子和弟弟均为丙的近亲属,可以提起附带民事诉讼,成为附带民事诉讼原告人。故A项正确。

《刑诉解释》第183条规定:"共同犯罪案件,同案犯在逃的,不应列为附带民事诉讼被告人。逃跑的同案犯到案后,被害人或者其法定代理人、近亲属可以对其提起附带民事诉讼,但已经从其他共同犯罪人处获得足额赔偿的除外。"可见,乙在逃,不能被列为附带民事诉讼共同被告人。故B项错误。

在附带民事诉讼中,被害人的物质损失必须是被告人的犯罪行为造成的,被害人遭受的物质损失与被告人的犯罪行为之间必须有因果关系,而且被害人遭受的物质损失是指已经遭受的实际损失和必然造成的物质损失。C项属于可得利益,不能提起附带民事诉讼。故C项正确。

《刑诉解释》第180条第2款规定:"附带民事诉讼被告人的亲友自愿代为赔偿的,可以准许。"第194条规定:"审理刑事附带民事诉讼案件,人民法院应当结合被告人赔偿被害人物质损失的情况认定其悔罪表现,并在量刑时予以考虑。"故D项正确。

164. 附带民事诉讼的提起[B]

[解析]《刑诉解释》第176条规定:"被告人非法占有、处置被害人财产的,应当依法予以追缴或者责令退赔。被害人提起附带民事诉讼的,人民法院不予受理。追缴、退赔的情况,可以作为量刑情节考虑。"故A项错误。

《刑诉解释》第175条规定:"被害人因人身权利受到犯罪侵犯或者财物被犯罪分子毁坏而遭受物质损失的,有权在刑事诉讼过程中提起附带民事诉讼;

被害人死亡或者丧失行为能力的,其法定代理人、近亲属有权提起附带民事诉讼。因受到犯罪侵犯,提起附带民事诉讼或者单独提起民事诉讼要求赔偿精神损失的,人民法院一般不予受理。"故 B 项正确。

《刑诉解释》第 177 条规定:"国家机关工作人员在行使职权时,侵犯他人人身、财产权利构成犯罪,被害人或者其法定代理人、近亲属提起附带民事诉讼的,人民法院不予受理,但应当告知其可以依法申请国家赔偿。"C 项即属于国家机关工作人员行使职权时实施的犯罪。故 C 项错误。

对于 D 项,非法搜查案中,因非法搜查所导致的物质损失均属于职务行为,相关人员只能通过国家赔偿途径弥补损失。但事实上并非如此,因为非法搜查罪的犯罪主体也可能是一般主体,如果是一般主体实施了非法搜查,给被害人人身、财产权利造成侵犯,被害人是可以提起附带民事诉讼的。D 项说法存在瑕疵。故 D 项错误。

165. 附带民事诉讼的财产保全[B]

[解析]《刑事诉讼法》第 101 条规定:"被害人由于被告人的犯罪行为而遭受物质损失的,在刑事诉讼过程中,有权提起附带民事诉讼。被害人死亡或者丧失行为能力的,被害人的法定代理人、近亲属有权提起附带民事诉讼。如果是国家财产、集体财产遭受损失的,人民检察院在提起公诉的时候,可以提起附带民事诉讼。"《刑诉解释》第 186 条规定:"被害人或者其法定代理人、近亲属提起附带民事诉讼的,人民法院应当在七日以内决定是否受理。符合刑事诉讼法第一百零一条以及本解释有关规定的,应当受理;不符合的,裁定不予受理。"本题中,王某被姜某打伤,在开庭审判前向法院提起诉讼,属于在刑事诉讼过程中,符合上述规定,法院应当受理。故 A 项错误。

《刑事诉讼法》第 102 条规定:"人民法院在必要的时候,可以采取保全措施,查封、扣押或者冻结被告人的财产。附带民事诉讼原告人或者人民检察院可以申请人民法院采取保全措施。人民法院采取保全措施,适用民事诉讼法的有关规定。"故 B 项正确。

《刑诉解释》第 189 条规定:"人民法院对可能因被告人的行为或者其他原因,使附带民事判决难以执行的案件,根据附带民事诉讼原告人的申请,可以裁定采取保全措施,查封、扣押或者冻结被告人的财产;附带民事诉讼原告人未提出申请的,必要时,人民法院也可以采取保全措施。有权提起附带民事诉讼的人因情况紧急,不立即申请保全将会使其合法权益受到难以弥补的损害的,可以在提起附带民事诉讼前,向被保全财产所在地、被申请人居住地或者对案件有管辖权的人民法院申请采取保全措施。申请人在人民法院受理刑事案件后十五日以内未提起附带民事诉讼的,人民法院应当解除保全措施。人民法院采取保全措施,适用民事诉讼法第一百条(现为第一百零三条)①至一百零五条(现为第一百零八条)的有关规定,但民事诉讼法第一百零一条(现为第一百零四条)第三款的规定除外。"申请财产保全并非必须提供担保。故 C 项错误。被保全财产所在地、被申请人居住地和对案件有管辖权的法院均有权采取保全措施,并非需要移交财产所在地法院采取。故 D 项错误。

166.(1)刑事附带民事诉讼案件赔偿责任人[D]

[解析]《刑诉解释》第 180 条规定:"附带民事诉讼中依法负有赔偿责任的人包括:(一)刑事被告人以及未被追究刑事责任的其他共同侵害人;(二)刑事被告人的监护人;(三)死刑罪犯的遗产继承人;(四)共同犯罪案件中,案件审结前死亡的被告人的遗产继承人;(五)对被害人的物质损失依法应当承担赔偿责任的其他单位和个人。附带民事诉讼被告人的亲友自愿代为赔偿的,可以准许。"

本题中,张一是未成年刑事被告人,属于依法负有民事赔偿责任的人。张一父母是张一的监护人,作为刑事被告人的监护人,符合上述第 1 款第 2 项规定的情形,依法负有民事赔偿责任。由于李二在开庭前死亡,所以其本人没有赔偿义务,但是其父母作为"共同犯罪案件中,案件审结前死亡的被告人的遗产继承人",符合上述第 1 款第 4 项规定的情形,依法负有民事赔偿责任。王三情节轻微未被起诉,属于未被追究刑事责任的其他共同侵害人,符合上述第 1 款第 1 项规定的情形,也依法负有民事赔偿责任,故本题的正确答案为 D 项。

(2)附带民事诉讼中当事人不到庭的处理[B]

[解析]《刑诉解释》第 175 条第 1 款规定:"被害人因人身权利受到犯罪侵犯或者财物被犯罪分子毁坏而遭受物质损失的,有权在刑事诉讼过程中提起附带民事诉讼;被害人死亡或者丧失行为能力的,其法定代理人、近亲属有权提起附带民事诉讼。"据此,本案中赵四的父母作为已死亡的被害人赵四的近亲属,是本案附带民事诉讼的原告人,李二父母、王三是本案附带民事诉讼的被告人。

《刑诉解释》第 195 条第 1 款规定:"附带民事诉讼原告人经传唤,无正当理由拒不到庭,或者未经法庭许可中途退庭的,应当按撤诉处理。"本题中,赵四父母是附带民事诉讼原告人,其经传唤,无正当理由拒不到庭,或者未经法庭许可中途退庭,都应当按照撤诉处理。故 A 项错误,B 项正确。

《刑诉解释》第 195 条第 2 款规定:"刑事被告人以外的附带民事诉讼被告人经传唤,无正当理由拒不

---

① 编者注,下同。

到庭,或者未经法庭许可中途退庭的,附带民事部分可以缺席判决。"本题中,王三属于"刑事被告人以外的附带民事诉讼被告人",其经传唤,无正当理由拒不到庭,附带民事部分可以缺席判决。故 C 项错误。而 D 项中李二的父母作为"刑事被告人以外的附带民事诉讼被告人"不到庭,法庭不是"应当",而是"可以"缺席判决。故 D 项错误。

167. 附带民事诉讼的保全措施[B]

[解析]《刑事诉讼法》第 102 条规定:"人民法院在必要的时候,可以采取保全措施,查封、扣押或者冻结被告人的财产。附带民事诉讼原告人或者人民检察院可以申请人民法院采取保全措施。人民法院采取保全措施,适用民事诉讼法的有关规定。"《民事诉讼法》第 105 条规定,保全限于请求的范围,或者与本案有关的财物。

A 项中不是"应当",而是"可以",是否采取保全措施,由法院决定,故 A 项错误。保全措施的申请人可以是原告,也可以是检察院,故 B 项正确。保全措施适用《民事诉讼法》的规定,故 C 项错误。财产保全的范围仅限于犯罪嫌疑人、被告人的财产或与本案有关的财产,故 D 项错误。

168. 附带民事诉讼的提起期间[B]

[解析]《刑诉解释》第 181 条规定:"被害人或者其法定代理人、近亲属仅对部分共同侵害人提起附带民事诉讼的,人民法院应当告知其可以对其他共同侵害人,包括没有被追究刑事责任的共同侵害人,一并提起附带民事诉讼,但共同犯罪案件中同案犯在逃的除外。被害人或者其法定代理人、近亲属放弃对其他共同侵害人的诉讼权利的,人民法院应当告知其相应法律后果,并在裁判文书中说明其放弃诉讼请求的情况。"在刑事诉讼中,吴某有权对罗某提起附带民事诉讼,也有权放弃对罗某提起附带民事诉讼;一旦放弃对罗某主张权利,一审判决宣告后,吴某即便反悔,也不能再对罗某提起附带民事诉讼了,只能另行提起民事诉讼。因此,B 项正确,A、D 项错误。

《刑诉解释》第 198 条规定:"第一审期间未提起附带民事诉讼,在第二审期间提起的,第二审人民法院可以依法进行调解;调解不成的,告知当事人可以在刑事判决、裁定生效后另行提起民事诉讼。"据此,吴某在二审中请求法院判令罗某予以赔偿是不会得到法院支持的,二审法院可以依法进行调解,调解不成的,告知吴某另行提起民事诉讼。故 C 项错误。

169. 附带民事诉讼[D(原答案为 BD)]

[解析]《刑诉解释》第 201 条规定:"人民法院审理附带民事诉讼案件,除刑法、刑事诉讼法以及刑事司法解释已有规定的以外,适用民事法律的有关规定。"本案中,被害人刘某因此在审理该案时,法院不仅能适用《刑法》《刑事诉讼法》等有关的刑事法律,还应适用民事法律的有关规定。故 A 项错误。

《刑诉解释》第 185 条规定:"侦查、审查起诉期间,有权提起附带民事诉讼的人提出赔偿要求,经公安机关、人民检察院调解,当事人双方已经达成协议并全部履行,被害人或者其法定代理人、近亲属又提起附带民事诉讼的,人民法院不予受理,但有证据证明调解违反自愿、合法原则的除外。"故 B 项错误。

《刑诉解释》第 187 条第 1 款规定:"人民法院受理附带民事诉讼后,应当在五日以内将附带民事起诉状副本送达附带民事诉讼被告人及其法定代理人,或者将口头起诉的内容及时通知附带民事诉讼被告人及其法定代理人,并制作笔录。"马某是未成年人,民事起诉书副本应同时送达马某及其法定代理人。故 C 项错误。

《刑事诉讼法》第 102 条规定:"人民法院在必要的时候,可以采取保全措施,查封、扣押或者冻结被告人的财产。附带民事诉讼原告人或者人民检察院可以申请人民法院采取保全措施。人民法院采取保全措施,适用民事诉讼法的有关规定。"据此,法院可以决定查封或者扣押被告人马某的财产。故 D 项正确。

170. 附带民事诉讼中的调解[AC(原答案为 A)]

[解析]《刑诉解释》第 185 条规定:"侦查、审查起诉期间,有权提起附带民事诉讼的人提出赔偿要求,经公安机关、人民检察院调解,当事人双方已经达成协议并全部履行,被害人或者其法定代理人、近亲属又提起附带民事诉讼的,人民法院不予受理,但有证据证明调解违反自愿、合法原则的除外。"由此可知,公安机关、检察院可以对民事赔偿部分进行调解,A 项正确。而 B 项表述太绝对,若有证据证明调解违反自愿、合法原则的,法院应当受理,B 项错误。

《刑诉解释》第 190 条规定:"人民法院审理附带民事诉讼案件,可以根据自愿、合法的原则进行调解。经调解达成协议的,应当制作调解书。调解书经双方当事人签收后即具有法律效力。调解达成协议并即时履行完毕的,可以不制作调解书,但应当制作笔录,经双方当事人、审判人员、书记员签名后即发生法律效力。"由规定可直接得知,C 项正确。而对调解达成协议并即时履行完毕的,可以不制作调解书,但应当制作笔录,D 项错误。

专题十 期间、送达

考点39 期间

171. 期间的计算;一审判决生效时间[D]

[解析]《刑事诉讼法》第 230 条规定:"不服判决

的上诉和抗诉的期限为十日,不服裁定的上诉和抗诉的期限为五日,从接到判决书、裁定书的第二日起算。"《刑事诉讼法》第 105 条第 4 款规定:"期间的最后一日为节假日的,以节假日后的第一日为期满日期,但犯罪嫌疑人、被告人或者罪犯在押期间,应当至期满之日为止,不得因节假日而延长。"《刑事诉讼法》第 105 条第 3 款规定:"法定期间不包括路途上的时间。上诉状或者其他文件在期满前已经交邮的,不算过期。"本题中,卢某的上诉期为 9 月 22 日至 10 月 1 日,而 10 月 1 日是法定节假日,因此期满日期应该是 10 月 8 日,黄某 10 月 8 日寄出,符合法律规定,一审判决并未生效。故 A 项错误,D 项正确。

《刑事诉讼法》第 106 条第 1 款规定:"当事人由于不能抗拒的原因或者有其他正当理由而耽误期限的,在障碍消除后五日以内,可以申请继续进行应当在期满以前完成的诉讼活动。"黄某虽然忙于个人事务直至 10 月 8 日上班时才寄出上诉状,但并没有耽误或者说错过上诉期限。故 B、C 项错误。

172. 办案期限的重新计算 [B]

[解析]《刑事诉讼法》第 160 条第 1 款规定,在侦查期间,发现犯罪嫌疑人另有重要罪行的,自发现之日起重新计算侦查羁押期限。"另有重要罪行"是指:(1)与逮捕时的罪行不同种的重大犯罪;(2)同种的影响罪名认定、量刑档次的重大犯罪。在侦查过程中发现甲还涉嫌盗窃 1 辆普通自行车,这不属于另有重要罪行的情形,无需重新计算侦查羁押期限。故 A 项错误。

《监察法》第 11 条第 2 项规定,监察委员会依法对涉嫌贪污贿赂、滥用职权等职务违法和职务犯罪进行调查。受贿罪属于职务犯罪,应当由监察委员会立案调查。该法第 47 条规定,对监察机关移送的案件,人民检察院经审查,认为需要补充核实的,应当退回监察机关补充调查,必要时可以自行补充侦查。《刑事诉讼法》第 175 条第 3 款规定,补充侦查完毕移送人民检察院后,人民检察院重新计算审查起诉期限。故 B 项正确。

《刑事诉讼法》第 204 条第 3 项规定,在法庭审判过程中,由于申请回避而不能进行审判,影响审判进行的,可以延期审理。C 项中"处理完丙提出的有关检察院书记员应当回避的申请",可以延期审理,而非重新计算一审审理期限。故 C 项错误。

《刑事诉讼法》第 235 条规定,第二审人民法院应当在决定开庭审理后及时通知人民检察院查阅案卷。人民检察院应当在 1 个月以内查阅完毕。人民检察院查阅案卷的时间不计入审理期限。D 项中检察院阅卷的时间不计入二审审理期限,而非"重新计算"。故 D 项错误。

173. 期间 [C]

[解析] 期间的重新计算,是指由于发生了法定的情况,原来已进行的期间归于无效,而从新发生情况之时起计算期间。重新计算期间仅适用于公安司法机关的办案期限,不适用于当事人行使诉讼权利的期限。故 A 项错误。

《刑事诉讼法》第 105 条第 3 款规定,法定期间不包括路途上的时间。上诉状或者其他文件在期满前已经交邮的,不算过期。具体来说,通过邮寄的上诉状或者其他文件,只要是在法定期间内交邮的,即使司法机关收到时已过法定期限,也不算过期。上诉状或其他文件是否在法定期限内交邮以当地邮局所盖邮戳为准,而非以投入邮筒为准。故 B 项错误,C 项正确。

D 项法无明文规定,从保障犯罪嫌疑人诉讼权利的角度,犯罪嫌疑人、被告人在押的案件,在羁押场所以外对患有严重疾病的犯罪嫌疑人、被告人进行医治的时间,应当计入法定羁押期间。故 D 项错误。

174. 刑期计算 [A]

[解析]《刑事诉讼法》第 76 条规定,指定居所监视居住的期限应当折抵刑期。被判处管制的,监视居住 1 日折抵刑期 1 日;被判处拘役、有期徒刑的,监视居住 2 日折抵刑期 1 日。A 项中甲被指定居所监视居住 154 天的期间应是折抵刑期 77 天。故 A 项说法错误。

《刑事诉讼法》第 268 条第 3 款规定,不符合暂予监外执行条件的罪犯通过贿赂等非法手段被暂予监外执行的,在监外执行的期间不计入执行刑期。罪犯在暂予监外执行期间脱逃的,脱逃的期间不计入执行刑期。B 项中乙通过贿赂手段被暂予监外执行,其在监外执行的 267 天不计入执行刑期。C 项中丙在暂予监外执行期间脱逃,脱逃的 78 天不计入执行刑期。故 B、C 项说法正确。

《刑法》第 41 条规定,管制的刑期,从判决执行之日起计算;判决执行以前先行羁押的,羁押 1 日折抵刑期 2 日。D 项中丁被判处管制,其判决生效前被逮捕羁押 208 天的期间折抵刑期 416 天。故 D 项说法正确。

175. 审理期间特殊情况的期间计算 [ABCD(原答案为 D)]

[解析]《刑事诉讼法》第 206 条规定:"在审判过程中,有下列情形之一,致使案件在较长时间内无法继续审理的,可以中止审理:(一)被告人患有严重疾病,无法出庭的;(二)被告人脱逃的;(三)自诉人患有严重疾病,无法出庭,未委托诉讼代理人出庭的;(四)由于不能抗拒的原因。中止审理的原因消失后,应当恢复审理。中止审理的期间不计入审理期限。"

故 A 项错误。

《六机关规定》第 25 条第 2 款规定:"人民法院对提起公诉的案件进行审查的期限计入人民法院的审理期限。"故 B 项错误。

《刑诉解释》第 313 条规定:"依照前两条规定另行委托辩护人或者通知法律援助机构指派律师的,自案件宣布休庭之日起至第十五日止,由辩护人准备辩护,但被告人及其辩护人自愿缩短时间的除外。庭审结束后,判决宣告前另行委托辩护人的,可以不重新开庭;辩护人提交书面辩护意见的,应当接受。"新的辩护人作辩护的准备时间计入审限。据此,C 项错在"10 日",应是"15 日"。

《刑诉解释》第 273 条规定:"法庭审理过程中,控辩双方申请通知新的证人到庭,调取新的证据,申请重新鉴定或者勘验的,应当提供证人的基本信息、证据的存放地点,说明拟证明的事项,申请重新鉴定或者勘验的理由。法庭认为有必要的,应当同意,并宣布休庭;根据案件情况,可以决定延期审理。人民法院决定重新鉴定的,应当及时委托鉴定,并将鉴定意见告知人民检察院、当事人及其辩护人、诉讼代理人。"由此法条可以看出,因当事人和辩护人调取新的证据而延期审理期限计入审限。故 D 项错误。

176. 一审案件审理期限的计算[AB(原答案为 A)]

[解析]《关于严格执行案件审理期限制度的若干规定》第 11 条规定,刑事公诉案件、被告人被羁押的自诉案件,需要延长审理期限的,应当在审理期限届满 7 日以前,向高级人民法院提出申请;被告人未被羁押的刑事自诉案件,需要延长审理期限的,应当在审理期限届满 10 日前向本院院长提出申请。可见,对于需要延长审理期限的案件,报经高级人民法院批准的时间应计入在审理期限中。故 A 项正确。

《刑诉解释》第 273 条规定:"法庭审理过程中,控辩双方申请通知新的证人到庭,调取新的证据,申请重新鉴定或者勘验的,应当提供证人的基本信息、证据的存放地点,说明拟证明的事项,申请重新鉴定或者勘验的理由。法庭认为有必要的,应当同意,并宣布休庭;根据案件情况,可以决定延期审理。人民法院决定重新鉴定的,应当及时委托鉴定,并将鉴定意见告知人民检察院、当事人及其辩护人、诉讼代理人。"据此,因申请重新鉴定而延期审理的,应当计入审限。故 B 项正确。

《刑事诉讼法》第 208 条第 3 款规定:"人民检察院补充侦查的案件,补充侦查完毕移送人民法院后,人民法院重新计算审理期限。"检察院补充侦查完后重新移送法院的案件,法院收到案件之日以前补充侦查的时间,不计入审理期限。故 C 项错误。

《刑事诉讼法》第 208 条第 2 款规定:"人民法院改变管辖的案件,从改变后的人民法院收到案件之日起计算审理期限。"故自改变管辖决定作出至改变后的法院收到案件之日的时间不计入审理期限。故 D 项错误。

177. 办案期限的重新计算[C]

[解析]《刑事诉讼法》第 175 条第 3 款规定:"对于补充侦查的案件,应当在一个月以内补充侦查完毕。补充侦查以二次为限。补充侦查完毕移送人民检察院后,人民检察院重新计算审查起诉期限。"由此可知,A 项中补充侦查完毕后的审查起诉期限需要重新计算。故 A 项不当选。

《刑事诉讼法》第 160 条第 1 款规定:"在侦查期间,发现犯罪嫌疑人另有重要罪行的,自发现之日起依照本法第一百五十六条的规定重新计算侦查羁押期限。"由此可知,发现犯罪嫌疑人另有重要罪行后的侦查羁押期限也应当重新计算。故 B 项不当选。

《刑事诉讼法》第 204 条规定:"在法庭审判过程中,遇有下列情形之一,影响审判进行的,可以延期审理:(一)需要通知新的证人到庭,调取新的物证,重新鉴定或者勘验的;(二)检察人员发现提起公诉的案件需要补充侦查,提出建议的;(三)由于申请回避而不能进行审判的。"C 项属于上述第 3 项规定的情形,原则上是应计入审限的,因为导致延期审理的原因是诉讼自身出了障碍,其消失依赖于某种诉讼活动的完成,再行开庭的时间可以预见,因此需要计入审限。故 C 项当选。

《刑事诉讼法》第 208 条第 3 款规定:"人民检察院补充侦查的案件,补充侦查完毕移送人民法院后,人民法院重新计算审理期限。"由此可知,检察院补充侦查完毕移送法院继续审理的审理期限应当重新计算。故 D 项不当选。

考点 40 送达

178. 留置送达的程序[ACD]

[解析]《刑诉解释》第 204 条规定:"送达诉讼文书,应当由收件人签收。收件人不在的,可以由其成年家属或者所在单位负责收件的人员代收。收件人或者代收人在送达回证上签收的日期为送达日期。收件人或者代收人拒绝签收的,送达人可以邀请见证人到场,说明情况,在送达回证上注明拒收的事由和日期,由送达人、见证人签名或者盖章,将诉讼文书留在收件人、代收人的住处或者单位;也可以把诉讼文书留在受送达人的住处,并采用拍照、录像等方式记录送达过程,即视为送达。"B 项错误,不是在"起诉书副本",而是在"送达回证"上注明拒收的事由和日期,该书记员和见证人签名或盖章。A、C、D 项正确,根据上述规定,被告人及其法定代理人拒绝签收起诉书副本,书记员可以留置送达。

第二编 分 论

专题十一 立 案

考点41 立案材料的来源和条件

179. 立案的条件；立案的材料来源；立案监督 [D]

[解析]《刑事诉讼法》第112条规定："人民法院、人民检察院或者公安机关对于报案、控告、举报和自首的材料，应当按照管辖范围，迅速进行审查，认为有犯罪事实需要追究刑事责任的时候，应当立案；认为没有犯罪事实，或者犯罪事实显著轻微，不需要追究刑事责任的时候，不予立案，并将不立案的原因通知控告人。控告人如果不服，可以申请复议。"即立案必须同时具备两个条件：一是有犯罪事实，称为事实条件；二是需要追究刑事责任，称为法律条件，故立案时无须确定遗弃婴儿的原因。故A项错误。

根据上述《刑事诉讼法》第112条的规定，控告人如果不服，可以申请复议。又《刑事诉讼法》第110条第2款规定，被害人对侵犯其人身、财产权利的犯罪事实或者犯罪嫌疑人，有权向公安机关、人民检察院或者人民法院报案或者控告。控告，是指被害人（包括被害单位）将其发现的犯罪事实及犯罪嫌疑人向公检法机关揭发、报告的行为。而本案中马某是报案人，并不是被害人，因而其不具有控告人的身份，所以马某对不立案的决定不服，不可以申请复议。故B项错误。同理，知情人也不具有控告人的身份，故C项错误。

《刑事诉讼法》第113条规定："人民检察院认为公安机关对应当立案侦查的案件而不立案侦查的，或者被害人认为公安机关对应当立案侦查的案件而不立案侦查，向人民检察院提出的，人民检察院应当要求公安机关说明不立案的理由。人民检察院认为公安机关不立案理由不能成立的，应当通知公安机关立案，公安机关接到通知后应当立案。"因此检察院有权对公安机关的立案活动进行监督。故D项正确。

考点42 立案程序和立案监督

180. 对不予立案的救济 [ABD]

[解析]《公安部规定》第179条规定："控告人对不予立案决定不服的，可以在收到不予立案通知书后七日以内向作出决定的公安机关申请复议；公安机关应当在收到复议申请后三十日以内作出决定，并将决定书送达控告人。控告人对不予立案的复议决定不服的，可以在收到复议决定书后七日以内向上一级公安机关申请复核；……"据此，对不予立案决定不服，可以通过复议或者复核的方式进行救济。而甲系本案的犯罪嫌疑人，不属于控告人，对不立案决定没有救济方式。故A、B项错误。

《公安部规定》第181条规定："移送案件的行政执法机关对不予立案决定不服的，可以在收到不予立案通知书后三日以内向作出决定的公安机关申请复议；公安机关应当在收到行政执法机关的复议申请后三日以内作出决定，并书面通知移送案件的行政执法机关。"本案中，交警队属于行政执法单位，如果对刑警队的不立案决定不服，有权向某县公安机关申请复议，向上一级公安机关申请复核没有法律依据。故C项正确，D项错误。

181. 立案前的初查阶段可以采取的措施 [BC]

[解析]《公安部规定》第174条规定："对接受的案件，或者发现的犯罪线索，公安机关应当迅速进行审查。发现案件事实或者线索不明的，必要时，经办案部门负责人批准，可以进行调查核实。调查核实过程中，公安机关可以依照有关法律和规定采取询问、查询、勘验、鉴定和调取证据材料等不限制被调查对象人身、财产权利的措施。但是，不得对被调查对象采取强制措施，不得查封、扣押、冻结被调查对象的财产，不得采取技术侦查措施。"据此，B、C项正确。A项的监听属于技术侦查措施，具有强制性，调查核实时不得适用；D项的通缉也属于强制性措施，调查核实时也不得适用。故A、D项错误。【**特别提醒**】"初步调查"（初查）的名称有改变，新法修改为"调查核实"。调查核实与侦查的区别主要在于：调查核实发生于立案前，侦查发生于立案后。调查核实只能采取任意性措施，侦查既可以采取任意性措施，也可以采取强制性措施。

182. 立案监督 [D]

[解析]《高检规则》第557条第1款规定："被害人及其法定代理人、近亲属或者行政执法机关，认为公安机关对其控告或者移送的案件应立案侦查而不立案侦查，或者当事人认为公安机关不应当立案而立案，向人民检察院提出的，人民检察院应当受理并进行审查。"可见，乙可以不经申请公安机关复议，直接请求检察院立案监督。故A项错误。

《刑事诉讼法》第113条规定，人民检察院认为公安机关对应当立案侦查的案件而不立案侦查的，或者被害人认为公安机关对应当立案侦查的案件而不立案侦查，向人民检察院提出的，人民检察院应当要求公安机关说明不立案的理由。人民检察院认为公安机关不立案理由不能成立的，应当通知公安机关立案，公安机关接到通知后应当立案。可知，不是"可以"而是"应当"通知立案。故B项错误。

根据《高检规则》第564条第2款规定，公安机关在收到通知立案书或者通知撤销案件书后超过15日不予立案或者既不提出复议、复核也不撤销案件的,人民检察院应当发出纠正违法通知书予以纠正。公安机关仍不纠正的,报上一级人民检察院协商同级公安机关处理。故C项错误。

《刑事诉讼法》第210条规定,自诉案件包括下列案件:(1)告诉才处理的案件;(2)被害人有证据证明的轻微刑事案件;(3)被害人有证据证明对被告人侵犯自己人身、财产权利的行为应当依法追究刑事责任,而公安机关或者人民检察院不予追究被告人刑事责任的案件。故D项正确。【总结提示】被害人对不立案决定不服,有三种救济方式:(1)向公安机关申请复议、复核;(2)向检察院申请立案监督;(3)直接向法院提起自诉。这三种救济方式没有顺序限制。因此,A项说"乙应先申请公安机关复议,只有不服复议决定的才能请求检察院立案监督"是错误的,D项说"乙可直接向法院提起自诉"正确。

183. 立案监督[A]

[解析]《高检规则》第558条规定:"人民检察院负责控告申诉检察的部门受理对公安机关应当立案而不立案或不应当立案而立案的控告、申诉,应当根据事实、法律进行审查。认为需要公安机关说明不立案或者立案理由的,应当及时将案件移送负责捕诉的部门办理;认为公安机关立案或者不立案决定正确的,应当制作相关法律文书,答复控告人、申诉人。"可知,因卢某被他杀的可能性很大,检察院应当核实证据,认为需要公安机关说明不立案理由的,经检察长批准,应当要求公安机关书面说明不立案理由。故A项正确。

《高检规则》第557条第1款规定:"被害人及其法定代理人、近亲属或者行政执法机关,认为公安机关对其控告或者移送的案件应当立案侦查而不立案侦查,或者当事人认为公安机关不应当立案而立案,向人民检察院提出的,人民检察院应当受理并进行审查。"可知,卢某的父母作为其近亲属,请求检察院对公安机关不立案的决定进行监督,检察院应当受理并进行审查,而不是拒绝受理。故B项错误。

《高检规则》第561条规定:"公安机关说明不立案或者立案的理由后,人民检察院应当进行审查。认为公安机关不立案理由或者立案理由不能成立的,经检察长决定,应当通知公安机关立案或者撤销案件。人民检察院认为公安机关不立案或立案理由成立的,应当在十日以内将不立案或立案的依据和理由告知被害人及其法定代理人、近亲属或者行政执法机关。"因卢某的案件不在检察院立案管辖的范围之内,所以检察院无权立案。故C项错误。而检察院认为公安机关不立案理由不能成立的,应当"通知"公安机关立

案,而不是"建议"立案。故D项错误。

184. 举报的含义[C]

[解析] 报案、举报、控告这三种方式,既相互联系又有所区别。首先,报案与举报的区别是:报案一般是针对犯罪事实的发生,报案材料提供的案件事实、证据材料较为简单笼统,往往不能明确指出犯罪嫌疑人;而举报内容则不仅有犯罪事实的发生,通常还具体地指明了犯罪嫌疑人,提供的犯罪事实和证据材料相对具体和详细。其次,控告与举报就内容而言基本是一样的,都是向公安机关、人民检察院或者人民法院揭发、报告犯罪事实及犯罪嫌疑人。二者的区别在于主体不同,即控告是由遭受犯罪行为直接侵害的被害人提出;而举报则一般是由与案件无直接利害关系的单位或个人提出。

《刑事诉讼法》第110条第1、2款规定:"任何单位和个人发现有犯罪事实或者犯罪嫌疑人,有权利也有义务向公安机关、人民检察院或者人民法院报案或者举报。被害人对侵犯其人身、财产权利的犯罪事实或者犯罪嫌疑人,有权向公安机关、人民检察院或人民法院报案或者控告。"

本题中,赵某发现李某多次利用职务之便向境外间谍机构提供涉及国家机密的行迹,于是决定写信揭发李某,从主体上说,赵某系除被害人以外的人;从内容上说,赵某明确指出犯罪嫌疑人,因此赵某的行为属于举报,不属于控告和报案。故C项正确,A、D项错误。B项"告诉"针对的是自诉案件,而本题不属于自诉案件。故B项错误。

专题十二 侦 查

考点43 侦查行为

185. 勘验[BD]

[解析] 根据《刑事诉讼法》第63条、第64条规定,人民法院、人民检察院和公安机关应当保障证人及其近亲属的安全。对于危害国家安全犯罪、恐怖活动犯罪、黑社会性质的组织犯罪、毒品犯罪等案件,证人、鉴定人、被害人因在诉讼中作证,本人或者其近亲属的人身安全面临危险的,公安司法机关应当采取保护措施。由此可见,刑事诉讼中被保护的对象是证人、鉴定人和被害人,见证人的人身安全一般不会面临现实危险。故A项错误。

《刑事诉讼法》第133条规定:"勘验、检查的情况应当写成笔录,由参加勘验、检查的人和见证人签名或者盖章。"故B项正确。

根据《刑事诉讼法》第108条规定,"诉讼参与人"是指当事人、法定代理人、诉讼代理人、辩护人、证人、鉴定人和翻译人员。故C项错误。

《刑诉解释》第249条第2款规定:"控辩双方对侦破经过、证据来源、证据真实性或者合法性等有异议,申请调查人员、侦查人员或者有关人员出庭,人民法院认为有必要的,应当通知调查人员、侦查人员或者有关人员出庭。"第251条规定:"为查明案件事实、调查核实证据,人民法院可以依职权通知证人、鉴定人、有专门知识的人、调查人员、侦查人员或其他人员出庭。"在勘验活动中,见证人的作用是对勘验活动的全过程进行见证,当勘验笔录的真实性、合法性受到质疑时,见证人在某种程度上可发挥程序性或辅助性的证明作用。因此,可将见证人作为上述"其他人员",法院在有查明事实之需时,可依职权通知见证人出庭。故D项正确。

186. 核准追诉[B]

[解析]《刑法》第87条规定的核准追诉制度,是指法定最高刑为无期徒刑、死刑的犯罪,超过20年追诉期限后,认为必须追诉的,须报请最高人民检察院核准。

依据《高检规则》第321条第2款规定,公安机关报请核准追诉并提请逮捕犯罪嫌疑人,人民检察院经审查认为必须追诉而且符合法定逮捕条件的,可以依法批准逮捕,同时要求公安机关在报请核准追诉期间不得停止对案件的侦查。故A、C项错误。

依据《高检规则》第321条第1款规定,须报请最高人民检察院核准追诉的案件,公安机关在核准之前可以依法对犯罪嫌疑人采取强制措施。因此,公安机关在最高人民检察院核准前可以对犯罪嫌疑人采取包括先行拘留在内的强制措施。故B项正确。

依据《高检规则》第321条第3款的规定,未经最高人民检察院核准,不得对案件提起公诉。故在最高人民检察院核准前,不得对陆某提起公诉。故D项错误。

187. 辨认程序[B]

[解析]《公安部规定》第258条规定:"为了查明案情,在必要的时候,侦查人员可以让被害人、证人或者犯罪嫌疑人对与犯罪有关的物品、文件、尸体、场所或者犯罪嫌疑人进行辨认。"即被害人不能作为被辨认对象。故A项错误,B项正确。

《公安部规定》第259条第2款规定:"几名辨认人对同一辨认对象进行辨认时,应当由辨认人个别进行。"因此,不能让犯罪嫌疑人和被害人一起对凶器进行辨认。故C项错误。

《公安部规定》第260条第2款规定:"辨认犯罪嫌疑人时,被辨认的人数不得少于七人;对犯罪嫌疑人照片进行辨认的,不得少于十人的照片。"故D项错误。

188. 电子数据[ABCD]

[解析]《关于办理刑事案件收集提取和审查判断电子数据若干问题的规定》第8条第1款规定:"收集、提取电子数据,能够扣押电子数据原始存储介质的,应当扣押、封存原始存储介质,并制作笔录,记录原始存储介质的封存状态。"本题中的U盘属于原始存储介质,应当扣押并制作笔录。故A项正确。

该《规定》第16条第2款规定:"电子数据检查,应当对电子数据存储介质拆封过程进行录像,并将电子数据存储介质通过写保护设备接入到检查设备进行检查;有条件的,应当制作电子数据备份,对备份进行检查;无法使用写保护设备且无法制作备份的,应当注明原因,并对相关活动进行录像。"可知,本题中检查U盘内的电子数据时,应将U盘拆封过程进行录像。故B项正确。

该《规定》第19条第1款规定:"对侵入、非法控制计算机信息系统的程序、工具以及计算机病毒等无法直接展示的电子数据,应当附电子数据属性、功能等情况的说明。"本题题干中所述的用于盗取Q币的木马程序即属于此类电子数据,因此移送审查起诉时,应当附木马程序如何盗取账号密码的说明。故C项正确。

该《规定》第27条规定:"电子数据的收集、提取程序有下列瑕疵,经补正或者作出合理解释的,可以采用;不能补正或者作出合理解释的,不得作为定案的根据:(一)未以封存状态移送的;(二)笔录或者清单上没有侦查人员、电子数据持有人(提供人)、见证人签名或者盖章的;(三)对电子数据的名称、类别、格式等注明不清的;(四)有其他瑕疵的。"D项属于上述第1项规定的情形。故D项正确。

189. 侦查讯问程序[BCD]

[解析]《刑事诉讼法》及《公安规定》都规定,讯问犯罪嫌疑人,必须由侦查人员进行。但没有规定侦查人员可否替换。因此,本题中,后续讯问的侦查人员与首次讯问的侦查人员完全不同并不违反法律规定。故A项不当选。

《刑事诉讼法》第122条规定,犯罪嫌疑人请求自行书写供述的,应当准许。必要的时候,侦查人员也可以要犯罪嫌疑人亲笔书写供词。故B项违法,当选。

《刑事诉讼法》第34条第2款规定:"侦查机关在第一次讯问犯罪嫌疑人或者对犯罪嫌疑人采取强制措施的时候,应当告知犯罪嫌疑人有权委托辩护人……"故C项违法,当选。

《刑事诉讼法》第119条第2款规定:"传唤、拘传持续的时间不得超过十二小时;案情特别重大、复杂,需要采取拘留、逮捕措施的,传唤、拘传持续的时间不得超过二十四小时。"本题中,朱某危险驾驶案不属于案情特别重大、复杂的案件,持续时间不得超过12小时。故 D 项违法,当选。

190. 侦查措施[AC]

[解析]《刑事诉讼法》第 124 条第 1 款规定:"侦查人员询问证人,可以在现场进行,也可以到证人所在单位、住处或者证人提出的地点进行,在必要的时候,可以通知证人到人民检察院或者公安机关提供证言。在现场询问证人,应当出示工作证件,到证人所在单位、住处或者证人提出的地点询问证人,应当出示人民检察院或者公安机关的证明文件。"此外该法第 127 条规定:"询问被害人,适用本节各条规定。"本案中,甲为被害人同时也是证人,因此询问甲适用询问证人的规定,经出示工作证件,侦查人员可在学校询问。故 A 项正确。

《刑事诉讼法》第 281 条第 1 款规定:"对于未成年人刑事案件,在讯问和审判的时候,应当通知未成年犯罪嫌疑人、被告人的法定代理人到场。无法通知、法定代理人不能到场或者法定代理人是共犯的,也可以通知未成年犯罪嫌疑人、被告人的其他成年亲属,所在学校、单位、居住地基层组织或者未成年人保护组织的代表到场,并将有关情况记录在案。到场的法定代理人可以代为行使未成年犯罪嫌疑人、被告人的诉讼权利。"该条第 5 款规定,询问未成年被害人、证人,适用第 1 款、第 2 款、第 3 款的规定。由此可知,只有到场的法定代理人才能代为行使未成年犯罪嫌疑人、被告人、被害人、证人的诉讼权利,"学校的其他老师"是其他合适成年人,不能代为行使乙的诉讼权利。故 B 项错误。

《刑事诉讼法》第 135 条第 1 款规定:"为了查明案情,在必要的时候,经公安机关负责人批准,可以进行侦查实验。"故 C 项正确。

《刑诉解释》第 80 条第 1 款规定:"下列人员不得担任见证人:(一)生理上、精神上有缺陷或者年幼,不具有相应辨别能力或者不能正确表达的人;(二)与案件有利害关系,可能影响案件公正处理的人;(三)行使勘验、检查、搜查、扣押、组织辨认等监察调查、刑事诉讼职权的监察、公安、司法机关的工作人员或者其聘用的人员。"许某与本案有利害关系,所以不得担任本案的见证人。故 D 项错误。

191. 辨认[A]

[解析]《公安部规定》第 260 条第 3 款规定:"辨认物品时,混杂的同类物品不得少于五件;对物品的照片进行辨认的,不得少于十个物品的照片。"A 项中混杂了另外 4 套同类工具,即 1+4,符合 5 件的要求。故 A 项正确。

《刑诉解释》第 104 条规定:"对辨认笔录应当着重审查辨认的过程、方法,以及辨认笔录的制作是否符合有关规定。"第 105 条规定:"辨认笔录具有下列

情形之一的,不得作为定案的根据:(一)辨认不是在调查人员、侦查人员主持下进行的;(二)辨认前使辨认人见到辨认对象的;(三)辨认活动没有个别进行的;(四)辨认对象没有混杂在具有类似特征的其他对象中,或者供辨认的对象数量不符合规定的;(五)辨认中给辨认人明显暗示或者明显有指认嫌疑的;(六)违反有关规定,不能确定辨认笔录真实性的其他情形。"B 项中没有同步录音录像,C 项中没有见证人在场,属于瑕疵证据,不属于导致辨认笔录不得作为定案依据的情形,若能补正或者作出合理解释,仍可作为定案依据。故 B、C 项错误。

《公安部规定》第 260 条规定:"辨认时,应当将辨认对象混杂在特征相类似的其他对象中,不得辨认前向辨认人展示辨认对象及其影像资料,不得给辨认人任何暗示。辨认犯罪嫌疑人时,被辨认的人数不得少于七人;对犯罪嫌疑人照片进行辨认的,不得少于十人的照片。辨认物品时,混杂的同类物品不得少于五件;对物品的照片进行辨认的,不得少于十个物品的照片。对场所、尸体等特定辨认对象进行辨认,或者辨认人能够准确描述物品独有特征的,陪衬物不受数量的限制。"据此,辨认时,应当将辨认对象混杂在特征相类似的其他对象中,对陪衬物是存在数量要求的(如 7 人、5 件等),除非辨认人是对场所、尸体等特定辨认对象进行辨认,或者辨认人能够准确描述物品独有特征的,陪衬物才不受数量的限制。D 项说"王某作为辨认人时,陪衬物不受数量的限制",并没有说明王某辨认的对象是否为场所或者尸体等特定辨认对象,因此说陪衬物不受数量的限制过于片面,故错误。因此,并非犯罪嫌疑人作为辨认人时,陪衬物就可以不受数量的限制。故 D 项错误。

192. 讯问;勘验、检查;查封、扣押[ACD]

[解析]《刑事诉讼法》第 123 条规定:"侦查人员在讯问犯罪嫌疑人的时候,可以对讯问过程进行录音或者录像;对于可能判处无期徒刑、死刑的案件或者其他重大犯罪案件,应当对讯问过程进行录音或者录像。录音或者录像应当全程进行,保持完整性。"本题中,甲涉嫌故意杀人,可能判处无期徒刑或死刑,应当全程同步录音或录像。故 A 项正确。

因为讯问犯罪嫌疑人和询问被害人的程序有差异。本案中乙身份特殊,在故意杀人案中是犯罪嫌疑人,在非法拘禁案件中是被害人,侦查人员虽然可以对两个案件并案侦查,但在具体办案过程中,应当逐案办理。所以,不得在讯问乙的过程中一并收集乙作为非法拘禁案的被害人的陈述。故 B 项错误。

《刑事诉讼法》第 133 条规定:"勘验、检查的情况应当写成笔录,由参加勘验、检查的人和见证人签名或者盖章。"《公安部规定》第 215 条规定:"公安机关

对案件现场进行勘查,侦查人员不得少于二人。"基于上述规定,本案船只系犯罪现场,对其进行现场勘查时应邀请见证人到场。故 C 项正确。

《刑事诉讼法》第 141 条第 1 款规定:"在侦查活动中发现的可用以证明犯罪嫌疑人有罪或者无罪的各种财物、文件,应当查封、扣押。与案件无关的财物、文件,不得查封、扣押。"本案中的船只属于重要物证,可以查封,故 D 项正确。

193. 技术侦查[ACD]

[解析]《刑事诉讼法》第 153 条第 2 款规定,对涉及给付毒品等违禁品或者财物的犯罪活动,公安机关根据侦查犯罪的需要,可以依照规定实施控制下交付。本题所涉及的犯罪属于给付毒品的案件,可以采用控制下交付的措施。故 A 项正确。

《刑事诉讼法》第 151 条规定,批准决定应当根据侦查犯罪的需要,确定采取技术侦查措施的种类和适用对象。批准决定自签发之日起 3 个月以内有效。对于不需要继续采取技术侦查措施的,应当及时解除;对于复杂、疑难案件,期限届满仍有必要继续采取技术侦查措施的,经过批准,有效期可以延长,每次不得超过 3 个月。因此,技术侦查措施每次签发有效期为 3 个月,但可以延长,且没有明确规定可以延长的次数限制,因此技术侦查措施的适用期限可以根据案件情况超过 9 个月。故 B 项错误。

《刑事诉讼法》第 150 条规定,公安机关在立案后,对于危害国家安全犯罪、恐怖活动犯罪、黑社会性质的组织犯罪、重大毒品犯罪或者其他严重危害社会的犯罪案件,根据侦查犯罪的需要,经过严格的批准手续,可以采取技术侦查措施。可见,技术侦查措施只能在立案后的侦查阶段适用。故 C 项正确。

《刑事诉讼法》第 154 条规定,依照本节规定采取侦查措施收集的材料在刑事诉讼中可以作为证据使用。如果使用该证据可能危及有关人员的人身安全,或者可能产生其他严重后果的,应当采取不暴露有关人员身份、技术方法等保护措施,必要的时候,可以由审判人员在庭外对证据进行核实。故 D 项正确。

194. 勘验、检查;勘验、检查笔录的排除[B]

[解析]《刑事诉讼法》第 128 条规定,侦查人员对于与犯罪有关的场所、物品、人身、尸体应当进行勘验或者检查。在必要的时候,可以指派或者聘请具有专门知识的人,在侦查人员的主持下进行勘验、检查。故 A 项的错误在于,具有专门知识的人,也可以进行勘验、检查。

《刑事诉讼法》第 130 条规定,侦查人员执行勘验、检查,必须持有人民检察院或者公安机关的证明文件。故 B 项正确。

《刑事诉讼法》第 132 条第 3 款规定,检查妇女的身体,应当由女工作人员或者医师进行。故 C 项的错误在于,不是"女医师",而是"医师"。

《刑诉解释》第 103 条规定,勘验、检查笔录存在明显不符合法律、有关规定的情形,不能作出合理解释的,不得作为定案的根据。故 D 项错误。

195. 讯问犯罪嫌疑人的程序[BC]

[解析]《刑事诉讼法》第 86 条规定,公安机关对被拘留的人,应当在拘留后的 24 小时以内进行讯问。在发现不应当拘留的时候,必须立即释放,发给释放证明。可知,拘留后在送看守所前就可以进行讯问。故 B 项正确。

《刑事诉讼法》第 118 条第 2 款规定,犯罪嫌疑人被送交看守所羁押以后,侦查人员对其进行讯问,应当在看守所内进行。故 C 项正确。

《刑事诉讼法》第 119 条第 1 款规定,对不需要逮捕、拘留的犯罪嫌疑人,可以传唤到犯罪嫌疑人所在市、县内的指定地点或者到他的住处进行讯问,但是应当出示人民检察院或者公安机关的证明文件。对在现场发现的犯罪嫌疑人,经出示工作证件,可以口头传唤,但应当在讯问笔录中注明。由此可见,在拘留犯罪嫌疑人之前,可以对其进行传唤并讯问。故 A 项错误。对于被指定居所监视居住的犯罪嫌疑人,是"可以"而不是"应当"在指定的居所进行讯问。故 D 项错误。

196. 辨认程序[ABD]

[解析]《公安部规定》第 259 条规定:"辨认应当在侦查人员的主持下进行。主持辨认的侦查人员不得少于二人。几名辨认人对同一辨认对象进行辨认时,应当由辨认人个别进行。"第 260 条规定:"辨认时,应当将辨认对象混杂在特征相类似的其他对象中,不得在辨认前向辨认人展示辨认对象及其影像资料,不得给辨认人任何暗示。辨认犯罪嫌疑人时,被辨认的人数不得少于七人;对犯罪嫌疑人照片进行辨认的,不得少于十人的照片。辨认物品时,混杂的同类物品不得少于五件;对物品的照片进行辨认的,不得少于十个物品的照片。对场所、尸体等特定辨认对象进行辨认,或者辨认人能够准确描述物品独有特征的,陪衬物不受数量的限制。"据此,辨认尸体,陪衬物不受数量的限制,A 中"将李某尸体与另一尸体作为辨认对象"正确。主持辨认的侦查人员不得少于 2 人;辨认犯罪嫌疑人时,被辨认的人数不得少于 7 人,B 项中"在 2 名侦查人员的主持下,将赵某混杂在 9 名具有类似特征的人员中,由王某、张某个别进行辨认"正确。C 项中,在对石某进行辨认时,9 名被辨认人员中的 4 名民警因紧急任务离开,被辨认人仅剩 5 人,少于 7 人的要求,故错误。

《公安部规定》第 261 条规定:"对犯罪嫌疑人的

辨认,辨认人不愿意公开进行时,可以在不暴露辨认人的情况下进行,并应当为其保守秘密。"故 D 项正确。

197. 询问证人[B]

[解析]《刑事诉讼法》第 124 条规定:"侦查人员询问证人,可以在现场进行,也可以到证人所在单位、住处或者证人提出的地点进行,在必要的时候,可以通知证人到人民检察院或者公安机关提供证言。在现场询问证人,应当出示工作证件,到证人所在单位、住处或者证人提出的地点询问证人,应当出示人民检察院或者公安机关的证明文件。询问证人应当个别进行。"

本题中,A 项中的现场询问,C 项中到丙的住处,D 项中丁提出的地点,这三处询问证人的地点均合法。B 项中到公安机关询问,这一地点正确,但是对证人只能用通知,不能传唤,因为传唤只适用于不需要逮捕、拘留的犯罪嫌疑人。故 B 项错误。

198. 侦查的司法控制[D]

[解析]要接受事前审查的侦查行为主要应包括逮捕、羁押、搜查这样一些比较严厉的措施,有的学者将其称之为强行性侦查措施,而与之相对应的任意性侦查措施的采用则可由侦查机关独立地作出决定。针对侦查过程中违法行为的存在和缺乏制裁的问题,则应对其进行事后审查。具体而言,公民对于侦查机关在侦查过程中对其合法权益的侵害,可以寻求司法途径进行救济。

逮捕、羁押、搜查等行为适用的是事前审查,而不是事后审查,故 A 项错误。

B 项的错误在于,事前审查主要针对的是强行性侦查措施。C 项的错误在于,接受事后审查的任意性侦查措施可由侦查机关独立地作出决定。

事后审查主要针对侦查过程中违法行为的存在和缺乏制裁的问题,即公民对于侦查机关在侦查过程中对其合法权益的侵害,可以寻求司法途径进行救济,故 D 项正确。

199. 侦查讯问程序;逮捕;指定居所监视居住[BC]

[解析]我国《刑事诉讼法》没有规定在讯问犯罪嫌疑人时律师有在场的权利,所以侦查人员拒绝律师在场的要求不违反我国《刑事诉讼法》的规定。故 A 项不当选。

《刑事诉讼法》第 96 条规定:"人民法院、人民检察院和公安机关如果发现对犯罪嫌疑人、被告人采取强制措施不当的,应当及时撤销或者变更。公安机关释放被逮捕的人或者变更逮捕措施的,应当通知原批准的人民检察院。"故 B 项当选。

《刑事诉讼法》第 92 条规定:"公安机关对人民检察院不批准逮捕的决定,认为有错误的时候,可以要求复议,但是必须将被拘留的人立即释放。如果意见不被接受,可以向上一级人民检察院提请复核。上级人民检察院应当立即复核,作出是否变更的决定,通知下级人民检察院和公安机关执行。"据此,公安机关提出复议前继续拘留犯罪嫌疑人的行为违反规定。故 C 项当选。

《刑事诉讼法》第 75 条第 2 款规定:"指定居所监视居住的,除无法通知的以外,应当在执行监视居住后二十四小时以内,通知被监视居住人的家属。"《刑诉解释》第 161 条第 2 款规定:"对被告人指定居所监视居住后,人民法院应当在二十四小时以内,将监视居住的原因和处所通知其家属;确实无法通知的,应当记录在案。"可知,通知被监视居住人的家属是有例外情况的。故 D 项不当选。

200. 技术侦查[AB]

[解析]《刑事诉讼法》第 150 条规定:"公安机关在立案后,对于危害国家安全犯罪、恐怖活动犯罪、黑社会性质的组织犯罪、重大毒品犯罪或者其他严重危害社会的犯罪案件,根据侦查犯罪的需要,经过严格的批准手续,可以采取技术侦查措施。人民检察院在立案后,对于利用职权实施的严重侵犯公民人身权利的重大犯罪案件,根据侦查犯罪的需要,经过严格的批准手续,可以采取技术侦查措施,按照规定交有关机关执行。追捕被通缉或者批准、决定逮捕的在逃的犯罪嫌疑人、被告人,经过批准,可以采取追捕所必需的技术侦查措施。"据此,技术侦查措施适用于严重危害社会的犯罪案件,必须在立案后实施,检察院只有决定权没有实施权。故 A、B 项正确,C 项错误。

《刑事诉讼法》第 154 条规定:"依照本节规定采取侦查措施收集的材料在刑事诉讼中可以作为证据使用。如果使用该证据可能危及有关人员的人身安全,或者可能产生其他严重后果的,应当采取不暴露有关人员身份、技术方法等保护措施,必要的时候,可以由审判人员在庭外对证据进行核实。"D 项,依据技术侦查措施依法收集的材料可以直接作为证据使用,不需要经过转化,但不一定必须在法庭上进行质证,可以庭外核实。故 D 项错误。

201.(1)讯问犯罪嫌疑人的地点[ABCD]

[解析]《刑事诉讼法》第 119 条第 1 款规定:"对不需要逮捕、拘留的犯罪嫌疑人,可以传唤到犯罪嫌疑人所在市、县内的指定地点或者到他的住处进行讯问,但是应当出示人民检察院或者公安机关的证明文件。对在现场发现的犯罪嫌疑人,经出示工作证件,可以口头传唤,但应当在讯问笔录中注明。"可知,法律对于犯罪嫌疑人所在市、县内的指定地点并没有作出限制性规定。因此,既可以传唤到犯罪嫌疑人所在

市、县的公安局进行讯问,也可以传唤到犯罪嫌疑人所在市、县的公司内进行讯问。故A、B项正确。D项中"犯罪现场发现的犯罪嫌疑人,可以当场口头传唤,但须出示工作证并在讯问笔录中注明"的表述也符合上述规定。故D项正确。

《刑事诉讼法》第118条第2款规定:"犯罪嫌疑人被送交看守所羁押以后,侦查人员对其进行讯问,应当在看守所内进行。"故C项正确。

(2)询问被害人的程序[ACD]

[解析]《刑事诉讼法》第124条第1款规定:"侦查人员询问证人,可以在现场进行,也可以到证人所在单位、住处或者证人提出的地点进行,在必要的时候,可以通知证人到人民检察院或者公安机关提供证言。在现场询问证人,应当出示工作证,到证人所在单位、住处或者证人提出的地点询问证人,应当出示人民检察院或者公安机关的证明文件。"《刑事诉讼法》第127条规定:"询问被害人,适用本节各条规定。"可知,询问被害人的地点包括:现场、被害人所在单位、住处及被害人提供的地点、人民检察院或公安机关。故A、C项正确,B项错误。B项错在,可以到被害人指定的地点询问,但不能笼统地说到"指定的地点"询问。

《刑事诉讼法》第122条规定:"讯问笔录应当交犯罪嫌疑人核对,对于没有阅读能力的,应当向他宣读。如果记载有遗漏或者差错,犯罪嫌疑人可以提出补充或者改正。犯罪嫌疑人承认笔录没有错误后,应当签名或者盖章。侦查人员也应当在笔录上签名。犯罪嫌疑人请求自行书写供述的,应当准许。必要的时候,侦查人员也可以要犯罪嫌疑人亲笔书写供词。"第127条规定:"询问被害人,适用本节各条规定。"据此,询问笔录应当交被害人核对,如记载有遗漏或者差错,被害人可以提出补充或者改正。故D项正确。

(3)查封、扣押、冻结的程序[D]

[解析]《刑事诉讼法》第141条规定:"在侦查活动中发现的可用以证明犯罪嫌疑人有罪或者无罪的各种财物、文件,应当查封、扣押;与案件无关的财物、文件,不得查封、扣押。对查封、扣押的财物、文件,要妥善保管或者封存,不得使用、调换或者损毁。"查封、扣押犯罪嫌疑人的各种财物、文件,通常是在勘验、搜查时进行的,但不限于此。故A项错误。

《刑事诉讼法》第144条第1款规定:"人民检察院、公安机关根据侦查犯罪的需要,可以依照规定查询、冻结犯罪嫌疑人的存款、汇款、债券、股票、基金份额等财产。有关单位和个人应当配合。"对于犯罪嫌疑人的存款、汇款、债券、股票、基金份额等财产只能查询、冻结,而不能扣押。故B项错误。

《刑事诉讼法》第143条规定:"侦查人员认为需要扣押犯罪嫌疑人的邮件、电报的时候,经公安机关或者人民检察院批准,即可通知邮电机关将有关的邮件、电报检交扣押。不需要继续扣押的时候,应即通知邮电机关。"扣押邮件、电报必须经公安机关或检察院批准,然后才能通知邮电机关检交扣押。故C项错误。

《刑事诉讼法》第145条规定:"对查封、扣押的财物、文件、邮件、电报或者冻结的存款、汇款、债券、股票、基金份额等财产,经查明确实与案件无关的,应当在三日以内解除查封、扣押、冻结,予以退还。"可知,对于查封、扣押的财物、文件、邮件、电报,经查明确实与案件无关的,应当在3日以内解除查封、扣押,予以退还。故D项正确。

202.辨认的程序和要求[B(原答案为BC)]

[解析]《公安部规定》第259条第2款规定:"几名辨认人对同一辨认对象进行辨认时,应当由辨认人个别进行。"据此,在有多个人辨认时,应由辨认人分别单独进行,而不得多人同时进行辨认。故A项错误,B项正确。

《公安部规定》第262条规定:"对辨认经过和结果,应当制作辨认笔录,由侦查人员、辨认人、见证人签名。必要时,应当对辨认过程进行录音录像。"可知,应当有见证人参加并签名。故C项错误。

《公安部规定》第260条第2款规定:"辨认犯罪嫌疑人时,被辨认的人数不得少于七人;对犯罪嫌疑人照片进行辨认的,不得少于十人的照片。"可知D项中被辨认的人数不符合法律要求。故D项错误。

203.司法鉴定过程中特殊情况的处理[ABC]

[解析]《刑事诉讼法》第32条第1款规定,回避适用于书记员、翻译人员和鉴定人。可知,鉴定人员应当依照有关规定实行回避。故A项正确。

《关于司法鉴定管理问题的决定》第10条规定:"司法鉴定实行鉴定人负责制度。鉴定人应当独立进行鉴定,对鉴定意见负责并在鉴定书上签名或者盖章。多人参加的鉴定,对鉴定意见有不同意见的,应当注明。"据此,某鉴定机构的鉴定人钱某对某盗窃案进行了声像资料鉴定,该司法鉴定应由钱某负责,B项正确。鉴定意见不实行少数服从多数原则,故鉴定人之间意见不一致的,应注明不同意见,故D项错误。

《刑事诉讼法》第192条第3款规定:"公诉人、当事人或者辩护人、诉讼代理人对鉴定意见有异议,人民法院认为鉴定人有必要出庭的,鉴定人应当出庭作证。经人民法院通知,鉴定人拒不出庭作证的,鉴定意见不得作为定案的根据。"C项中当事人对胡某鉴定意见有异议,经法院依法通知,胡某应当出庭作证,C项正确。

204. 检查与搜查[B]

[解析]《刑事诉讼法》第128条规定:"侦查人员对于与犯罪有关的场所、物品、人身、尸体应当进行勘验或者检查。在必要的时候,可以指派或者聘请具有专门知识的人,在侦查人员的主持下进行勘验、检查。"第136条规定:"为了收集犯罪证据、查获犯罪人,侦查人员可以对犯罪嫌疑人以及可能隐藏罪犯或者犯罪证据的人的身体、物品、住处和其他有关的地方进行搜查。"在我国刑事诉讼中,勘验的对象是现场、物品和尸体;检查的对象是活人的身体,主要是被害人、犯罪嫌疑人的身体;搜查的对象是一切可能隐藏罪犯和犯罪证据的人、物品或有关处所。故A项错误。依据上述法条规定,搜查只能由侦查人员进行,但检查可以由具有专门知识的人在侦查人员的主持下进行。故B项正确。

《刑事诉讼法》第138条第2款规定,在执行逮捕、拘留的时候,遇有紧急情况,不另用搜查证也可以进行搜查。第130条规定,侦查人员执行勘验、检查,必须持有人民检察或者公安机关的证明文件。故C项错误。

《刑事诉讼法》第132条第2款规定,只有对于犯罪嫌疑人才能强制进行人身检查。由此可知,并不是对任何对象都可以强制进行搜查和检查的。故D项错误。

205. 扣押物证、书证[AC]

[解析]《刑事诉讼法》第141条规定:"在侦查活动中发现的可用以证明犯罪嫌疑人有罪或者无罪的各种财物、文件,应当查封、扣押;……"故本题A项中,对于能够证明钱某无罪的证据,侦查人员应予以扣押。故A项正确。

《刑事诉讼法》第145条规定:"对查封、扣押的财物、文件、邮件、电报或者冻结的存款、汇款、债券、股票、基金份额等财产,经查明确实与案件无关的,应当在三日以内解除查封、扣押、冻结,予以退还。"故B项中应该为"3日",而非"5日"。故B项错误。

《刑事诉讼法》第144条第1款规定:"人民检察院、公安机关根据侦查犯罪的需要,可以依照规定查询、冻结犯罪嫌疑人的存款、汇款、债券、股票、基金份额等财产。有关单位和个人应当配合。"故公安机关可以依照规定查询、冻结刘某的存款、汇款。故C项正确。

《刑事诉讼法》第177条规定:"犯罪嫌疑人没有犯罪事实,或者有本法第十六条规定的情形之一的,人民检察院应当作出不起诉决定。……人民检察院决定不起诉的案件,应当同时对侦查中查封、扣押、冻结的财物解除查封、扣押、冻结。对被不起诉人需要给予行政处罚、行政处分或者需要没收其违法所得的,人民检察

院应当提出检察意见,移送有关主管机关处理。有关主管机关应当将处理结果及时通知人民检察院。"D项中周某死亡,检察院应当作出不起诉决定,但无权对冻结的赃款直接作出处理。故D项错误。

206. 羁押期限的重新计算[B]

[解析]《公安部规定》第151条第1款规定:"在侦查期间,发现犯罪嫌疑人另有重要罪行的,应自发现之日起五日以内报县级以上公安机关负责人批准后,重新计算侦查羁押期限,制作变更羁押期限通知书,送达看守所,并报批准逮捕的人民检察院备案。"据此,公安机关重新计算侦查羁押期限不需要经检察院批准,但应当报检察院备案,检察院可以进行监督。故B项正确。

207. 侦查期限的延长[A]

[解析]《高检规则》第305条规定:"人民检察院办理直接受理侦查的案件,对犯罪嫌疑人逮捕后的侦查羁押期限不得超过二个月。案情复杂、期限届满不能终结的案件,可以经上一级人民检察院批准延长一个月。"第306条规定:"设区的市级人民检察院和基层人民检察院办理直接受理侦查的案件,符合刑事诉讼法第一百五十八条规定,在本规则第三百零五条规定的期限届满前不能侦查终结的,经省级人民检察院批准,可以延长二个月。省级人民检察院直接受理侦查的案件,有前款情形的,可以直接决定延长二个月。"第307条规定:"设区的市级人民检察院和基层人民检察院办理直接受理侦查的案件,对犯罪嫌疑人可能判处十年有期徒刑以上刑罚,依照本规则第三百零六条的规定依法延长羁押期限届满,仍不能侦查终结的,经省级人民检察院批准,可以再延长二个月。省级人民检察院办理直接受理侦查的案件,有前款情形的,可以直接决定再延长二个月。"

据此,侦查羁押期限的延长规则是:侦查羁押期限一般情况下为2个月。(1)第一次延长:2个月不能终结,报上一级检察院批准,延长1个月。(2)第二次延长:3个月不能终结,对于符合《刑事诉讼法》第158条规定的案件("交集流广、重大复杂"的案件:①交通十分不便的边远地区的重大复杂案件;②重大的犯罪集团案件;③流窜作案的重大复杂案件;④犯罪涉及面广,取证困难的重大复杂案件),报省级检察院批准,可再延长2个月。(3)第三次延长:5个月不能终结,对于可能判10年以上的案件,报省级检察院批准,可再延长2个月。侦查羁押期限总共可以达到7个月。本题中,甲市检察院批捕,第一次延长应当报上一级检察院即省级检察院批准。第二次、第三次延长都需要报省级检察院批准。也就是说,本案中,第一、二、三次延长,都需要省级检察院批准。故A项错误,B、C、D项正确。

考点44 侦查终结

208. 立案监督；对被害人、被不起诉人权利的救济[D]

[解析]《公安部规定》第179条第1、2款规定："控告人对不予立案决定不服的，可以在收到不予立案通知书后七日以内向作出决定的公安机关申请复议；公安机关应当在收到复议申请后三十日以内作出决定，并将决定书送达控告人。控告人对不予立案的复议决定不服的，可以在收到复议决定书后七日以内向上一级公安机关申请复核；上一级公安机关应当在收到复核申请后三十日以内作出决定。对上级公安机关撤销不予立案决定的，下级公安机关应当执行。"可见，对于不立案决定不服的，控告人可以先复议再复核。但本题中，该事件已经立案，随后又撤销案件，因此无法再通过复议或者复核的方式救济。故A、B项错误。

《刑事诉讼法》第113条规定："人民检察院认为公安机关对应当立案侦查的案件而不立案侦查的，或者被害人认为公安机关对应当立案侦查的案件而不立案侦查，向人民检察院提出的，人民检察院应当要求公安机关说明不立案的理由。人民检察院认为公安机关不立案理由不能成立的，应当通知公安机关立案，公安机关接到通知后应当立案。"据此，公安机关不立案的，被害人可以申请检察院进行立案监督。但本案中，侦查机关已经立案，只是随后撤销案件，因此，对撤销案件的决定不能通过立案监督的方式得到救济。故C项错误。

《刑事诉讼法》第210条规定："自诉案件包括下列案件：(一)告诉才处理的案件；(二)被害人有证据证明的轻微刑事案件；(三)被害人有证据证明对被告人侵犯自己人身、财产权利的行为应当依法追究刑事责任，而公安机关或者人民检察院不予追究被告人刑事责任的案件。"本题所述情形属于上述第三种自诉案件，乙死亡后，乙的近亲属可以直接向人民法院提起自诉。《刑事诉讼法》第101条第1款规定："被害人由于被告人的犯罪行为而遭受物质损失的，在刑事诉讼过程中，有权提起附带民事诉讼。被害人死亡或者丧失行为能力的，被害人的法定代理人、近亲属有权提起附带民事诉讼。"本案中，公安局撤销案件属于不予追究刑事责任的处理方式，被害人的近亲属可以向法院提起自诉同时提起附带民事诉讼。故D项正确。

【陷阱点拨】本题很具迷惑性。被害人对不立案决定不服的，有三种救济途径：(1)向作出决定的公安申请复议，不服的向上一级公安申请复核；(2)向检察院申请立案监督；(3)直接向法院提起自诉。似乎四项都符合。但是，仔细审题后发现，本案已经立案，是在侦查阶段又撤销案件，因此，被害人一方如果不服，

不能采用不立案的救济方式来救济，而只能向人民法院提起自诉。

209. 侦查程序中的辩护权保障[D]

[解析]《刑事诉讼法》第161条规定："在案件侦查终结前，辩护律师提出要求的，侦查机关应当听取辩护律师的意见，并记录在案。辩护律师提出书面意见的，应当附卷。"据此，A项错误，是"应当"而不是"可以"。B项错误，辩护律师提出的书面意见是"应当附卷"，而不是"可以附卷"。

《刑事诉讼法》第162条第1款规定："公安机关侦查终结的案件，应当做到犯罪事实清楚，证据确实、充分，并且写出起诉意见书，连同案卷材料、证据一并移送同级人民检察院审查决定；同时将案件移送情况告知犯罪嫌疑人及其辩护律师。"据此，D项正确。C项错误在于，应当是同时告知"犯罪嫌疑人及其辩护律师"。

考点45 补充侦查

210. 补充侦查[ABC]

[解析]《刑事诉讼法》第90条规定，人民检察院对于公安机关提请批准逮捕的案件进行审查后，应当根据情况分别作出批准逮捕或者不批准逮捕的决定。对于批准逮捕的决定，公安机关应当立即执行，并且将执行情况及时通知人民检察院。对于不批准逮捕的，人民检察院应当说明理由，需要补充侦查的，应当同时通知公安机关。故A项正确。

《刑事诉讼法》第175条第3款规定，对于补充侦查的案件，应当在1个月以内补充侦查完毕。补充侦查以2次为限。补充侦查完毕移送人民检察院后，人民检察院重新计算审查起诉期限。故B项正确。【总结提示】审查起诉阶段和审判阶段的补充侦查，都以2次为限。

《高检规则》第422条第1款规定，在审判过程中，对于需要补充提供法庭审判所必需的证据或者补充侦查的，人民检察院应当自行收集证据和进行侦查，必要时可以要求监察机关或者公安机关提供协助；也可以书面要求监察机关或者公安机关补充提供证据。据此，审判阶段检察院应自行侦查，不得退回公安机关补充侦查，故C项正确。

《刑诉解释》第277条第2款规定，审判期间，被告人提出新的立功线索的，人民法院可以建议人民检察院补充侦查。故D项错误。

专题十三 起 诉

考点46 起诉概述

211. 刑事起诉制度[B]

[解析] 对于符合起诉条件的刑事公诉案件是否

必须向审判机关起诉的问题,存在两种不同的原则:一是起诉便宜主义,二是起诉法定主义。

起诉便宜主义,又称起诉合理主义、起诉裁量主义,是指检察官对于存有足够的犯罪嫌疑,并具备起诉条件的案件,可以斟酌决定是否起诉的原则。根据此原则,公诉方可以依据法律的授权,基于刑事惩戒的目的和权衡各种利益,对其所审查起诉的刑事案件,选择是否作出控诉以继续或停止刑事程序。起诉便宜主义是与起诉法定主义相对应的范畴。

起诉法定主义,是指凡是认为有足够的证据证明确有犯罪事实,且具备起诉条件,公诉机关必须起诉。

本题中,只要有足够证据证明犯罪嫌疑人构成犯罪,检察机关就必须提起公诉。这一制度体现的是起诉法定主义。故B项当选,A项不当选。此外,题干中表述无关刑事起诉权的行使主体,而是关于符合条件的刑事案件是否必须向审判机关起诉的问题,C、D项的内容与本题无关。故C、D项不当选。

212. 刑事起诉制度[AC]

[解析] 通说认为,我国刑事诉讼实行以公诉为主、自诉为辅的犯罪追诉机制,即在对刑事犯罪实行国家追诉的同时,兼采被害人追诉主义。故A项正确。

我国采取公诉为主、自诉为辅的犯罪追诉机制,是指绝大多数刑事案件由人民检察院代表国家向人民法院提起公诉,只有部分刑事案件由被害人及其法定代理人、近亲属直接向人民法院提起自诉。公诉为主不代表公诉机关可以主动干预自诉,自诉人对其起诉的案件享有处分权,有权撤诉、和解,公诉机关不得随意干涉。故B项错误。

在起诉原则上,我国采用以起诉法定主义为主、兼采起诉便宜主义,检察院的起诉裁量权受到严格限制。即在一般情况下,只要被告人的行为符合法定条件,公诉机关即不享有自由裁量权而必须起诉,但在例外情形下,可以根据被告人的具体行为等因素自由裁量,决定是否起诉。我国存在酌定不起诉制度,即兼采起诉便宜主义的例子。故C项正确。

检察院也有一定的裁量权,起诉法定为主只是要求绝大多数情形下,只要符合法定条件就必须起诉,排斥检察院的自由裁量权,但并不意味着凡是构成犯罪就必须追诉,对于犯罪情节轻微,依照《刑法》规定不需要判处刑罚或免除刑罚的,可以作出不起诉决定。故D项错误。

考点47 审查起诉

213. 监察程序与刑事诉讼程序的衔接[ABCD]

[解析] 根据《高检规则》第267条第2款规定,犯罪嫌疑人自愿认罪认罚、没有辩护人的,在审查逮捕阶段,人民检察院应当要求公安机关通知值班律师为其提供法律帮助;在审查起诉阶段,人民检察院应当通知值班律师为其提供法律帮助。符合通知辩护条件的,应当依法通知法律援助机构指派律师为其提供辩护。本题中,在审查起诉期间,梁某拒绝律师为其辩护,检察院应当通知值班律师为其提供法律帮助,故A项正确。

《监察法》第43条第1款规定:"监察机关采取留置措施,应当由监察机关领导人员集体研究决定。设区的市级以下监察机关采取留置措施,应当报上一级监察机关批准。省级监察机关采取留置措施,应当报国家监察委员会备案。"故B项正确。

《监察法》第31条规定:"涉嫌职务犯罪的被调查人主动认罪认罚,有下列情形之一的,监察机关经领导人员集体研究,并报上一级监察机关批准,可以在移送人民检察院时提出从宽处罚的建议:……(三)积极退赃,减少损失的;……"本案中,梁某认罪认罚,积极退赃,适用上述规定,故C项正确。

《刑事诉讼法》第170条第2款规定,对于监察机关移送起诉的已采取留置措施的案件,人民检察院应当对犯罪嫌疑人先行拘留,留置措施自动解除。故D项正确。

214. 审查起诉中的补充侦查[D]

[解析]《高检规则》第349条规定:"人民检察院对已经退回监察机关二次补充调查或者退回公安机关二次补充侦查的案件,在审查起诉中又发现新的犯罪事实,应当将线索移送监察机关或者公安机关。对已经查清的犯罪事实,应当依法提起公诉。"本案中,公安机关经二次补充侦查后将案件移送检察机关,检察机关发现甲在两年前曾实施诈骗犯罪,应当将新发现的诈骗犯罪移送公安机关另行立案侦查,对已经查清的抢劫犯罪提起公诉。故D项正确,A、B、C项错误。

215. 补充侦查[D]

[解析]《高检规则》第349条规定:"人民检察院对已经退回监察机关二次补充调查或者退回公安机关二次补充侦查的案件,在审查起诉中又发现新的犯罪事实,应当将线索移送监察机关或者公安机关。对已经查清的犯罪事实,应当依法提起公诉。"据此,本案中,高某涉嫌抢劫案经公安机关二次补充侦查后移送检察机关,检察机关审查后发现高某可能还实施了另一起盗窃犯罪,应当将新发现的盗窃犯罪移送公安机关另行立案侦查,对已经查清的抢劫犯罪提起公诉。故D项正确,A、B、C项错误。

216. 检察院撤回、补充、追加起诉[BC]

[解析]《刑诉解释》第297条规定:"审判期间,人民法院发现新的事实,可能影响定罪量刑的,或者需要补查补证的,应当通知人民检察院,由其决定是

否补充、变更、追加起诉或者补充侦查。人民检察院不同意或者在指定时间内未回复书面意见的,人民法院应当就起诉指控的事实,依照本解释第二百九十五条的规定作出判决、裁定。"故法院只能通知检察院追加起诉,不得主动追加被告人。故 A 项错误。

《高检规则》第 423 条规定:"人民法院宣告判决前,人民检察院发现被告人的真实身份或者犯罪事实与起诉书中叙述的身份或者指控犯罪事实不符的,或者事实、证据没有变化,但罪名、适用法律与起诉书不一致的,可以变更起诉。发现遗漏同案犯罪嫌疑人或者罪行的,应当要求公安机关补充移送起诉或者补充侦查;对于犯罪事实清楚,证据确实、充分的,可以直接追加、补充起诉。"本题中,在宣告判决前,检察院发现郑某和张某接受秦某巨款,张某和郑某涉嫌受贿罪,秦某涉嫌行贿罪,属于可以与郑某涉嫌滥用职权罪一并起诉和审理的罪行,且事实清楚,证据确实、充分,故检察院可以补充起诉郑某、张某和秦某的贿赂犯罪,将张某、秦某追加为被告人,要求法院一并审理。故 B、C 项正确,D 项错误。

217. 审查起诉[A]

[解析]《高检规则》第 335 条规定:"人民检察院审查案件时,对监察机关或者公安机关的勘验、检查,认为需要复验、复查的,应当要求其复验、复查,人民检察院可以派员参加;也可以自行复验、复查,商请监察机关或者公安机关派员参加,必要时也可以指派检察技术人员或者聘请其他有专门知识的人参加。"故 A 项正确。

《高检规则》第 341 条规定:"人民检察院在审查起诉中发现有应当排除的非法证据,应当依法排除,同时可以要求监察机关或者公安机关另行指派调查人员或者侦查人员重新取证。必要时,人民检察院也可以自行调查取证。"可见,检察院"必要时可以"自行调查取证,而不是"应当"自行调查取证。故 B 项错误。

《高检规则》第 349 条规定:"人民检察院对已经退回监察机关二次补充调查或者公安机关二次补充侦查的案件,在审查起诉中又发现新的犯罪事实,应当将线索移送监察机关或者公安机关。对已经查清的犯罪事实,应当依法提起公诉。"由此可知,C 项中"应当将已侦查的案件和新发现的犯罪一并移送公安机关立案侦查"的说法是错误的,而是应当对已经查清的犯罪事实部分提起公诉。故 C 项错误。

《高检规则》第 158 条第 3 款规定:"对于移送起诉的案件,犯罪嫌疑人在逃的,应当要求公安机关采取措施保证犯罪嫌疑人到案后再移送起诉。共同犯罪案件中部分犯罪嫌疑人在逃的,对在案犯罪嫌疑人的移送起诉应当受理。"据此,共同犯罪案件中部分犯罪嫌疑人在逃的,对在案犯罪嫌疑人的移送起诉应当继续进行,而非中止审查,故 D 项错误。

考点 48 不起诉

218. 存疑不起诉[ABD]

[解析] 本题中,耿某醉酒驾车涉嫌构成《刑法》第 133 条之一规定的危险驾驶罪。

道路交通事故认定书对事故责任的划分与耿某是否构成危险驾驶罪没有关联。故 A 项理由不成立。

B 项属于耿某对"不知该行为是犯罪"的辩解,不能成为免责理由,也不会导致犯罪事实不清,证据不足。故 B 项理由不成立。

经过鉴定得出的酒精含量是认定耿某是否属于醉酒驾车的关键证据,如果该血液样本被污染,将导致鉴定意见不准确,进而导致耿某是否醉酒驾车存疑,检察院可以据此作出存疑不起诉决定。故 C 项理由成立,不当选。

构成危险驾驶罪要求驾驶的是机动车。如果耿某驾驶的电动自行车属于非机动车,则属于没有犯罪事实,当然不构成危险驾驶罪,检察院应当作出法定不起诉的决定,而非存疑不起诉。故 D 项理由不成立。

219. 不起诉的适用;监察委员会调查终结移送检察院审查起诉的衔接[ABCD]

[解析]《刑事诉讼法》第 170 条第 1 款规定:"人民检察院对于监察机关移送起诉的案件,依照本法和监察法的有关规定进行审查。人民检察院经审查,认为需要补充核实的,应当退回监察机关补充调查,必要时可以自行补充侦查。"据此,此种情况下,应当优先退回监察委员会补充调查,必要时再自行补充侦查。因此,A 项检察院应当自行补充侦查,B 项可以直接作出不起诉决定,说法都是错误的。故 A、B 项错误。

《监察法》第 47 条第 3、4 款规定:"人民检察院经审查,认为需要补充核实的,应当退回监察机关补充调查,必要时可以自行补充侦查。对于补充调查的案件,应当在一个月内补充调查完毕。补充调查以二次为限。人民检察院对于有《中华人民共和国刑事诉讼法》规定的不起诉的情形的,经上一级人民检察院批准,依法作出不起诉的决定。监察机关认为不起诉的决定有错误的,可以向上一级人民检察院提请复议。"据此,C 项中县检察院经过二次补充侦查,不应当直接作出不起诉决定,还需要经过上一级检察院批准,故 C 项错误。D 项中某县监察委员会不服某县检察院的不起诉决定,可以向上一级人民检察院即市检察院提请复议,而非向某县检察院提请复议,故 D 项错误。

220. 法定不起诉[D]

[解析]《高检规则》第365条第2款规定："对于犯罪事实并非犯罪嫌疑人所为,需要重新调查或者侦查的,应当在作出不起诉决定后书面说明理由,将案卷材料退回监察机关或者公安机关并建议重新调查或者侦查。"因此,检察院应当建议公安机关"重新侦查",而非"撤销案件"。故A项错误。

《高检规则》第367条第1款规定："人民检察院对于二次退回补充调查或者补充侦查的案件,仍然认为证据不足,不符合起诉条件的,经检察长批准,依法作出不起诉决定。"据此,对于二次退回公安机关补充侦查的案件,检察院仍然认为证据不足的,应当依法作出不起诉决定。乍一看,B项是正确的。但是,本案检察院认为实施该抢夺行为的另有其人,即已经认定叶某没有犯罪事实,此时不需要补充侦查,而应直接作出不起诉决定。故B项错误。【陷阱点拨】对于经过二次补侦,证据不足的,检察院确实应当不起诉。但是本案对叶某不适用《高检规则》第367条的"存疑不起诉",因为检察院已经认定不是叶某所为,不需要退回公安机关补充侦查,而应直接适用《高检规则》第365条第2款"法定不起诉"的规定。

检察院作出不起诉决定后,被害人不服确实有权向法院提起自诉。但是,法院对自诉案件的受理不影响检察院的不起诉决定,该决定依然生效,不会自动撤销。故C项错误。

《高检规则》第389条规定："最高人民检察院对地方各级人民检察院的起诉、不起诉决定,上级人民检察院对下级人民检察院的起诉、不起诉决定,发现确有错误的,应当予以撤销或者指令下级人民检察院纠正。"我国上下级检察院之间是领导与被领导的关系,上级检察院有权直接撤销下级检察院的不起诉决定,故D项正确。

221. 不起诉的适用条件[D]

[解析]《刑事诉讼法》第177条第1款规定,犯罪嫌疑人没有犯罪事实,或者有本法第16条规定的情形之一的,人民检察院应当作出不起诉决定。本题中,甲突然死亡,属于法定不起诉规定中"犯罪嫌疑人、被告人死亡"的情形,对甲应当作出法定不起诉决定。故A项错误。

《刑事诉讼法》第177条第2款规定,对于犯罪情节轻微,依照《刑法》规定不需要判处刑罚或者免除刑罚的,人民检察院可以作出不起诉决定。本题中,乙虽然参与两次盗窃,但一次不构成犯罪,一次刚达刑事立案标准,且乙对其参与的两起盗窃有自首情节。因此,对乙可作出酌定不起诉决定。故B项错误。

《刑事诉讼法》第175条第4款规定,对于二次补充侦查的案件,人民检察院仍然认为证据不足,不符合起诉条件的,应当作出不起诉的决定。本题中,丁符合该条规定的情形,对丁应当作出证据不足不起诉决定;而丙虽然有一起盗窃经二次退回公安机关补充侦查后仍证据不足,该部分属于证据不足不起诉,但是丙和乙共同实施的盗窃并未出现上述情形,因此,不能对丙作出证据不足不起诉决定。故C项错误,D项正确。

222. 存疑不起诉;非法证据排除[B]

[解析]存疑不起诉,又称证据不足不起诉。本案在排除口供后,其他证据显然不足以支持起诉,即证据不足,因而作出的不起诉决定属于存疑不起诉。故A项表述正确。

《高检规则》第73条第1款规定:"人民检察院经审查认定存在非法取证行为的,对该证据应当予以排除,其他证据不能证明犯罪嫌疑人实施犯罪行为的,应当不批准或者决定逮捕。已经移送起诉的,可以依法将案件退回监察机关补充调查或者退回公安机关补充侦查,或者作出不起诉决定。被排除的非法证据应当随案移送,并写明为依法排除的非法证据。"据此,检察院在审查起诉过程中依法排除非法证据后,可以依法将案件退回公安机关补充侦查,也可以直接作出不起诉决定。故B项错误。【总结提示】对于检察院作出存疑不起诉决定,是否需要以先退回补充侦查为前提,需要区分两种情况:(1)一般情况下,证据不足的,需要先进行补充侦查。经过二次补侦,证据不足的,应当不起诉;经过一次补侦,证据不足的,可以不起诉。《高检规则》第367条规定:"人民检察院对于二次退回补充调查或者补充侦查的案件,仍然认为证据不足,不符合起诉条件的,经检察长批准,依法作出不起诉决定。人民检察院对于经过一次退回补充调查或者补充侦查的案件,认为证据不足,不符合起诉条件,且没有再次退回补充调查或者补充侦查必要的,经检察长批准,可以作出不起诉决定。"(2)对于排除非法证据后导致证据不足的,检察院可以直接作出不起诉决定,不以补充侦查为前提。(《高检规则》第73条)

检察院是我国的法律监督机关。检察院在审查起诉时,发现侦查机关以刑讯获取的供述,应当予以排除,这体现了检察院法律监督机关的属性。故C项表述正确。

检察院在作出存疑不起诉之后,如果发现了新的证据,符合起诉条件时,可以提起公诉。故D项表述正确。

223. 对不起诉决定的救济[D]

[解析]《刑事诉讼法》第180条规定:"对于有被害人的案件,决定不起诉的,人民检察院应当将不起诉决定书送达被害人。被害人如果不服,可以自收到决定书后七日以内向上一级人民检察院申诉,请求提

起公诉。人民检察院应当将复查决定告知被害人。对人民检察院维持不起诉决定的,被害人可以向人民法院起诉。被害人也可以不经申诉,直接向人民法院起诉。人民法院受理案件后,人民检察院应当将有关案件材料移送人民法院。"据此,被害人申诉应该向上一级检察院提起,故 A、B 项错误。被害人既可以向检察院申诉,也可以不经申诉直接向人民法院起诉。申诉与自诉之间没有前后顺序问题。故 C 项错误,D 项正确。【特别提醒】注意被害人与被酌定不起诉人对不起诉决定不服进行救济的不同:被害人对不起诉决定不服,可在收到不起诉决定书后 7 日内向上一级检察院申诉或者提起自诉;被酌定不起诉人对不起诉决定不服,可在收到不起诉决定书后 7 日内向作出不起诉决定的检察院申诉。

224. 对不起诉决定的异议[C]

[解析] 本案属于在诉讼活动中司法工作人员利用职权实施的犯罪,根据《刑事诉讼法》第 19 条第 2 款规定,应由检察院立案侦查,与公安机关无关。故 A 项错误。

《刑事诉讼法》第 181 条规定,对于人民检察院依照本法第 177 条第 2 款规定作出的不起诉决定,被不起诉人如果不服,可以自收到决定书后 7 日以内向人民检察院申诉。人民检察院应当作出复查决定,通知被不起诉的人,同时抄送公安机关。由此可知,被不起诉人甲只有对酌定不起诉决定才能提出异议,而本案属于法定不起诉。故 B 项错误。

《刑事诉讼法》第 180 条规定:"对于有被害人的案件,决定不起诉的,人民检察院应当将不起诉决定书送达被害人。被害人如果不服,可以自收到决定书后七日以内向上一级人民检察院申诉,请求提起公诉。人民检察院应当将复查决定告知被害人。对人民检察院维持不起诉决定的,被害人可以向人民法院起诉。被害人也可以不经申诉,直接向人民法院起诉。人民法院受理案件后,人民检察院应当将有关案件材料移送人民法院。"由此可知,乙作为被害人有权向上一级人民检察院申诉。故 C 项正确。对于申诉后,上级检察院维持不起诉决定,被害人提起自诉时,应遵守人民法院级别管辖的规定。本案由 A 地基层检察院审查起诉,且本案不属于中级法院管辖,故乙应向原作出不起诉决定的人民检察院的同级人民法院起诉,即应向基层法院提起自诉。故 D 项错误。

专题十四 刑事审判概述

考点49 刑事审判的特征

225. 刑事审判的特征[B]

[解析] 刑事审判的亲历性,是指案件的裁判者必须自始至终参与审理,审查所有证据,对案件作出判决须以充分听取控辩双方的意见为前提。刑事诉讼中的法官的亲历性也可以被表述为直接言词原则和集中审理原则。直接言词原则包括直接原则和言词原则:直接原则,是指法官必须与诉讼当事人和诉讼参与人直接接触,直接审查案件事实材料和证据;言词原则,是指法庭审理须以口头陈述的方式进行。除非法律有特别规定,凡是未经口头调查之证据,不得作为定案的依据采纳。《刑事诉讼法》没有明确规定直接言词原则,但第一审程序和第二审程序中关于证人、鉴定人出庭的规定,关于控辩双方和被害人当庭质证的规定等,都体现了审理的直接性和言词性原则。

集中审理原则,是指法院开庭审理案件,应在不更换审判人员的条件下连续进行,不得中断审理的诉讼原则。集中审理原则的内容主要包括:(1)一个案件组成一个审判庭进行审理;(2)法庭成员不可更换;(3)集中证据调查与法庭辩论;(4)庭审不中断并迅速作出裁判。

证人如果不出庭作证,会违背言词原则的要求,而通过网络远程作证,证人虽然人不用真正出庭,但相当于证人是出现在法庭上的,这样可以保障证人接受诉讼各方的询问,符合亲历性要求。故 A 项正确,不当选。

由另一人民陪审员担任合议庭成员来替补生病的合议庭成员,需要庭审重新开始,因为该人民陪审员是中途介入,对之前的审理不具有亲历性,违背了集中审理原则。故 B 项错误,当选。

虽然法官是庭外调查,但却是在公诉人和辩护人共同参与下进行的,符合亲历性要求。故 C 项正确,不当选。

虽然法官不开庭审理,但法官仍然讯问被告人,听取被害人、辩护人和诉讼代理人的意见,符合亲历性的要求。故 D 项正确,不当选。

考点50 刑事审判原则

226. 以审判为中心的诉讼制度改革;刑事审判的公开性;审判模式[ABD]

[解析]《关于推进以审判为中心的刑事诉讼制度改革的意见》第 13 条强调发挥控辩双方的积极主动作用,有助于强化法官的积极主动作用,促进控辩双方的积极对抗,朝着控辩式审判模式发展。故 A 项正确。

《刑事诉讼法》第 14 条规定,人民法院、人民检察院和公安机关应当保障犯罪嫌疑人、被告人和其他诉讼参与人依法享有的辩护权和其他诉讼权利。辩护人享有参加法庭调查和辩论权,在法庭辩论阶段,辩护人可以对证据和案件情况发表意见并且可以和控方辩论。由此可见,在法庭辩论中,确保控辩意见发表在法庭,核心在于保障被告人和辩护人能充分发表意见。故B项正确。

刑事审判的公开性是指审判活动应当公开进行,法庭的大门永远是敞开的,除了为了保护特定的社会利益依法不公开审理的案件外,都应当公开审,将审判活动置于公众和社会的监督之下。即使依法不公开审理的案件,宣告判决也应当公开。这是摒除司法不公的最有力的手段。刑事审判的公开性与完善法庭辩论规则和使控辩意见发表在法庭不能直接等同。故C项不当选。

《刑诉解释》第278条第1款规定,对被告人认罪的案件,在确认被告人了解起诉书指控的犯罪事实和罪名,自愿认罪且知悉认罪的法律后果后,法庭调查可以主要围绕量刑和其他有争议的问题进行。故D项表述正确。

227. 刑事诉讼职能;直接原则;刑事审判的特征;我国刑事审判模式[B]

[解析] "让审理者裁判、由裁判者负责"包括两个方面内容:一是要求真正审理案件、在法庭审理中直接听取控辩双方质证和意见的法官作出最终的裁决,实现庭审实质化,使裁判结果建立在法庭审理的基础之上;二是在审理者裁判的基础上,作出最终裁判的法官需要对案件的结果承担相应的责任,体现了司法责任制。

我国的刑事诉讼职能包括控诉、辩护、审判,即控辩审。刑事诉讼职能强调控辩审三方之间的关系,而题干中主要强调法官的作用,没有涉及刑事诉讼职能方面。故A项错误。

直接原则又可分为直接审理原则和直接采证原则。本题题干表述体现了刑事诉讼直接审理原则的要求。故B项正确。

刑事审判的程序性是指审判活动应当严格遵循法定的程序,在题干中,并没有直接体现出严格依照程序办事的意思。故C项错误。

控辩式庭审方式的改革是我国刑事诉讼审判模式的发展方向,重在强调控辩双方在法庭审理中的主导作用,与题干中突出法官的作用不相符合。故D项错误。

228. 刑事审判原则[C]

[解析] 职权主义审判原则,又称审问式审判原则,是指法官在审判程序中居于主导和控制地位,从而限制控辩双方积极性的审判模式。职权主义审判模式有三个基本特征:(1)法官居于中心地位,从而主导法庭审判的进行;(2)控辩双方的积极性受到抑制,处于消极被动的地位;(3)法官掌握程序控制权。本题中,陪审员中途离开法庭的行为,与职权主义无关。

故A项不当选。

证据裁判原则,是指对于案件争议事项的认定,应当依据证据。证据裁判原则要求裁判的形成必须以达到一定要求的证据为依据,没有证据不得认定犯罪事实。本题中,陪审员中途离开法庭的行为,与证据裁判原则无关。故B项不当选。

直接言词原则,也称口证原则,是指法官亲自听取双方当事人、证人及其他诉讼参与人的当庭口头陈述和法庭辩论,从而形成案件事实真实性的内心确认,并据以对案件作出裁判。该原则要求法官:(1)及时通知并保证有关人员出庭;(2)开庭审理过程中,合议庭的审判人员必须始终在庭,参加庭审的全过程;(3)所有证据包括法庭依据当事人申请或依职权收集的证据,都必须当庭出示,当庭质证;(4)保证控辩双方有充分的陈述和辩论的机会和时间。

集中审理原则,又称不中断审理原则,是指法院开庭审理案件,应当在不更换审判人员的条件下连续进行,不得中断审理的诉讼原则。主要体现在:(1)一个案件组成一个审判庭进行审理,每起案件自始至终应由同一法庭进行审判。在案件审理开始后尚未结束前不允许法庭再审理其他任何案件。(2)法庭成员不得更换。对于因故不能继续参加审理的,应由始终在场的候补法官、候补陪审员替换。否则,应重新审判。(3)集中证据调查与法庭辩论。(4)庭审不中断并迅速作出裁判。

陪审员离开法庭处理个人事务,该陪审员就无法直接参与审理,无法直接审查判断证据,无法直接询问控辩双方,显然违背的是直接言词原则。故C项当选。集中审理原则强调"不换人、不换庭、不中断",本案中,陪审员离开法庭处理个人事务,合议庭没有换人,合议庭也没有整体换掉,庭审仍在继续没有中断,故没有违反集中审理原则。故D项不当选。

229. 集中审理原则;合议庭的组成[D]

[解析]《人民陪审员法》第14条规定,人民陪审员和法官组成合议庭审判案件,由法官担任审判长,可以组成3人合议庭,也可以由法官3人与人民陪审员4人组成7人合议庭。据此,审判长只能由审判员担任,人民陪审员不得担任审判长。故A项错误。

集中审理原则,又称为不中断审理原则,是指法院开庭审理案件,应在不更换审判人员的条件下连续进行,不得中断审理的诉讼原则。该原则的内容之一就是法庭成员(包括法官和陪审员)不可更换。对于法庭成员因故不能继续审理的,应当由始终在场的候补法官、候补陪审员替换之。如果没有足够的法官、陪审员可以替换,则应重新审判。这也是直接原则的要求。因为参与裁判制作的法官、陪审员必须参与案件的全部审理活动,接触所有的证据,全面听取法辩论,否则无法对案件形成全面的认知并作出公正的裁判。本题中,因为审判长突发心脏病,无法继续审理,需要在庭外另行指派其他审判人员参加审判,被指派参加审判的人员不符合"始终在场"的要求,该案件应当重新审理。故B、C项错误,D项正确。

230. 集中审理原则[ABC]

[解析] 集中审理原则,又称不中断审理原则,是指"法院开庭审理案件,应在不更换审判人员的条件下连续进行,不得中断审理的诉讼原则"。该原则要求法庭对每个刑事案件的审理除了必要的休息时间之外,原则上应当是不中断地连续进行。换言之,法庭审理案件从开庭到判决应当尽可能地一气呵成,不应中断。其主要内容包括:(1)一个案件组成一个审判庭进行审理,每起案件自始至终亦由同一法庭进行审判,而且在案件审理已经开始尚未结束以前不允许法庭再审理任何其他案件;(2)法庭成员不可更换;(3)集中证据调查与法庭辩论;(4)庭审不中断并迅速作出裁判。故A、B项正确。

根据集中审理原则,庭审应不中断地进行,法庭因故延期审理较长时间者,应重新进行以前的庭审。故C项正确。

集中审理原则与直接言词原则、公开原则等密切相关,但集中审理原则并不要求法庭审理应当公开进行。故D项错误。

231. 直接言词原则[B]

[解析] A项是职权主义审判模式下以法官为中心,强调法官主导地位,而不提倡控辩双方在审判中的积极性的一种体现。与本题无关。故A项不当选。

直接言词原则是指法官必须在法庭上亲自听取当事人、证人及其他诉讼参与人的口头陈述,案件事实和证据必须由控辩双方当庭口头提出并以口头辩论和质证的方式进行调查。故B项当选。

C项体现的是集中审理原则。故C项不当选。

D项属于审判公开原则。审判公开原则是指人民法院审理案件和宣告判决,都公开进行,允许公民到法庭旁听,允许新闻记者采访和报道,即把法庭审判的全部过程,除休庭评议案件外,都公之于众。就公开的内容而言,审判公开包括审理公开和判决公开。故D项不当选。

考点51 审级制度

232. 两审终审制度[C]

[解析] 两审终审制是指一个案件最多经过两级法院审判即告终结的制度,对于第二审法院作出的终审判决、裁定,当事人等不得再提出上诉,人民检察院不得按照上诉审理程序提出抗诉。

但我国的两审终审制有以下三种例外:(1)最高人民法院审理的第一审案件,其判决、裁定一经作出,立即发生法律效力;(2)判处死刑的案件,必须依法经过死刑复核程序核准后,判处死刑的裁判才能生效并交付执行;(3)地方各级人民法院依照《刑法》第63条第2款规定在法定刑以下判处刑罚的案件,必须经过最高人民法院核准之后,判决、裁定才能生效并交付执行。故C项正确。

A项属于调解,二审终审针对的是法院裁判,二者不相关。B项是当事人的上诉、检察院的抗诉期限届满,从而判决生效,这是二审终审的应有之义,不属于例外。D项属于审判监督,也不属于两审终审制度的例外。故A、B、D项均不当选。

233. 两审终审制[C]

[解析] 最高人民法院审理的第一审案件为一审终审,其裁判一经作出即生效,不存在提起二审的问题;对于其他法院作出的一审裁判没有上诉或抗诉的,上诉期满后其裁判也将发生法律效力,故A项错误。

判处死刑的案件,必须依法经过死刑复核程序核准后,该裁判才能发生法律效力;地方各级法院依法在法定刑以下判处刑罚的案件,必须经过最高人民法院的核准,其裁判才能发生法律效力,故B项错误。

上诉只能针对第一审裁判提出,故一个案件经过两级法院审判后对所作的裁判不能上诉,这是两审终审制度的要求,故C项正确。

《刑事诉讼法》第252条规定,当事人及其法定代理人、近亲属,对已经发生法律效力的判决、裁定,可以向人民法院或者人民检察院提出申诉,但是不能停止判决、裁定的执行。可见,当事人可以通过申诉对经过两级法院审判后的判决、裁定提出异议,故D项错误。

考点52 审判组织

234. 合议庭[ABC]

[解析]《刑事诉讼法》第185条规定:"合议庭开庭审理并且评议后,应当作出判决。对于疑难、复杂、重大的案件,合议庭认为难以作出决定的,由合议庭提请院长决定提交审判委员会讨论决定。审判委员会的决定,合议庭应当执行。"故A项错误。

《刑事诉讼法》第184条规定:"合议庭进行评议的时候,如果意见分歧,应当按多数人的意见作出决定,但是少数人的意见应当写入笔录。评议笔录由合议庭的组成人员签名。"故B项错误。

《刑事诉讼法》第183条第4款规定:"人民法院审判上诉和抗诉案件,由审判员三人或者五人组成合议庭进行。"故C项错误

《刑事诉讼法》第183条第5款规定:"合议庭的成员人数应当是单数。"故D项正确。

235. 审判组织;人民陪审员制度[ACD]

[解析]《刑事诉讼法》第183条第3款规定:"最

高人民法院审判第一审案件,应当由审判员三人至七人组成合议庭进行。"据此,最高人民法院审理案件无人民陪审员参加。故A项错误。

根据《人民陪审员法》第16条第1项规定,对于可能判处10年以上有期徒刑、无期徒刑、死刑,社会影响重大的刑事案件,由人民陪审员和法官组成七人合议庭进行审理。张某贪污1亿元,社会影响重大,符合上述规定,应当组成七人合议庭审理,故B项正确。

《刑事诉讼法》第183条第1款规定:"基层人民法院、中级人民法院审判第一审案件,应当由审判员三人或者由审判员和人民陪审员共三人或者七人组成合议庭进行,但是基层人民法院适用简易程序、速裁程序的案件可以由审判员一人独任审判。"本条适用于普通程序和特别程序。C项说法以偏概全,故错误。

《刑事诉讼法》第216条第1款规定:"适用简易程序审理案件,对可能判处三年有期徒刑以下刑罚的,可以组成合议庭进行审判,也可以由审判员一人独任审判;对可能判处的有期徒刑超过三年的,应当组成合议庭进行审判。"据此,本案如果可能判处3年有期徒刑以下刑罚,可以由合议庭审理,也可以由审判员一人独任审判;如果可能判处的有期徒刑超过3年,则应当由合议庭审理。故D项错误。

考点53 人民陪审员制度

236. 人民陪审员的权利[ABD]

[解析]《人民陪审员法》第22条规定:"人民陪审员参加七人合议庭审判案件,对事实认定,独立发表意见,并与法官共同表决;对法律适用,可以发表意见,但不参加表决。"故A项正确。

《最高人民法院关于适用〈中华人民共和国人民陪审员法〉若干问题的解释》第8条规定:"人民法院应当在开庭前,将相关权利和义务告知人民陪审员,并为其阅卷提供便利条件。"故B项正确。

《最高人民法院关于适用〈中华人民共和国人民陪审员法〉若干问题的解释》第11条规定:"庭审过程中,人民陪审员依法有权向诉讼参加人发问,审判长应当提示人民陪审员围绕案件争议焦点进行发问。"可知,人民陪审员庭审中发问无需经过审判长同意。故C项错误。

《最高人民法院关于适用〈中华人民共和国人民陪审员法〉若干问题的解释》第16条规定:"案件审结后,人民法院应将裁判文书副本及时送交参加该案件审判的人民陪审员。"故D项正确。

237. 人民陪审员制度[A]

[解析]《人民陪审员法》第2条第2款规定:"人民陪审员依照本法产生,依法参加人民法院的审判活

动,除法律另有规定外,同法官有同等权利。"法官和人民陪审员均可以组织自诉人和被告人对告诉才处理的案件和被害人有证据证明的轻微刑事案件可以调解。故A项正确。

《人民陪审员法》第21条规定:"人民陪审员参加三人合议庭审判案件,对事实认定、法律适用,独立发表意见,行使表决权。"故B项错误。**【陷阱点拨】**注意不要与七人合议庭混淆。根据《人民陪审员法》第22条,七人合议庭中人民陪审员只对事实问题进行表决。

《人民陪审员法》第14条规定:"人民陪审员和法官组成合议庭审判案件,由法官担任审判长,可以组成三人合议庭,也可以由法官三人与人民陪审员四人组成七人合议庭。"故C项错误。

《人民陪审员法》第10、11条规定,人民陪审员是由基层人民法院院长提请同级人大常委会任命。故C项错误。本题的正确答案为A项。

238. 人民陪审员制度;审判组织[D]

[解析]《人民陪审员法》第10条规定:"司法行政机关会同基层人民法院,从通过资格审查的人民陪审员候选人名单中随机抽选确定人民陪审员人选,由基层人民法院院长提请同级人民代表大会常务委员会任命。"可见,陪审员由基层人大常委会任命,不是市人大常委会任命。故A项错误。

《人民陪审员法》第2条第2款规定:"人民陪审员依照本法产生,依法参加人民法院的审判活动,除法律另有规定外,同法官有同等权利。"第14条规定:"人民陪审员和法官组成合议庭审判案件,由法官担任审判长,可以组成三人合议庭,也可以由法官三人与人民陪审员四人组成七人合议庭。"人民陪审员与法官组成合议庭审判案件,由法官担任审判长。故B项错误。

《刑事诉讼法》第183条第4款规定,人民法院审判上诉和抗诉案件,由审判员3人或者5人组成合议庭进行。可知,人民陪审员不能参与二审案件的审理。故C项错误。

《人民陪审员法》第23条第2款规定:"合议庭组成人员意见有重大分歧的,人民陪审员或者法官可以要求合议庭将案件提请院长决定是否提交审判委员会讨论决定。"故D项正确。

239. 人民陪审员制度和陪审团制度的区别[ABCD(原答案为B)]

[解析]从诉讼理论的角度分析,我国的人民陪审员制度与英美法系国家陪审团制度是不一样的。

第一,制度不同。我国虽然称为陪审员,但实际属于"参审制度",即由陪审员参加法庭审理,与法官共同裁决案件的制度。而在英美法系国家,尤其是在

美国,法庭中的陪审团属于"陪审制度"。

第二,分工不同。我国的人民陪审员对于部分案件既负责定罪又负责量刑。英美法系国家陪审团中的陪审员虽然叫"陪审",但具有实质的裁判权力,可以对被告人是否有罪进行裁决。法官虽然在法庭中央正襟危坐,但他实际上没有对被告人定罪的权力,只能在陪审团确定被告人罪名成立后对其进行量刑,即陪审团负责定罪,法官负责量刑。

第三,作用不同。我国设置人民陪审员的目的在于与法官一同合作解决被告人的刑事责任问题,陪审员属于准法官。英美法系国家设立陪审团的目的在于制约法官权力,剥夺法官滥用定罪权的可能性。

第四,地位不同。我国的人民陪审员不能担任审判长,但与法官的诉讼地位平等,无需听从法官的指挥。英美法系国家陪审团中的陪审员虽然可以对被告人定罪,但在具体的法律适用和程序控制方面,陪审团需要听从法官的指挥。

第五,遴选机制不同。我国的人民陪审员需要满足年满28周岁、品行正派等条件。而英美法系国家陪审团中的陪审员的条件在英美法系国家各有不同,多从年龄、经验、专业、生活背景等方面进行限制。

第六,适用案件不同。在我国,人民陪审员可以参加各级法院第一审刑事案件的审理,但具体个案审理中是否需要陪审员还需要考虑案件影响等诸多因素。在美国,多数刑事案件是通过辩诉交易制度终结的,只有少部分案件进入正式审判程序,但进入正式审判程序的案件也并非全都由陪审团审理。

本题中,A项,人民陪审员制度目的不在于"协助"法院完成审判任务,而是和法官"共同"完成审判任务。故A项错误。

B项,根据《人民陪审员法》第2条第2款规定:"人民陪审员依照本法产生,依法参加人民法院的审判活动,除法律另有规定外,同法官有同等权利。"又根据《人民陪审员法》第22条规定:"人民陪审员参加七人合议庭审判案件,对事实认定,独立发表意见,并与法官共同表决;法律适用,可以发表意见,但不参加表决。"可知,陪审员与法官的职权并非完全相同。陪审员与法官也存在职权分工,陪审员决定定罪问题,法官决定量刑问题。故B项错误。【旧题新解】注意,在《人民陪审员法》出台之前,陪审员行使与法官相同的职权,所以该选项之前是正确的,但是根据新法判断,该表述错误。

C项,人民陪审员不仅要求是成年公民,还必须是年满28周岁,此外还有一些其他条件。陪审团成员的选任也有很多细节的规定,不仅仅只要求有选民资格。故C项错误。

D项,在我国,是否适用人民陪审员制度不完全取决于当事人意愿,还可能会考虑案件影响等其他因素。陪审团也并非适用于所有案件。故D项错误。

240. 陪审员权利[D]

[解析]《人民陪审员法》第23条规定:"合议庭评议案件,实行少数服从多数的原则。人民陪审员同合议庭其他组成人员意见分歧的,应当将其意见写入笔录。合议庭组成人员意见有重大分歧的,人民陪审员或者法官可以要求合议庭将案件提请院长决定是否提交审判委员会讨论决定。"据此,陪审员王某与合议庭审判长的意见出现分歧,王某可以通过合议庭提请院长,并由院长决定是否将案件提交审判委员会讨论决定。故D项当选。

241. 人民陪审员制度[ABD(原答案为BD)]

[解析]《刑事诉讼法》第216条第1款规定:"适用简易程序审理案件,对可能判处三年有期徒刑以下刑罚的,可以组成合议庭进行审判,也可以由审判员一人独任审判;对可能判处的有期徒刑超过三年的,应当组成合议庭进行审判。"可知,简易程序在组成合议庭审理时,可以有人民陪审员参加。故A项正确。

《刑事诉讼法》第183条第1、2款规定:"基层人民法院、中级人民法院审判第一审案件,应当由审判员三人或者由审判员和人民陪审员共三人或者七人组成合议庭进行,但是基层人民法院适用简易程序、速裁程序的案件可以由审判员一人独任审判。高级人民法院审判第一审案件,应当由审判员三人至七人或者由审判员和人民陪审员共三人或者七人组成合议庭进行。"第4款规定:"人民法院审判上诉和抗诉案件,由审判员三人或者五人组成合议庭进行。"由此可知,人民陪审员参与审判的只适用第一审案件,第二审案件只能由审判员组成合议庭。故B、D项正确,C项错误。

专题十五 第一审程序

考点54 公诉案件庭前审查

242. 对公诉案件的庭前审查[AC(原答案为ABC)]

[解析]《刑诉解释》第219条第1款规定:"人民法院对提起公诉的案件审查后,应当按照下列情形分别处理:(一)不属于本院管辖的,应当退回人民检察院;(二)属于刑事诉讼法第十六条第二项至第六项规定情形的,应当退回人民检察院;属于告诉才处理的案件,应当同时告知被害人有权提起自诉;(三)被告人不在案的,应当退回人民检察院;但是,对人民检察院按照缺席审判程序提起公诉的,应当依照本解释第二十四章的规定作出处理;(四)不符合前条第二项至第九项规定之一,需要补充材料的,应当通知人民检

62

察院在三日以内补送;(五)依照刑事诉讼法第二百条第三项规定宣告被告人无罪后,人民检察院根据新的事实、证据重新起诉的,应当依法受理;(六)依照本解释第二百九十六条规定裁定准许撤诉的案件,没有新的影响定罪量刑的事实、证据,重新起诉的,应当退回人民检察院;(七)被告人真实身份不明,但符合刑事诉讼法第一百六十条第二款规定的,应当依法受理。"

据此,A项中在起诉前被告人脱逃的,说明被告人不在案,依据上述第1款第3项规定,应当退回检察院。故A项正确。

B项是法院裁定准许撤诉的案件,被害人不断上访不属于新的事实、证据,人民检察院在没有新事实、新证据的情况下起诉,法院应当依据上述第1款第6项规定,退回检察院。故B项错误。

C项中没有列明证人住址和通讯处,需要补送材料的,依据上述第1款第4项规定,应当通知人民检察院在3日内补送。故C项正确。

D项中"被告人被抓获后始终一言不发,也没有任何有关姓名、年龄、住址、单位等方面的信息或线索",即为被告人身份不明的情形,检察院按照上述规定对被告人身份不明的案件提起公诉时,人民法院对该案件进行审查,根据上述第1款第7项的规定,人民法院应当受理,而不是一律不受理。故D项错误。

243. 公诉案件的庭前审查[AB]

[解析]《刑诉解释》第219条第1款规定:"人民法院对提起公诉的案件审查后,应当按照下列情形分别处理:(一)不属于本院管辖的,应当退回人民检察院;(二)属于刑事诉讼法第十六条第二项至第六项规定情形的,应当退回人民检察院;属于告诉才处理的案件,应当同时告知被害人有权提起自诉;(三)被告人不在案的,应当退回人民检察院;但是,对人民检察院按照缺席审判程序提起公诉的,应当依照本解释第二十四章的规定作出处理;(四)不符合前条第二项至第九项规定之一,需要补充材料的,应当通知人民检察院在三日以内补送;(五)依照刑事诉讼法第二百条第三项规定宣告被告人无罪后,人民检察院根据新的事实、证据重新起诉的,应当依法受理;(六)依照本解释第二百九十六条规定裁定准许撤诉的案件,没有新的影响定罪量刑的事实、证据,重新起诉的,应当退回人民检察院;(七)被告人真实身份不明,但符合刑事诉讼法第一百六十条第二款规定的,应当依法受理。"

本题中,A项中法院发现了杨某在绑架的过程中杀害了人质的事实,可能判处死刑,应由中级人民法院管辖,属于《刑诉解释》第219条第1款第1项规定的不属于本院管辖的情形,应退回检察院。故A项正确。

B项中,杨某在审查起诉期间从看守所逃脱,符合《刑诉解释》第219条第1款第3项关于被告人不在案之规定。故B项正确。

C项属于《刑诉解释》第219条第1款第4项规定的情形,应当通知检察院在3日内补送。故C项错误。

D项属于《刑诉解释》第219条第1款第5项规定的情形,应当依法受理,故D项错误。

244. 法院在对公诉案件进行庭前审查后的处理方式[ABCD(原答案为B)]

[解析]《刑诉解释》第219条第1款第1项规定:"不属于本院管辖的,应当退回人民检察院。"因此,A项错误。

《刑诉解释》第219条第1款第3项规定:"被告人不在案的,应当退回人民检察院;但是,对人民检察院按照缺席审判程序提起公诉的,应当依照本解释第二十四章的规定作出处理。"故B项的表述存在例外,根据新法该项不再是正确的。

根据《刑诉解释》第296条和第219条第1款第6项的规定,在开庭后、宣告判决前,人民检察院要求撤回起诉的,人民法院应当审查撤回起诉的理由,作出是否准许的裁定。依照本解释第296条规定裁定准许撤诉的案件,没有新的影响定罪量刑的事实、证据,重新起诉的,应当退回人民检察院。C项错误。

根据《刑诉解释》第219条第1款第5项的规定,法院作出证据不足、指控的犯罪不能成立的无罪判决后,人民检察院依据新的事实、证据重新起诉的,人民法院应当依法受理,故D项错误。

考点55 庭前准备

245. 庭前会议[AB]

[解析] 庭前会议不是正式庭审,只是了解情况、听取意见,即仅能处理一些程序性事项,不能对案件的具体事实和证据(实体问题)进行审查,审查事实和证据应当是后续第一审庭审中的工作。对此,《刑诉解释》第228条第1款规定:"庭前会议可以就下列事项向控辩双方了解情况,听取意见:(一)是否对案件管辖有异议;(二)是否申请有关人员回避;(三)是否申请不公开审理;(四)是否申请排除非法证据;(五)是否提供新的证据材料;(六)是否申请重新鉴定或者勘验;(七)是否申请收集、调取证明被告人无罪或者罪轻的证据材料;(八)是否申请证人、鉴定人、有专门知识的人、调查人员、侦查人员或者其他人员出庭,是否对出庭人员名单有异议;(九)是否对涉案财物的权属情况和人民检察院的处理建议有异议;(十)与审判相关的其他问题。"本题A项中的管辖异议属于上述第1项情形,高某可就案件管辖这一程序问题在庭前会议中提出异议,该表述正确。对于C项,庭前会议处理程序性事项,可以就是否排除非法证据听取意

见。但是,法官不可以进行调查并决定是否排除口供,因为这属于对事实和证据进行实体处理。故 C 项错误。

《刑诉解释》第 228 条第 1 款规定:"庭前会议中,人民法院可以开展附带民事调解。"故 B 项正确。

《刑诉解释》第 229 条规定:"庭前会议中,审判人员可以询问控辩双方对证据材料有无异议,对有异议的证据,应当在庭审时重点调查;无异议的,庭审时举证、质证可以简化。"故 D 的错误在于,不是"出示过的证据",而是"无异议的"证据,庭审时举证、质证可以简化。

246. 庭前会议[BD]

[解析]《刑诉解释》第 230 条第 2、3 款规定:"召开庭前会议应当通知公诉人、辩护人到场。庭前会议准备就非法证据排除了解情况、听取意见,或者准备询问控辩双方对证据材料的意见的,应当通知被告人到场。有多名被告人的案件,可以根据情况确定参加庭前会议的被告人。"故 A 项错误。

对于 B、C、D 项,庭前会议只处理程序性事项,不能处理事实和证据问题,事实和证据需要在后续的庭审中进行审查判断。B 项,调解属于程序性事项,对此《刑诉解释》第 228 条第 2 款规定:"庭前会议中,人民法院可以开展附带民事调解。"故 B 项正确。D 项,讨论证人名单也属于程序性事项,对此《刑诉解释》第 228 条第 1 款规定:"庭前会议可以就下列事项向控辩双方了解情况,听取意见:……(八)是否申请证人、鉴定人、有专门知识的人、调查人员、侦查人员或者其他人员出庭,是否对出庭人员名单有异议;……"故 D 项正确。C 项,庭前会议可以申请排除非法证据,但不能对证据进行调查并作出是否排除的决定,故 C 错误。

考点56 法庭审判程序

247. 法庭调查;法庭辩论[C]

[解析]《刑诉解释》第 286 条规定:"法庭辩论过程中,合议庭发现与定罪、量刑有关的新的事实,有必要调查的,审判长可以宣布恢复法庭调查,在对新的事实调查后,继续法庭辩论。"据此,法庭辩论阶段发现新的事实,是否恢复法庭调查需根据具体情况而定,并非一定要恢复法庭调查。故 A 项错误。

《刑诉解释》第 271 条第 2 款规定:"对公诉人、当事人及其法定代理人、辩护人、诉讼代理人补充的和审判人员庭外调查核实取得的证据,应当经过当庭质证才能作为定案的根据。但是,对不影响定罪量刑的非关键证据、有利于被告人的量刑证据以及认定被告人有犯罪前科的裁判文书等证据,经庭外征求意见,控辩双方没有异议的除外。"本案中,作为紧急避险的证据显然属于可能影响罪与非罪的证据,是影响定罪量刑的关键证据,应当经过当庭质证才能作为定案的根据。故 B 项错误。

《刑诉解释》第 276 条第 2 款规定:"人民法院除应当审查被告人是否具有法定量刑情节外,还应当根据案件情况审查以下影响量刑的情节:(一)案件起因;……"本案中,刘某丈夫危险驾驶的起因是刘某突发疾病,救护车无法及时赶到,可见刘某丈夫的主观恶性很小。故 C 项正确。

《刑诉解释》第 372 条规定:"适用速裁程序审理案件,可以集中开庭,逐案审理。公诉人简要宣读起诉书后,审判人员应当当庭询问被告人对指控事实、证据、量刑建议以及适用速裁程序的意见,核实具结书签署的自愿性、真实性、合法性,并核实附带民事诉讼赔偿等情况。"据此,速裁程序虽无法庭调查和法庭辩论环节,但审判人员仍应当当庭询问被告人对指控的证据有无异议,被告人无异议的,即应当视为经过庭审质证程序。所以,速裁程序中作为定案根据的证据,实际上也经过了庭审举证、质证程序。故 D 项错误。

248. 法庭审理中发现新事实的处理[D]

[解析] 简易程序转为普通程序审理限于《刑诉解释》第 368 条规定的五种情形:(1)被告人的行为可能不构成犯罪的;(2)被告人可能不负刑事责任的;(3)被告人当庭对起诉指控的犯罪事实予以否认的;(4)案件事实不清、证据不足的;(5)不应当或者不宜适用简易程序的其他情形。本案并不属于上述情形,故 A 项错误。

《刑事诉讼法》第 201 条的规定:"对于认罪认罚案件,人民法院依法作出判决时,一般应当采纳人民检察院指控的罪名和量刑建议,但有下列情形的除外:……"据此,在认罪认罚案件中,法院并非必须采纳人民检察院指控的罪名和量刑建议,而是有除外情形,需要具体根据案情进行裁量。故 B 项错误。

《刑诉解释》第 297 条规定:"审判期间,人民法院发现新的事实,可能影响定罪量刑的,或者需要补充补证的,应当通知人民检察院,由其决定是否补充、变更、追加起诉或者补充侦查。人民检察院不同意或者在指定时间内未回复书面意见的,人民法院应当就起诉指控的事实,依照本解释第二百九十五条的规定作出判决、裁定。"据此,检察院没有在指定时间内回复意见的,法院应当就起诉指控的事实作出裁判。故 C 项错误,D 项正确。

249. 法院遇到特殊情形的处理方式[B]

[解析]《刑诉解释》第 219 条规定:"人民法院对提起公诉的案件审查后,应当按照下列情形分别处理:……(五)依照刑事诉讼法第二百条第三项规定宣告被告人无罪后,人民检察院根据新的事实、证据重

新起诉的,应当依法受理……"本题中,甲市检察院应当直接向甲市中级法院提起公诉,而不是建议甲市中级法院撤销原无罪判决后,再提起公诉。故A项错误,B项正确。

《刑诉解释》第298条规定:"对依照本解释第二百一十九条第一款第五项规定受理的案件,人民法院应当在判决中写明被告人曾被人民检察院提起公诉,因证据不足,指控的犯罪不能成立,被人民法院依法判决宣告无罪的情况;前案依照刑事诉讼法第二百条第三项规定作出的判决不予撤销。"因为再审针对的是生效的错误裁判,甲市中级法院原作出的证据不足的无罪判决在作出时是没有错误的,所以,本题不得适用再审程序进行纠正。故C、D项错误。本题的正确答为B。

250. 变更起诉[ABCD(原答案为C)]

[解析] 根据《刑诉解释》第297条的规定:"审判期间,人民法院发现新的事实,可能影响定罪量刑的,或者需要补查补证的,应当通知人民检察院,由其决定是否补充、变更、追加起诉或者补充侦查。人民检察院不同意或者在指定时间内未回复书面意见的,人民法院应当就起诉指控的事实,依照本解释第二百九十五条的规定作出判决、裁定。"

法院是消极中立的裁判者,遵循不告不理原则,即使胡某承认出售毒品,法院也不可直接改判,必须以检察院补充或者变更起诉为前提。选项A、B错误。

根据《刑诉解释》第297条的规定可知,法院发现新的事实,可能影响定罪量刑的,或者需要补查补正的,只是应当"通知"而非"建议"人民检察院(修订前的条文规定的是"建议"),由其决定是否补充、变更、追加起诉或者补充侦查,故根据新法选项C不再正确。

根据《刑诉解释》第277条的规定:"审判期间,合议庭发现被告人可能有自首、坦白、立功等法定量刑情节,而人民检察院移送的案卷中没有相关证据材料的,应当通知人民检察院在指定时间内移送。审判期间,被告人提出新的立功线索的,人民法院可以建议人民检察院补充侦查。"本案并不符合建议检察院退回补充侦查的条件。选项D错误。

251. 证人证言;审判公开原则;附带民事诉讼的成立条件;法庭调查的程序[ACD]

[解析]《刑事诉讼法》第188条第1款规定:"人民法院审判第一审案件应当公开进行。但是有关国家秘密或者个人隐私的案件,不公开审理;涉及商业秘密的案件,当事人申请不公开审理的,可以不公开审理。"本题所涉强奸案属于个人隐私案件,应当不公开审理。故A项正确。

《刑事诉讼法》第65条规定,证人因履行作证义务而支出的交通、住宿、就餐等费用,应当给予补助。该条适用于证人,不适用于被害人。故B项错误。

《刑事诉讼法》第101条第1款规定:"被害人由于被告人的犯罪行为而遭受物质损失的,在刑事诉讼过程中,有权提起附带民事诉讼。被害人死亡或者丧失行为能力的,被害人的法定代理人、近亲属有权提起附带民事诉讼。"甲女因乙男侵害所支出的医疗费属于物质损失,可以提起附带民事诉讼。故C项正确。

《刑诉解释》第242条第2款规定:"经审判长准许,被害人及其法定代理人、诉讼代理人可以就公诉人讯问的犯罪事实补充发问;附带民事诉讼原告人及其法定代理人、诉讼代理人可以就附带民事部分的事实向被告人发问;被告人的法定代理人、辩护人,附带民事诉讼被告人及其法定代理人、诉讼代理人可以在控诉方、附带民事诉讼原告方就某一问题讯问、发问完毕后向被告人发问。"因此,甲女在公诉人讯问后可以向乙男发问。故D项正确。

252. 自诉案件的撤诉;法院改变检察院指控罪名、撤回、补充、变更起诉[ABCD(原答案为C)]

[解析]《刑诉解释》第329条规定:"判决宣告前,自诉案件的当事人可以自行和解,自诉人可以撤回自诉。人民法院经审查,认为和解、撤回自诉确属自愿的,应当裁定准许;认为系被强迫、威吓等,并非自愿的,不予准许。"故A项错误。

《刑诉解释》第295条规定:"对第一审公诉案件,人民法院审理后,应当按照下列情形分别作出判决、裁定:(一)起诉指控的事实清楚,证据确实、充分,依据法律认定指控被告人的罪名成立的,应当作出有罪判决;(二)起诉指控的事实清楚,证据确实、充分,但指控的罪名不当的,应当依据法律和审理认定的事实作出有罪判决;(三)案件事实清楚,证据确实、充分,依据法律认定被告人无罪的,应当判决宣告被告人无罪;(四)证据不足,不能认定被告人有罪的,应当以证据不足、指控的犯罪不能成立,判决宣告被告人无罪;……"一般来说,法院受制于不告不理原则,只能就起诉的罪名是否成立作出裁判。但是,如果起诉指控的事实清楚,证据确实、充分,指控的罪名与审理认定的罪名不一致的,应当按照审理认定的罪名作出有罪判决。故B项错误。

《刑诉解释》第297条规定:"审判期间,人民法院发现新的事实,可能影响定罪量刑的,或者需要补查补证的,应当通知人民检察院,由其决定是否补充、变更、追加起诉或者补充侦查。人民检察院不同意或者在指定时间内未回复书面意见的,人民法院应当就起诉指控的事实,依照本解释第二百九十五条的规定作出判决、裁定。"审判期间,人民法院发现新的事实,可能影响定罪的,可以建议人民检察院补充或者变更起诉。故根据新法C项不再正确,其错误在于法院不是"建议"而是"应当通知"检察院,由其决定是否补充、变更起诉。

《刑诉解释》第219条第1款规定:"人民法院对提起公诉的案件审查后,应当按照下列情形分别处理:……(五)依照刑事诉讼法第二百条第三项规定宣告被告人无罪后,人民检察院根据新的事实、证据重新起诉的,应当依法受理;……"故D项错误。

253. 法院改变检察院指控罪名的问题[B]

[解析]《刑诉解释》第295条第1款规定:"对第一审公诉案件,人民法院审理后,应当按照下列情形分别作出判决、裁定:……(二)起诉指控的事实清楚,证据确实、充分,但指控的罪名不当的,应当依据法律和审理认定的事实作出有罪判决;……"本题符合该法条第1款第2项情形。故B项正确,A、C、D项错误。

254. 被告人死亡的裁判方式[AB]

[解析]《刑诉解释》第295条第1款规定:"对第一审公诉案件,人民法院审理后,应当按照下列情形分别作出判决、裁定:……(十)被告人死亡的,应当裁定终止审理;但有证据证明被告人无罪,经缺席审理确认无罪的,应当判决宣告被告人无罪。……"直接适用上述法条10项的规定。故A、B项正确。

《刑事诉讼法》第253条规定:"当事人及其法定代理人、近亲属的申诉符合下列情形之一的,人民法院应当重新审判:(一)有新的证据证明原判决、裁定认定的事实确有错误,可能影响定罪量刑的;(二)据以定罪量刑的证据不确实、不充分、依法应予以排除,或者证明案件事实的主要证据之间存在矛盾的;(三)原判决、裁定适用法律确有错误的;(四)违反法律规定的诉讼程序,可能影响公正审判的;(五)审判人员在审理该案件的时候,有贪污受贿,徇私舞弊,枉法裁判行为的。"本题中,刘某亲属坚称刘某清白,属于申诉。申诉只有符合上述法定条件时才能引起审判监督程序,法院不可能根据其亲属的申诉马上"撤销终止审理的裁定,改判无罪"或者"以审判监督程序重新审理该案"。故C、D项错误。

255. 法庭辩论[ABD]

[解析] 因为法庭辩论不仅包括公诉人和被告人之间的辩论,也包括被害人和被告人之间的辩论,被害人作为刑事犯罪的直接受害者,当然可以针对刑事部分与被告人进行辩论,而附带民事诉讼的原告人只能针对附带民事部分和被告人进行辩论。故A项错误,当选。

辩论不仅集中在法庭辩论阶段,在法庭调查阶段,控辩双方也可以就案件事实是否清楚,证据是否确实、充分等问题进行辩论。而且,在法庭审理过程中的非法证据排除程序中,也会涉及对证据的合法性等问题的辩论。因此,对证据的合法性、相关性等问题的辩论并不局限于法庭辩论阶段。故B项错误,当选。

《刑诉解释》第280条规定:"合议庭认为案件事实已经调查清楚的,应当由审判长宣布法庭调查结束,开始就定罪、量刑、涉案财物处理的事实、证据、适用法律等问题进行法庭辩论。"故C项正确,不当选。

《刑事诉讼法》及其司法解释未对法庭辩论的时间加以限制。故D项错误,当选。

256. 量刑程序[AC]

[解析]《关于规范量刑程序若干问题的意见》第3条规定:"对于可能判处管制、缓刑的案件,侦查机关、人民检察院、人民法院可以委托社区矫正机构或者有关社会组织进行调查评估,提出意见,供判处管制、缓刑时参考。社区矫正机构或者有关社会组织收到侦查机关、人民检察院或者人民法院调查评估的委托后,应当根据委托机关的要求依法进行调查,形成评估意见,并及时提交委托机关。对于没有委托进行调查评估或者判决前没有收到调查评估报告的,人民法院经审理认为被告人符合管制、缓刑适用条件的,可以依法判处管制、宣告缓刑。"可见,检察院既可以单独制作量刑建议书,也可以在公诉意见书中提出量刑建议,故A项正确。

《关于规范量刑程序若干问题的意见》第4条规定:"侦查机关在移送审查起诉时,可以根据犯罪嫌疑人涉嫌犯罪的情况,就宣告禁止令和从业禁止向人民检察院提出意见。人民检察院在提起公诉时,可以提出宣告禁止令和从业禁止的建议。被告人及其辩护人、被害人及其诉讼代理人可以就是否对被告人宣告禁止令和从业禁止提出意见,并说明理由。人民法院宣告禁止令和从业禁止,应当根据被告人的犯罪原因、犯罪性质、犯罪手段、悔罪表现、个人一贯表现等,充分考虑与被告人所犯罪行的关联程度,有针对性地决定禁止从事特定的职业、活动,进入特定区域、场所,接触特定的人等。"可见,当场旁听的人无权提出量刑意见,故B项错误。

《关于规范量刑程序若干问题的意见》第7条规定:"对常见犯罪案件,人民检察院应当按照量刑指导意见提出量刑建议。对新类型、不常见犯罪案件,可以参照相关量刑规范提出量刑建议。提出量刑建议,应当说明理由和依据。"故C项正确。

《关于规范量刑程序若干问题的意见》第18条规定:"人民法院、人民检察院、侦查机关或者辩护人委托有关方面制作涉及未成年人的社会调查报告的,调查报告应当在法庭上宣读,并进行质证。"可见,辩护人有权委托有关方面制作涉及未成年人的社会调查报告,故 D 项错误。

257. 审判后的裁判[C]

[解析]《刑诉解释》第 295 条第 1 款规定:"对第一审公诉案件,人民法院审理后,应当按照下列情形分别作出判决、裁定:……(四)证据不足,不能认定被告人有罪的,应当以证据不足、指控的犯罪不能成立,判决宣告被告人无罪;(五)案件部分事实清楚,证据确实、充分的,应当作出有罪或者无罪的判决;对事实不清、证据不足部分,不予认定;(六)被告人因未达到刑事责任年龄,不予刑事处罚的,应当判决宣告被告人不负刑事责任;……"

本案中,法院认为证明指控事实的证据间存在矛盾且无法排除,同时查明赵某年龄认定有误,该案发生时赵某未满 16 周岁。因为上述第 6 项情形是指犯罪事实清楚,证据确实充分,只是因为未满 16 周岁而不负刑事责任,又因为作出被告人不负刑事责任的判决应建立在"事实清楚,证据确实、充分"的基础上,所以本案中,法院应首先考虑"证据间存在矛盾且无法排除",而不是"该案发生时赵某未满 16 周岁"。法院应根据上述第 4 项规定,作证据不足、指控的犯罪不能成立的无罪判决,而不是判决宣告赵某不负刑事责任。故 C 项正确,A、B、D 项错误。

258. 法庭审理程序[B]

[解析] 整个法庭审判的顺序依次为开庭、法庭调查、法庭辩论、被告人最后陈述、评议和宣判。另外,起诉书是在法庭调查之初,由出庭公诉人宣读的公文;而公诉词则是在法庭辩论开始时,由出庭公诉人所进行的综合性演讲。

本题中的"①宣读勘验笔录;③讯问被告人;④询问证人、鉴定人;⑤出示物证"均属于法庭调查的活动,法庭调查的总体原则是先调查人证,再调查物证,最后宣读有关笔录,故顺序为③④⑤①;"②公诉人发表公诉词"属于法庭辩论活动,因此在法庭调查之后,被告人最后陈述之前,所以最终的顺序为③④⑤①②⑥。故 B 项正确,A、C、D 项错误。

259. 调查核实证据[ABCD]

[解析]《刑事诉讼法》第 195 条规定:"公诉人、辩护人应当向法庭出示物证,让当事人辨认,对未到庭的证人的证言笔录、鉴定人的鉴定意见、勘验笔录和其他作为证据的文书,应当当庭宣读。审判人员应当听取公诉人、当事人和辩护人、诉讼代理人的意见。"故 A、B、C、D 均当选。

考点 57 延期审理、中止审理和终止审理

260. 中止审理;延期审理[C]

[解析]《刑事诉讼法》第 206 条第 1 款规定:"在审理过程中,有下列情形之一,致使案件在较长时间

内无法继续审理的,可以中止审理:(一)被告人患有严重疾病,无法出庭的……"故 C 项属于中止审理的情形,当选。

《刑事诉讼法》第 204 条规定:"在法庭审判过程中,遇有下列情形之一,影响审判进行的,可以延期审理:(一)需要通知新的证人到庭,调取新的物证,重新鉴定或者勘验的;(二)检察人员发现提起公诉的案件需要补充侦查,提出建议的;(三)由于申请回避而不能进行审判的。"故 A、B、D 项都属于延期审理的情形,不当选。

261. 延期审理与中止审理的区别[ABC]

[解析] 延期审理与中止审理的区别主要有三:(1)时间不同。延期审理适用于法庭审理过程中,中止审理适用于法院受理案件后至作出判决前。(2)原因不同。导致延期审理的原因是诉讼自身出现障碍,因而不停止法庭审理以外的诉讼活动;导致中止审理的原因出现了不能抗拒的情况,使诉讼活动无法正常进行,因而暂停诉讼活动。(3)再行开庭的时间可预见性不同。延期审理的案件再行开庭的时间具有可预见性,中止审理的案件再行开庭的时间往往无法预见。故 A、B、C 项正确。

《刑事诉讼法》第 206 条第 2 款规定,中止审理的期间不计入审理期限。故 D 项错误。

262. 延期审理[ABCD]

[解析]《高检规则》第 420 条第 1 款规定:"在法庭审判过程中,遇有下列情形之一,公诉人可以建议法庭延期审理:(一)发现事实不清、证据不足,或者遗漏罪行、遗漏同案犯罪嫌疑人,需要补充侦查或者补充提供证据的;(二)被告人揭发他人犯罪行为或者提供重要线索,需要补充侦查进行查证的;(三)发现遗漏罪行或者遗漏同案犯罪嫌疑人,虽不需要补充侦查和补充提供证据,但需要补充、追加起诉的;(四)申请人民法院通知证人、鉴定人出庭作证或者有专门知识的人出庭提出意见的;(五)需要调取新的证据,重新鉴定或者勘验的;(六)公诉人出示、宣读开庭前移送人民法院的证据以外的证据,或者补充、追加、变更起诉,需要给予被告人、辩护人必要时间进行辩护准备的;(七)被告人、辩护人向公诉人出示公诉人不掌握的与定罪量刑有关的证据,需要调查核实的;(八)公诉人对证据收集的合法性进行证明,需要调查核实的。"《高检规则》第 421 条规定:"法庭宣布延期审理后,人民检察院应当在补充侦查期限内提请人民法院恢复法庭审理或者撤回起诉。公诉人在法庭审理过程中建议延期审理的次数不得超过两次,每次不得超过一个月。"

根据上述规定可直接得知,本题中,A、B 项属于第 420 条第 1 款中的第 1 项情形,C 项属于第 3 项情

形,D项属于第4项情形,所以A、B、C、D四项均可由公诉人建议法庭延期审理,建议延期审理的次数不得超过2次,每次不得超过1个月。故A、B、C、D项均当选。

考点58 法庭秩序

263. 违反法庭秩序的处理方式[ABC]

[解析]《刑事诉讼法》第199条规定:"在法庭审判过程中,如果诉讼参与人或者旁听人员违反法庭秩序,审判长应当警告制止。对不听制止的,可以强行带出法庭;情节严重的,处以一千元以下的罚款或者十五日以下的拘留。罚款、拘留必须经院长批准。被处罚人对罚款、拘留的决定不服的,可以向上一级人民法院申请复议。复议期间不停止执行。对聚众哄闹、冲击法庭或者侮辱、诽谤、威胁、殴打司法工作人员或者诉讼参与人,严重扰乱法庭秩序,构成犯罪的,依法追究刑事责任。"可知,对于违反法庭秩序的处罚措施包括:警告制止、强行带出法庭、罚款、拘留、追究刑事责任。直接适用此法条,可知A、B、C三项正确。D项的错误在于,不是只能在"10日"以下处以拘留,而是只能在"15日"以下处以拘留。

考点59 自诉案件审理程序

264. 自诉案件的审理程序[D]

[解析]《刑诉解释》第327条规定:"自诉案件符合简易程序适用条件的,可以适用简易程序审理。不适用简易程序审理的自诉案件,参照适用公诉案件第一审普通程序的有关规定。"可知,自诉案件不适用速裁程序,故A项错误。

《刑诉解释》第370条规定:"具有下列情形之一的,不适用速裁程序:……(四)案件有重大社会影响的;……"本案社会影响重大,因此不适用速裁程序,故B项错误。

根据《刑诉解释》第1条第1项规定,诽谤案如果严重危害社会秩序和国家利益的,属于公诉案件范围。根据《刑诉解释》第320条第2款规定:"具有下列情形之一的,应当说服自诉人撤回起诉;自诉人不撤回起诉的,裁定不予受理:(一)不属于本解释第一条规定的案件的;……"可知,由于本案不属于自诉案件,法院应当说服自诉人撤回起诉;自诉人不撤回起诉的,裁定不予受理。故C项错误。【陷阱点拨】注意本题情形不要与《刑诉解释》第324条规定情形混淆。《刑诉解释》第324条规定:"被告人实施两个以上犯罪行为,分别属于公诉案件和自诉案件,人民法院可以一并审理。对自诉部分的审理,适用本章的规定。"本案被告人仅实施了一个诽谤行为,不适用上述规定。

《刑诉解释》第329条第1款规定:"判决宣告前,自诉案件的当事人可以自行和解,自诉人可以撤回自诉。"据此,自诉案件可以和解。《刑事诉讼法》第288条规定:"下列公诉案件,犯罪嫌疑人、被告人真诚悔罪,通过向被害人赔偿损失、赔礼道歉等方式获得被害人谅解,被害人自愿和解的,双方当事人可以和解:(一)因民间纠纷引起,涉嫌刑法分则第四章、第五章规定的犯罪案件,可能判处三年有期徒刑以下刑罚的;(二)除渎职犯罪以外的可能判处七年有期徒刑以下刑罚的过失犯罪案件。犯罪嫌疑人、被告人在五年以内曾经故意犯罪的,不适用本章规定的程序。"据此,本案属于公诉和解的案件范围。综上,D项正确。

265. 撤回自诉;证据不足时法院的处理[BC]

[解析]《刑诉解释》第329条规定:"判决宣告前,自诉案件的当事人可以自行和解,自诉人可以撤回自诉。人民法院经审查,认为和解、撤回自诉确属自愿的,应当裁定准许;认为系被强迫、威吓等,并非自愿的,不予准许。"据此,自诉人撤诉,法院应当审查撤诉的自愿性。自愿的,应当裁定准许撤诉;非自愿的,应当不予准许。本案小张是念及父女情义要求撤回起诉,属于自愿,因此法院应当裁定准许。故A项正确,B项错误。

《刑诉解释》第321条规定:"对已经立案,经审查缺乏罪证的自诉案件,自诉人提不出补充证据的,人民法院应当说服其撤回起诉或者裁定驳回起诉;自诉人撤回起诉或者被驳回起诉后,又提出了新的足以证明被告人有罪的证据,再次提起自诉的,人民法院应当受理。"本案中,法院已经立案,若发现小张证据不足,应当说服小张撤回起诉或者裁定驳回起诉。故C项错误,D项正确。【特别提醒】对于自诉人缺乏罪证,注意法院在立案前与立案后的处理方式的不同:立案前发现证据不足的,应当先说服撤诉,拒不撤回的,裁定不予受理(《刑诉解释》第320条);立案后发现证据不足的,法院可以说服撤诉,也可以直接裁定驳回起诉(《刑诉解释》第321条)。

266. 自诉案件审理程序[B]

[解析]《刑事诉讼法》第212条第2款规定,人民法院审理自诉案件的期限,被告人被羁押的,适用本法第208条第1款、第2款的规定(即公诉案件的审理期限);未被羁押的,应当在受理后6个月以内宣判。故A项错误。

《刑事诉讼法》第212条第1款规定,人民法院对自诉案件,可以进行调解;自诉人在宣告判决前,可以同被告人自行和解或者撤回自诉。本法第210条第3项规定的案件不适用调解。《刑诉解释》第411条规定,对第二审自诉案件,必要时可以调解,当事人也可以自行和解。调解结案的,应当制作调解书,第一审判决、裁定视为自动撤销。当事人自行和解的,依照本解释第329条的规定处理;裁定准许撤回自诉的,应当撤销第一审判决、裁定。故 B 项正确,D 项错误。

《刑诉解释》第 412 条规定,第二审期间,自诉案件的当事人提出反诉的,应当告知其另行起诉。故 C 项错误。

267. 自诉案件的和解与调解[BD]

[解析]《刑事诉讼法》第 210 条规定:"自诉案件包括下列案件:(一)告诉才处理的案件;(二)被害人有证据证明的轻微刑事案件;(三)被害人有证据证明对被告人侵犯自己人身、财产权利的行为应当依法追究刑事责任,而公安机关或者人民检察院不予追究被告人刑事责任的案件。"《刑事诉讼法》第 212 条第 1 款规定:"人民法院对自诉案件,可以进行调解;自诉人在宣告判决前,可以同被告人自行和解或者撤回自诉。本法第二百一十条第三项规定的案件不适用调解。"由此可知,并非所有的自诉案件都可以调解。故 A 项错误,B 项正确。

《刑诉解释》第 328 条第 1 款规定:"人民法院审理自诉案件,可以在查明事实、分清是非的基础上,根据自愿、合法的原则进行调解。调解达成协议的,应当制作刑事调解书,由审判人员、法官助理、书记员署名,并加盖人民法院印章。调解书经双方当事人签收后即具有法律效力。调解没有达成协议,或者调解书签收前当事人反悔的,应当及时作出判决。"可见,调解协议是在法院的主持下达成的,因此要由审判人员和书记员署名并加盖法院印章,而和解是双方自愿协商的结果,法院并不干涉,因此和解协议并不需要审判员和书记员署名并盖章。故 C 项错误。

《刑诉解释》第 330 条规定,裁定准许撤诉的自诉案件,被告人被采取强制措施的,人民法院应当立即解除。由此可知,在当事人已经签收调解书的情况下,调解书发生法律效力,案件调解成功应当结案,自然应当解除强制措施。故 D 项正确。

268. 交叉管辖[A]

[解析] 人民法院在审理自诉案件过程中,如果发现被告人还犯有必须由人民检察院提起公诉的罪行时,则应将新发现的罪行另案移送有管辖权的公安机关或者人民检察院处理。本题中,某法院在审理张某自诉伤害案中,发现被告人还实施过抢劫,应移送对此有立案管辖权的公安机关立案侦查,对伤害案应当继续审理。故 A 项正确,B、C 项错误。

《刑事诉讼法》第 204 条规定:"在法庭审判过程中,遇有下列情形之一,影响审判进行的,可以延期审理:(一)需要通知新的证人到庭,调取新的物证,重新鉴定或者勘验的;(二)检察人员发现提起公诉的案件需要补充侦查,提出建议的;(三)由于申请回避而不能进行审判的。"据此,本题不属于延期审理的情形。故 D 项错误。

269. 法院审理案件运用调解的范围[ABD(原答案为 AB)]

[解析]《刑事诉讼法》第 212 条第 1 款规定:"人民法院对自诉案件,可以进行调解;自诉人在宣告判决前,可以同被告人自行和解或者撤回自诉。本法第二百一十条第三项规定的案件不适用调解。"《刑事诉讼法》第 210 条规定:"自诉案件包括下列案件:(一)告诉才处理的案件;(二)被害人有证据证明的轻微刑事案件;(三)被害人有证据证明对被告人侵犯自己人身、财产权利的行为应当依法追究刑事责任,而公安机关或者人民检察院不予追究被告人刑事责任的案件。"因此,告诉才处理的案件和被害人有证据证明的轻微刑事案件可以调解,而"被害人有证据证明对被告人侵犯自己人身、财产权利的行为应当依法追究刑事责任,而公安机关或者人民检察院不予追究被告人刑事责任的案件"不适用调解。故 A、B 项正确,C 项错误。

《刑诉解释》第 190 条第 1 款规定:"人民法院审理附带民事诉讼案件,可以根据自愿、合法的原则进行调解。经调解达成协议的,应当制作调解书。调解书经双方当事人签收后即具有法律效力。"附带民事诉讼案件法院可以进行调解。故根据新法,D 项正确。

270. 自诉案件的审理程序[B]

[解析] 自诉案件分为三类:告诉才处理的案件,被害人有证据证明的轻微刑事案件,公诉转自诉案件。

自诉案件有"五个可以"和"两个不行",即可以调解、和解、撤诉、反诉、适用简易程序;但公诉转自诉的案件不可以调解、不可以反诉。因此,A 项说都可以调解,错误;C 项说自诉案件可以反诉过于绝对,错误;B 项说可以和解,正确。

D 项,《刑诉解释》第 317 条第 1 款规定,自诉案件中,如果被害人死亡、丧失行为能力或者因受强制、威吓等无法告诉,或者是限制行为能力人以及因年老、患病、盲、聋、哑等不能亲自告诉的,其法定代理人、近亲属告诉或者代为告诉的,人民法院应当依法受理。据此,在特殊情况下,被害人的法定代理人、近亲属亦可代为告诉,D 项错误。

271. 自诉案件的审理特点[ABD]

[解析]《刑诉解释》第 331 条第 2 款规定:"部分自诉人撤诉或者被裁定按撤诉处理的,不影响案件的继续审理。"由此可直接得知,A 项中甲、乙系一起伤害案件的自诉人,案件审理中甲撤回起诉并不影响案件的继续审理,所以法院继续案件审理的做法是正确的。故 A 项正确。

《刑诉解释》第 329 条规定:"判决宣告前,自诉案件的当事人可以自行和解,自诉人可以撤回自诉。人民法院经审查,认为和解、撤回自诉确属自愿的,应当裁定准许;认为系被强迫、威吓等,并非自愿的,不予准许。"由此可直接得知,B项属于公诉转自诉案件,自诉人与被告人和解而撤回自诉,法院经审查准许其撤诉,这种做法是正确的。故B项正确。

《刑诉解释》第412条规定:"第二审期间,自诉案件的当事人提出反诉的,应当告知其另行起诉。"由此可直接得知,被告人在第二审程序中提出反诉,法院予以受理并与原自诉合并审理的做法是错误的。故C项错误。

《刑诉解释》第411条规定:"对第二审自诉案件,必要时可以调解,当事人也可以自行和解。调解结案的,应当制作调解书,第一审判决、裁定视为自动撤销。当事人自行和解的,依照本解释第三百二十九条的规定处理;裁定准许撤回自诉的,应当撤销第一审判决、裁定。"由此可直接得知,第二审中当事人和解,法院裁定准许撤回自诉并撤销一审判决的做法是正确的。故D项正确。

考点60 简易程序

272. 简易程序的适用范围[B]

[解析]《刑事诉讼法》第214条第1款规定:"基层人民法院管辖的案件,符合下列条件的,可以适用简易程序审判:(一)案件事实清楚、证据充分的;(二)被告人承认自己所犯罪行,对指控的犯罪事实没有异议的;(三)被告人对适用简易程序没有异议的。"《刑事诉讼法》第21条规定:"中级人民法院管辖下列第一审刑事案件:(一)危害国家安全、恐怖活动案件;(二)可能判处无期徒刑、死刑的案件。"因此,A项中甲为境外非法提供国家秘密案应当归中院管辖,因而不可适用简易程序。故A项错误。

根据上述《刑事诉讼法》第214条第1款的规定,只要是基层法院审理的案件,都有可能适用简易程序审理。该条第2款规定:"人民检察院在提起公诉的时候,可以建议人民法院适用简易程序。"由此可见,检察院建议适用简易程序,并不是适用简易程序的必要条件,检察院未建议,法院也可能适用简易程序审理。故B项正确。

《刑诉解释》第360条规定:"具有下列情形之一的,不适用简易程序:(一)被告人是盲、聋、哑人的;(二)被告人是尚未完全丧失辨认或者控制自己行为能力的精神病人的;(三)案件有重大社会影响的;(四)共同犯罪案件中部分被告人不认罪或者对适用简易程序有异议的;(五)辩护人作无罪辩护的;(六)被告人认罪但经审查认为可能不构成犯罪的;(七)不宜适用简易程序审理的其他情形。"C项符合第6项的情形,D项符合第5项的情形。故C、D项错误。

273. 单位被害人;讯问被告人;简易程序;附带民事诉讼赔偿范围[AB]

[解析] 单位被害人参与刑事诉讼时,应由其法定代表人作为代表参加刑事诉讼。法定代表人也可以委托诉讼代理人参加刑事诉讼。本题中,丙是被害单位药材公司的法定代表人,因此其可以委托诉讼代理人。故A项正确。

《刑诉解释》第242条规定:"在审判长主持下,公诉人可以就起诉书指控的犯罪事实讯问被告人。经审判长准许,被害人及其法定代理人、诉讼代理人可以就公诉人讯问的犯罪事实补充发问;附带民事诉讼原告人及其法定代理人、诉讼代理人可以就附带民事部分的事实向被告人发问;被告人的法定代理人、辩护人,附带民事诉讼被告人及其法定代理人、诉讼代理人可以在控诉方、附带民事诉讼原告方就某一问题讯问、发问完毕后向被告人发问……"由此可知,丙作为被害单位药材公司的法定代表人,可在公诉人讯问甲和乙后,就犯罪事实向甲、乙发问。故B项正确。

《刑诉解释》第176条规定:"被告人非法占有、处置被害人财产的,应当依法予以追缴或者责令退赔。被害人提起附带民事诉讼的,人民法院不予受理。追缴、退赔的情况,可以作为量刑情节考虑。"本案属于被告人非法占有被害人财产的犯罪,被害人不可以提起附带民事诉讼。故C项错误。

《刑事诉讼法》第214条规定:"基层人民法院管辖的案件,符合下列条件的,可以适用简易程序审判:(一)案件事实清楚、证据充分的;(二)被告人承认自己所犯罪行,对指控的犯罪事实没有异议的;(三)被告人对适用简易程序没有异议的。人民检察院在提起公诉的时候,可以建议人民法院适用简易程序。"由此可见,适用简易程序无须得到被害人同意。同时《刑诉解释》第368条第1款规定:"适用简易程序审理案件,在法庭审理过程中,具有下列情形之一的,应当转为普通程序审理:(一)被告人的行为可能不构成犯罪的;(二)被告人可能不负刑事责任的;(三)被告人当庭对起诉指控的犯罪事实予以否认的;(四)案件事实不清、证据不足的;(五)不应当或者不宜适用简易程序的其他情形。"D项不属于简易程序转为普通程序的情形。故D项错误。

274. 法律援助制度;简易程序;特殊主体的诉讼权利[B]

[解析]《刑事诉讼法》第121条规定:"讯问聋、哑的犯罪嫌疑人,应当有通晓聋、哑手势的人参加,并且将这种情况记明笔录。"故A项错误。

《刑事诉讼法》第35条第2款规定:"犯罪嫌疑人、被告人是盲、聋、哑人,或者是尚未完全丧失辨认或者控制自己行为能力的精神病人,没有委托辩护人

· 70 ·

的,人民法院、人民检察院和公安机关应当通知法律援助机构指派律师为其提供辩护。"故 B 项正确。

《刑诉解释》第 225 条第 2 款规定:"辩护人经通知未到庭,被告人同意的,人民法院可以开庭审理,但被告人属于应当提供法律援助情形的除外。"本案的被告人是聋哑人,系应当提供法律援助的对象。故 C 项错误。

《刑诉解释》第 360 条规定:"具有下列情形之一的,不适用简易程序:(一)被告人是盲、聋、哑人的;(二)被告人是尚未完全丧失辨认或者控制自己行为能力的精神病人的;(三)案件有重大社会影响的;(四)共同犯罪案件中部分被告人不认罪或者对适用简易程序有异议的;(五)辩护人作无罪辩护的;(六)被告人认罪但经审查认为可能不构成犯罪的;(七)不宜适用简易程序审理的其他情形。"本案王某属于聋哑人,不能适用简易程序。而独任审判只有在简易程序中才可能适用。故 D 项错误。

275. 简易程序[D]

[解析]《刑事诉讼法》第 214 条第 2 款规定:"人民检察院在提起公诉的时候,可以建议人民法院适用简易程序。"检察院提出适用简易程序的建议,不是适用简易程序的必备条件。故 A 项错误。

《刑诉解释》第 364 条规定:"适用简易程序审理案件,审判长或者独任审判员应当当庭询问被告人对指控的犯罪事实的意见,告知被告人适用简易程序审理的法律规定,确认被告人是否同意适用简易程序。"可见,必须当庭询问被告人对指控的犯罪事实的意见。故 B 项错误。

《刑诉解释》第 365 条第 1 款规定:"适用简易程序审理案件,可以对庭审作如下简化:(一)公诉人可以摘要宣读起诉书;(二)公诉人、辩护人、审判人员对被告人的讯问、发问可以简化或者省略;(三)对控辩双方无异议的证据,可以仅就证据的名称及所证明的事项作出说明;对控辩双方有异议或者法庭认为有必要调查核实的证据,应当出示,并进行质证;(四)控辩双方对与定罪量刑有关的事实、证据没有异议,法庭审理可以直接围绕罪名确定和量刑问题进行。"可见,即使适用简易程序审理,如果对证据有异议,仍需要质证调查,只是可以相对简化,但不能完全省略。故 C 项错误。

《刑诉解释》第 367 条第 2 款规定:"适用简易程序审理案件,一般应当当庭宣判。"故 D 项正确。

276. 自诉案件;证人出庭作证;简易程序[BC]

[解析]《刑事诉讼法》第 114 条规定,对于自诉案件,被害人有权向人民法院直接起诉。被害人死亡或者丧失行为能力的,被害人的法定代理人、近亲属有权向人民法院起诉。即被害人的法定代理人、近亲属只有在被害人死亡的情况下才能作为原告起诉,"担心影响不好"不能成为由近亲属代为起诉的理由。故 A 项错误。

《刑诉解释》第 323 条第 2 款规定,共同被害人中只有部分人告诉的,人民法院应当通知其他被害人参加诉讼,并告知其不参加诉讼的法律后果。被通知人接到通知后表示不参加诉讼或者不出庭的,视为放弃告诉。第一审宣判后,被通知人就同一事实又提起自诉的,人民法院不予受理。但是,当事人另行提起民事诉讼的,不受本解释限制。故 B 项正确。

《刑事诉讼法》第 193 条第 1 款规定,经人民法院通知,证人没有正当理由不出庭作证的,人民法院可以强制其到庭,但是被告人的配偶、父母、子女除外。此款只是规定不能强制被告人的配偶、父母、子女到庭作证,但是,可以强制方某的弟弟到庭作证。故 C 项正确。

《刑诉解释》第 327 条规定,自诉案件符合简易程序适用条件的,可以适用简易程序审理。不适用简易程序审理的自诉案件,参照适用公诉案件第一审普通程序的有关规定。可知自诉案件并不都是适用简易程序,还需要符合简易程序的条件才行。故 D 项错误。

277. 简易程序;简易程序转为普通程序审理的情形[ABD]

[解析] A 项中,甲涉嫌持枪抢劫,根据《刑法》第 263 条,可能被判处 10 年以上有期徒刑、无期徒刑或死刑,并处罚金或者没收财产。那么,需要判断的问题是:对甲能否适用简易程序?可否由两名审判员和一名人民陪审员组成合议庭?首先,法院对甲可以适用简易程序。因为简易程序只能适用于基层法院管辖的案件,若对甲可能判处无期徒刑或者死刑,则基层法院无权审理,中级法院第一审案件自然不可能适用简易程序。但是,若对甲可能判处 10 年以上有期徒刑,则基层法院可以审理,有适用简易程序的可能。其次,法院可以组成三人合议庭。一方面,不能组成七人合议庭。《人民陪审员法》第 16 条规定:"人民法院审判下列第一审案件,由人民陪审员和法官组成七人合议庭进行:(一)可能判处十年以上有期徒刑、无期徒刑、死刑,社会影响重大的刑事案件;……"据此,应当由法官 3 人、陪审员 4 人组成 7 人合议庭,需要满足两个条件:(1)对被告人可能判处 10 年以上有期徒刑、无期徒刑或者死刑;(2)并且属于社会影响重大的案件。本案中,甲持枪抢劫,对甲可能判处 10 年以上有期徒刑、无期徒刑或者死刑,但题中没有明确说明社会影响重大这一条件,因此,法院由两名审判员和一名人民陪审员组成合议庭不违法。另一方面,不能独任审。甲涉嫌持枪抢劫,量刑显然超过 3 年,应当

组成合议庭审理。因此，A项"由两名审判员和一名人民陪审员组成合议庭进行审理"正确。

《刑诉解释》第566条规定，对未成年人刑事案件，人民法院决定适用简易程序审理的，应当征求未成年被告人及其法定代理人、辩护人的意见。上述人员提出异议的，不适用简易程序。故B项正确。

《刑诉解释》第360条规定："具有下列情形之一的，不适用简易程序：……（五）辩护人作无罪辩护的；……"C项中的案件不适用简易程序。故C项错误。

《刑诉解释》第368条第1款规定："适用简易程序审理案件，在法庭审理过程中，具有下列情形之一的，应当转为普通程序审理：（一）被告人的行为可能不构成犯罪的；……"故D项正确。

278. 简易程序变更为普通程序[ABC（原答案为BC）]

[解析]《刑事诉讼法》第221条规定，人民法院在审理过程中，发现不宜适用简易程序的，应当按照公诉案件或者自诉案件第一审普通程序重新审理。可见，简易程序转为普通程序后，法律没有规定需要将案件退回检察院，法院只需按照公诉案件或自诉案件第一审普通程序重新审理即可。故根据新法，A项正确。

自诉案件中，告诉才处理的案件和被害人有证据证明的轻微刑事案件可以适用简易程序，当简易程序需变更为普通程序后，没有改变自诉案件的性质，应当按照自诉案件程序审理。故B项正确。

自诉人起诉的作用是引起审判程序，至于审判程序适用简易程序还是普通程序与自诉人的起诉无关，因此，自诉案件由简易程序转化为普通程序时，自诉人不必另行起诉。根据上述《刑事诉讼法》第221条，这种情形下，法院直接按普通程序重新审理。故C项正确。

我国《刑事诉讼法》中只规定了简易程序可以转换为普通程序，未规定普通程序可以转化为简易程序，因此案件在适用普通程序审理后即不可以向简易程序转化。故D项错误。

279. 简易程序[BD]

[解析]《刑诉解释》第327条规定，自诉案件符合简易程序适用条件的，可以适用简易程序审理。不适用简易程序的自诉案件，参照适用公诉案件第一审普通程序的有关规定。因此，自诉案件并不是都可以适用简易程序。故A项错误。

《刑事诉讼法》第219条规定："适用简易程序审理案件，不受本章第一节关于送达期限、讯问被告人、询问证人、鉴定人、出示证据、法庭辩论程序规定的限制。但在判决宣告前应当听取被告人的最后陈述意见。"因此，即使适用简易程序，被告人最后陈述也不能取消。故B项正确。

《刑诉解释》第363条规定："适用简易程序审理案件，被告人有辩护人的，应当通知其出庭。"因此，本题中是应当"通知其出庭"，而非应当"出庭"，因为辩护人也可以选择不出庭。故C项错误。

《刑事诉讼法》第218条规定："适用简易程序审理案件，经审判人员许可，被告人及其辩护人可以同公诉人、自诉人及其诉讼代理人互相辩论。"故D项正确。

考点61 速裁程序

280. 认罪认罚程序；速裁程序[ACD]

[解析]《刑事诉讼法》第174条规定："犯罪嫌疑人自愿认罪，同意量刑建议和程序适用的，应当在辩护人或者值班律师在场的情况下签署认罪认罚具结书。犯罪嫌疑人认罪认罚，有下列情形之一的，不需要签署认罪认罚具结书：（一）犯罪嫌疑人是盲、聋、哑人，或者是尚未完全丧失辨认或者控制自己行为能力的精神病人的；（二）未成年犯罪嫌疑人的法定代理人、辩护人对未成年人认罪认罚有异议的；（三）其他不需要签署认罪认罚具结书的情形。"据此，本案不属于不需要签署认罪认罚具结书的情形，故A项错误。

基于司法便民原则，由于被告人蒋某截肢瘫痪，无法出庭参加庭审，为了保障被告人参与庭审的诉讼权利，法院到被告人家中开庭审理该案，并没有违反法律规定。选项B正确。

《刑事诉讼法》第225条规定："适用速裁程序审理案件，人民法院应当在受理后十日以内审结；对可能判处的有期徒刑超过一年的，可以延长至十五日。"根据《刑法》第133条之一的规定，醉酒驾驶机动车的，处拘役，并处罚金。可知，本罪的法定最高刑为拘役，因此，本案如果适用速裁程序，审理期限最多为10日。故C项错误。

《刑事诉讼法》第223条规定："有下列情形之一的，不适用速裁程序：（一）被告人是盲、聋、哑人，或者是尚未完全丧失辨认或者控制自己行为能力的精神病人的；（二）被告人是未成年人的；（三）案件有重大社会影响的；（四）共同犯罪案件中部分被告人对指控的犯罪事实、罪名、量刑建议或者适用速裁程序有异议的；（五）被告人与被害人或者其法定代理人没有就附带民事诉讼赔偿等事项达成调解或者和解协议的；（六）其他不宜适用速裁程序审理的。"据此，仅是提起附带民事诉讼，仍然可以适用速裁程序；如果是没有就附带民事诉讼赔偿等事项达成调解或者和解协议，则符合上述第5项，才不适用速裁程序。故D项错误。

281. 速裁程序[ACD]

[解析]《刑事诉讼法》第225条规定："适用速裁

程序审理案件,人民法院应当在受理后十日以内审结;对可能判处的有期徒刑超过一年的,可以延长至十五日。"据此,适用速裁程序一般在10日内审结,但存在特例,故A项错误。

《刑事诉讼法》第224条第2款规定:"适用速裁程序审理案件,应当当庭宣判。"故B项正确。

《刑事诉讼法》第224条第1款规定:"适用速裁程序审理案件,不受本章第一节规定的送达期限的限制,一般不进行法庭调查、法庭辩论,但在判决宣告前应当听取辩护人的意见和被告人的最后陈述意见。"据此,适用速裁程序审理案件,一般不进行法庭调查、法庭辩论,而非一律不进行法庭调查、法庭辩论。故C项错误。

《刑事诉讼法》第222条第1款规定:"基层人民法院管辖的可能判处三年有期徒刑以下刑罚的案件,案件事实清楚,证据确实、充分,被告人认罪认罚并同意适用速裁程序的,可以适用速裁程序,由审判员一人独任审判。"据此,速裁程序均为独任审理,不能出现合议庭审理。故D项错误。

考点62 单位犯罪案件审理程序

282.单位犯罪的诉讼代表人和辩护人[C]

[解析]《刑诉解释》第336条第1、2款规定:"被告单位的诉讼代表人,应当是法定代表人、实际控制人或者主要负责人;法定代表人、实际控制人或者主要负责人被指控为单位犯罪直接责任人员或者因客观原因无法出庭的,应当由被告单位委托其他负责人或者职工作为诉讼代表人。但是,有关人员被指控为单位犯罪直接责任人员或者知道案件情况、负有作证义务的除外。依据前款规定难以确定诉讼代表人的,可以由被告单位委托律师等单位以外的人员作为诉讼代表人。"据此,检察院不能指派单位的诉讼代表人,故A项错误。

根据上述规定,甲公司委托单位以外的人员程某担任诉讼代表人是符合规定的。根据《刑诉解释》第338条规定,被告单位的诉讼代表人享有刑事诉讼法规定的有关被告人的诉讼权利。程某作为被告单位的诉讼代表人承担的是辩护职能,故C项正确。

《刑诉解释》第336条第3款规定:"诉讼代表人不得同时担任被告单位或者被指控为单位犯罪直接责任人员的有关人员的辩护人。"据此,程某不可以同时担任甲公司的辩护人,故D项错误。程某也不可以同时担任曹某的辩护人,但是这不影响曹某委托乙律师事务所的其他律师担任其辩护人,故B项错误。

283.单位犯罪案件诉讼程序;庭前会议;拒绝辩护;被告人的最后陈述权[C]

[解析]《刑诉解释》第338条规定,被告单位的诉讼代表人享有刑事诉讼法规定的有关被告人的诉讼权利。《刑诉解释》第230条第2、3款规定:"召开庭前会议应当通知公诉人、辩护人到场。庭前会议准备就非法证据排除了解情况、听取意见,或者准备询问控辩双方对证据材料的意见的,应当通知被告人到场。有多名被告人的案件,可以根据情况确定参加庭前会议的被告人。"故A项错误。

《刑诉解释》第337条规定:"开庭审理单位犯罪案件,应当通知被告单位的诉讼代表人出庭;诉讼代表人不符合前条规定的,应当要求人民检察院另行确定。被告单位的诉讼代表人不出庭的,应当按照下列情形分别处理:(一)诉讼代表人系被告单位的法定代表人、实际控制人或者主要负责人,无正当理由拒不出庭的,可以拘传其到庭;因客观原因无法出庭,或者下落不明的,应当要求人民检察院另行确定诉讼代表人;(二)诉讼代表人系其他人员的,应当要求人民检察院另行确定诉讼代表人。"本题中,齐某不是银行的法定代表人或者主要负责人,而是其他人员,故对其不得拘传到庭。故B项错误。

《刑诉解释》第311条第2款规定,被告人当庭拒绝辩护人辩护,要求另行委托辩护人或者指派律师的,合议庭应当准许。被告人拒绝辩护人辩护后,没有辩护人的,应当宣布休庭;仍有辩护人的,庭审可以继续进行。故C项正确。

《刑事诉讼法》第198条第3款规定,审判长在宣布辩论终结后,被告人有最后陈述的权利。《刑诉解释》第338条规定,被告单位的诉讼代表人享有刑事诉讼法规定的有关被告人的诉讼权利。故D项错误。

284.(1)单位犯罪的诉讼代表人[B]

[解析]《刑诉解释》第336条第1款规定:"被告单位的诉讼代表人,应当是法定代表人、实际控制人或者主要负责人;法定代表人、实际控制人或者主要负责人被指控为单位犯罪直接责任人员或者因客观原因无法出庭的,应当由被告单位委托其他负责人或者职工作为诉讼代表人。但是,有关人员被指控为单位犯罪直接责任人员或者知道案件情况、负有作证义务的除外。"

本题中,陆某作为单位逃税罪直接负责的主管人员,不能同时担任被告单位迅辉公司的诉讼代表人,故A项错误。被告单位可以委托其他负责人或者职工作为诉讼代表人,故B项正确。保管员韩某作为被指控犯罪的其他责任人员,不得担任被告单位迅辉公司的诉讼代表人,故C项错误。公司副经理李某未接受被告单位迅辉公司的委托,所以也不得担任被告单位迅辉公司的诉讼代表人,故D项错误。

(2)单位犯罪非法所得财产的处理[ABD]

[解析]《刑诉解释》第341条规定:"被告单位的违法所得及其他涉案财物,尚未被依法追缴或者查

封、扣押、冻结的,人民法院应当决定追缴或者查封、扣押、冻结。"故 A、B 项正确。

《刑诉解释》第342条规定:"为保证判决的执行,人民法院可以先行查封、扣押、冻结被告单位的财产,或者由被告单位提出担保。"故 D 项正确。C 项的错误在于,是"可以"而不是"应当"。

(3)审判中被告单位发生变化的处理[BC]

[解析]《刑诉解释》第344条规定:"审判期间,被告单位被吊销营业执照、宣告破产但尚未完成清算、注销登记的,应当继续审理;被告单位被撤销、注销的,对单位犯罪直接负责的主管人员和其他直接责任人员应当继续审理。"A、B 项是被告单位被撤销、注销的情形,根据上述法条规定,对单位犯罪直接负责的主管人员应继续审理,而单位由于不再存在,则对其不再追诉。故 A 项中"不能免除单位的刑事责任"的说法错误,B 项正确。

《刑诉解释》第345条规定:"审判期间,被告单位合并、分立的,应当将原单位列为被告单位,并注明合并、分立情况。对被告单位所判处的罚金以其在新单位的财产及收益为限。"C、D 项是被告单位被合并、分立的情形,根据上述法条规定,对被告单位所判处的罚金以其在新单位的财产的收益为限。故 C 项正确,D 项中"将分立后的单位列为被告单位"的做法错误。

285. 单位犯罪案件的审理程序[C]

[解析]《刑诉解释》第337条规定:"开庭审理单位犯罪案件,应当通知被告单位的诉讼代表人出庭;诉讼代表人不符合前条规定的,应当要求人民检察院另行确定。被告单位的诉讼代表人不出庭的,应当按照下列情形分别处理:(一)诉讼代表人系被告单位的法定代表人、实际控制人或者主要负责人,无正当理由拒不出庭的,可以拘传其到庭;因客观原因无法出庭,或者下落不明的,应当要求人民检察院另行确定诉讼代表人;(二)诉讼代表人系其他人员的,应当要求人民检察院另行确定诉讼代表人。"

本题中,被告单位的诉讼代表人与被指控为单位犯罪直接负责的主管人员是同一人的情形符合上述第1项的规定,在此情形下,应由检察院另行确定被告单位诉讼代表人。故 C 项正确,A、B、D 项错误。

286. 单位犯罪案件的审理程序[A]

[解析]《刑诉解释》第344条规定:"审判期间,被告单位被吊销营业执照、宣告破产但尚未完成清算、注销登记的,应当继续审理;被告单位被撤销、注销的,对单位犯罪直接负责的主管人员和其他直接责任人员应当继续审理。"本题中,被告单位在审理中被注销,但单位犯罪直接负责的主管人员和其他直接责任人员应当负刑事责任,应当依法继续审理。故 A 项正确,B、C、D 项错误。

考点63 一审裁判

287. 判决;裁定;决定[C]

[解析]《刑诉解释》第295条第1款第8项规定:"犯罪已过追诉时效期限且不是必须追诉,或者经特赦令免除刑罚的,应当裁定终止审理。"因此,A 项应适用"裁定"而非"判决"。故 A 项错误。

《刑诉解释》第331条第1款规定:"自诉人经两次传唤,无正当理由拒不到庭,或者未经法庭准许中途退庭的,人民法院应当裁定按撤诉处理。"因此,B 项应适用"裁定"而非"判决"。故 B 项错误。

《刑诉解释》第295条第1款第7项规定:"被告人是精神病人,在不能辨认或者不能控制自己行为时造成危害结果,不予刑事处罚的,应当判决宣告被告人不负刑事责任;被告人符合强制医疗条件的,应当依照本解释第二十六章的规定进行审理并作出判决。"由此可见,C 项应以判决的形式作出裁判。故 C 项正确。

《刑诉解释》第295条第1款第10项规定:"被告人死亡的,应当裁定终止审理;但有证据证明被告人无罪,经缺席审理确认无罪的,应当判决宣告被告人无罪。"因此,尚不能确认其无罪的,应当裁定终止审理。故 D 项错误。

288. 刑事判决与裁定的区别[D]

[解析]关于判决和裁定的区别,主要表现在以下几个方面:

(1)在涉及内容上,一般而言,判决只解决案件的实体问题,而裁定既解决实体问题(如减刑裁定),也解决程序问题。故 A 项错误。

(2)在法律效力上,在一个案件中,发生法律效力并被执行的判决只有一个,而发生法律效力的裁定可以有若干个。B 项中缺少发生法律效力并被执行的前提,单独表述一案中只能有一个判决,若干个裁定是错误的,而且因可能有二审或再审,判决也可能有多个。故 B 项错误。

(3)在法定形式上,判决必须用书面形式表现出来,而裁定既可以用书面形式,又可以用口头形式。故 C 项错误。

(4)《刑事诉讼法》第230条规定,不服第一审判决的上诉、抗诉期限是10日,不服第一审裁定的上诉、抗诉期限为5日。故 D 项正确。

289. (1)判决、裁定和决定[AC]

[解析]判决适用于解决实体性问题;裁定除解决部分实体性问题外,主要解决的是程序性问题;决定只适用于解决程序问题。故 A、C 项正确,B、D 项错误。

(2)判决、裁定和决定的数量[ABCD]

[解析]在一个案件中,发生法律效力并被执行

74

的判决只有一个,即终审判决。本题中A项并未交待发生法律效力并被执行的判决,因此在一个案件中,可以有多个判决,如一审判决和二审判决。故A项正确。

一个案件可能存在需要用裁定处理多个程序问题或实体问题,如中止审理、减刑、假释等都是用裁定。故B项正确。

公、检、法在侦查、起诉和审判各个阶段都可以用决定,如决定立案、决定撤销案件、决定起诉等,一个案件可以有多个决定。故C项正确。

一个案件确实可能只有一个决定,如公安机关经过审查发现被告人的行为不构成犯罪,决定不立案,这一个决定就终结诉讼程序了,也不会再有裁定和判决了。故D项正确。

(3)判决、裁定和决定的效力[CD]

[解析] 第一审人民法院所作的判决或者裁定,有关机关和人员依法可以上诉或者抗诉,并不立即发生法律效力。但二审作出判决和最高人民法院作出判决立即发生法律效力。故A项错误。

《刑事诉讼法》第227条第1款规定:"被告人、自诉人和他们的法定代理人,不服地方各级人民法院第一审的判决、裁定,有权用书状或者口头向上一级人民法院上诉。被告人的辩护人和近亲属,经被告人同意,可以提出上诉。"第一审的裁定作出并不立即发生法律效力。故B项错误。

《刑事诉讼法》第199条第1款规定,在法庭审判过程中,如果诉讼参与人或旁听人员违反法庭秩序,审判长应当警告制止。对不听制止的,可以强行带出法庭;情节严重的,处以1000元以下的罚款或者15日以下的拘留。罚款、拘留必须经院长批准。被处罚人对罚款、拘留的决定不服,可以向上一级人民法院申请复议。复议期间不停止执行。可见,有些决定可以申请复议,复议期间不影响决定的效力。故C项正确。

《刑事诉讼法》第274条规定:"人民检察院认为人民法院减刑、假释的裁定不当,应当在收到裁定书副本后二十日以内,向人民法院提出书面纠正意见。人民法院应当在收到纠正意见后一个月以内重新组成合议庭进行审理,作出最终裁定。"可见,检察院认为不当而提出纠正意见的,法院应当在1个月内重新组成合议庭进行审理,作出最终裁定。故D项正确。

290.终止审理[B]

[解析] 根据《刑法》第270条第3款规定,某甲的行为属于绝对的告诉才处理的案件,必须由被害人向法院提起自诉,而不能由检察院对侵占罪提起公诉,法院对此案不能违反"不告不理"原则而作出有罪判决,因此D项错误。

C项的错误在于,某甲的行为并非不构成犯罪。

A项的错误在于,法院在处理公诉案件时没有"驳回起诉"这一处理方式。根据《刑事诉讼法》第16条规定:"有下列情形之一的,不追究刑事责任,已经追究的,应当撤销案件,或者不起诉,或者终止审理,或者宣告无罪:……(四)依照刑法告诉才处理的犯罪,没有告诉或者撤回告诉的;……"本题中,被害人没有告诉,而且处于审判阶段,只可以终止审理或作出宣告无罪的判决。而某甲已被人民法院认定为有罪(侵占罪),所以不能宣告无罪,应当终止审理,故B项正确。

291.终止审理[BD]

[解析] 根据《刑事诉讼法》第16条规定:"有下列情形之一的,不追究刑事责任,已经追究的,应当撤销案件,或者不起诉,或者终止审理,或者宣告无罪:(一)情节显著轻微、危害不大,不认为是犯罪的;(二)犯罪已过追诉时效期限的;(三)经特赦令免除刑罚的;(四)依照刑法告诉才处理的犯罪,没有告诉或者撤回告诉的;(五)犯罪嫌疑人、被告人死亡的;(六)其他法律规定免予追究刑事责任的。"

本题中,A项属于上述第1项情形,即情节显著轻微、危害不大,不认为是犯罪的,所以应由人民法院判决宣告被告人无罪,而不是裁定终止审理,故A项错误。

B项属于上述第5项情形,赵某在开庭审理前发病猝死,该案还未审理,所以不可能查清楚赵某是否有罪,因此人民法院应当裁定终止审理,故B项正确。

C项中的遗弃罪不属于告诉才处理的犯罪,而且在立案阶段就由人民法院以不立案的方式终止了诉讼,尚未进入审判阶段,故谈不上终止审理,C项错误。

D项虐待案属于告诉才处理的犯罪,王某以遭受虐待为由提起自诉,后又撤回自诉的,符合上述第4项情形,法院应当终止审理,所以D项正确。

专题十六 第二审程序

考点64 第二审程序的提起

292.期间的计算;二审中上诉;抗诉的撤回[D(原答案为C)]

[解析]《刑诉解释》第380条第1款规定:"上诉、抗诉必须在法定期限内提出。不服判决的上诉、抗诉的期限为十日;不服裁定的上诉、抗诉的期限为五日。上诉、抗诉的期限,从接到判决书、裁定书的第二日起计算。"又根据《刑诉解释》第386条规定:"在上诉、抗诉期满前撤回上诉、抗诉的,第一审判决、裁定在上诉、抗诉期满之日起生效。在上诉、抗诉期满

后要求撤回上诉、抗诉,第二审人民法院裁定准许的,第一审判决、裁定应当自第二审裁定书送达上诉人或者抗诉机关之日起生效。"另据《刑事诉讼法》第105条第1、2款的规定,期间以时、日、月计算。期间开始的时和日不算在期间以内。

本案是6月9日送达判决书,从第二日即6月10日开始计算上诉、抗诉期限,因此6月19日(第十日)是可以提起上诉、抗诉的最后一日,次日即6月20日上诉、抗诉期满。可见,6月13日的撤回上诉以及6月17日的撤回抗诉都是在上诉、抗诉期满之前提出的,所以一审裁判应当在上诉、抗诉期满之日起生效,即6月20日判决生效。

293. 上诉的主体[C]

[解析]《刑事诉讼法》第227条第1款规定,被告人、自诉人和他们的法定代理人,不服地方各级人民法院第一审的判决、裁定,有权用书状或者口头向上一级人民法院上诉。被告人的辩护人和近亲属,经被告人同意,可以提出上诉。可见被告人、自诉人和他们的法定代理人有独立上诉权。故A、B项正确,不当选。

《刑事诉讼法》第227条第2款规定,附带民事诉讼的当事人和他们的法定代理人,可以对地方各级人民法院第一审的判决、裁定中的附带民事诉讼部分,提出上诉。可见附带民事诉讼的法定代理人对附带民事部分有独立上诉权。故D项正确,不当选。

《刑事诉讼法》第229条规定,被害人及其法定代理人不服地方各级人民法院第一审的判决的,自收到判决书后5日以内,有权请求人民检察院提出抗诉。人民检察院自收到被害人及其法定代理人的请求后5日以内,应当作出是否抗诉的决定并且答复请求人。可见,被害人及其法定代理人没有独立的上诉权,只有请求检察院抗诉权,并且这种抗诉权只能针对判决。故C项错误,当选。

294. 上诉的主体[AB]

[解析]《刑事诉讼法》第227条规定:"被告人、自诉人和他们的法定代理人,不服地方各级人民法院第一审的判决、裁定,有权用书状或者口头向上一级人民法院上诉。被告人的辩护人和近亲属,经被告人同意,可以提出上诉。附带民事诉讼的当事人和他们的法定代理人,可以对地方各级人民法院第一审的判决、裁定中的附带民事诉讼部分,提出上诉。对被告人的上诉权,不得以任何借口加以剥夺。"本案中,甲属于自诉人,乙属于被告人,故A、B项正确。甲、乙的父母属于近亲属,没有独立上诉权,故C项错误。乙的辩护人也没有独立上诉权,需要经过乙的授权,故D项错误。

295. 上诉的提起[C]

[解析]《刑诉解释》第378条第2款规定:"被告人、自诉人、附带民事诉讼当事人及其法定代理人是否提出上诉,以其在上诉期满前最后一次的意思表示为准。"本案中,叶某只要在上诉期满前就可以提出上诉,以其在上诉期满前最后一次的意思表示为准,故A项错误,C项正确。

上诉权是上诉人的基本权利,无需法院审查同意。故B项错误。

叶某因挪用资金罪被判处有期徒刑一年缓刑两年,既然一审判处缓刑,则不产生羁押效果,应当对叶某立即释放或者变更强制措施,不能对他重新收押。故D项错误。

296. 上诉的提起与撤回;判决的生效与执行[BC]

[解析]《刑诉解释》第380条第1款规定:"上诉、抗诉必须在法定期限内提出。不服判决的上诉、抗诉的期限为十日;不服裁定的上诉、抗诉的期限为五日。上诉、抗诉的期限,从接到判决书、裁定书的第二日起计算。"据此,上诉期限从接到裁判文书的次日才开始起算。虽然王某表示不上诉,但只要上诉期没有过,判决就没有生效,法院就不能将案件交付执行。故A项错误。

《刑诉解释》第378条第2款规定:"被告人、自诉人、附带民事诉讼当事人及其法定代理人是否提出上诉,以其在上诉期满前最后一次的意思表示为准。"据此,是否上诉,以上诉期满之前最后一次意思表示为准,王某仍可在上诉期内上诉。故B项正确。

《刑诉解释》第383条第1款规定:"上诉人在上诉期限内要求撤回上诉的,人民法院应当准许。"故C项正确。

《刑诉解释》第383条第2款规定:"上诉人在上诉期满后要求撤回上诉的,第二审人民法院经审查,认为原判认定事实和适用法律正确,量刑适当的,应当裁定准许;认为原判确有错误的,应当不予准许,继续按上诉案件审理。"据此,上诉期满后要求撤回上诉,二审法院应当对一审的事实、法律、量刑进行审查,如果没有问题,应当裁定准许撤回上诉。故D项错误。

考点65 上诉不加刑原则

297. 上诉不加刑原则[D]

[解析]《刑诉解释》第403条第1款规定:"被告人或者其法定代理人、辩护人、近亲属提出上诉,人民检察院未提出抗诉的案件,第二审人民法院发回重新审判后,除有新的犯罪事实且人民检察院补充起诉的以外,原审人民法院不得加重被告人的刑罚。"据此,对于当事人上诉、检察院没有抗诉的案件,二审后发

回重审也要受上诉不加刑原则的限制。对于上诉不加刑，其核心在于不能作出"实质不利的改判"，不管重审后罪名、罪数如何变化，只要不突破原有决定执行的刑罚(有期徒刑8年)即可。因此，发回重审后一审法院改判盗窃罪6年有期徒刑没有违反上诉不加刑原则，故A项错误。

《刑诉解释》第403条第2款规定："对前款规定的案件，原审人民法院对上诉发回重新审判的案件依法作出判决后，人民检察院抗诉的，第二审人民法院不得改判为重于原审人民法院第一次判处的刑罚。"本案中，二审法院发回重审后，一审法院重审改判有期徒刑6年，检察院对重审判决提起了抗诉，因此抗诉后引发的二审判决可以加重刑罚，但是要受到上述规定的限制，即加重的程度不得超过一审法院第一次判处的刑罚(有期徒刑8年)。故B、C项错误，D项正确。

298. 上诉不加刑原则[D]

[解析]《关于死刑缓期执行限制减刑案件审理程序若干问题的规定》第4条第1款规定："高级人民法院审理判处死刑缓期执行没有限制减刑的上诉案件，认为原判事实清楚、证据充分，但应当限制减刑的，不得直接改判，也不得发回重新审判。确有必要限制减刑的，应当在第二审判决、裁定生效后，按照审判监督程序重新审判。"故D项正确，A、B、C项错误。

299. 上诉不加刑原则[CD(原答案为D)]

[解析]《刑诉解释》第401条第1款规定："审理被告人或者其法定代理人、辩护人、近亲属提出上诉的案件，不得对被告人的刑罚作出实质不利的改判，并应当执行下列规定：(一)同案审理的案件，只有部分被告人上诉的，既不得加重上诉人的刑罚，也不得加重其他同案被告人的刑罚；(二)原判认定的罪名不当的，可以改变罪名，但不得加重刑罚或者对刑罚执行产生不利影响；(三)原判认定的罪数不当的，可以改变罪数，并调整刑罚，但不得加重决定执行的刑罚或者对刑罚执行产生不利影响；(四)原判对被告人宣告缓刑的，不得撤销缓刑或者延长缓刑考验期；(五)原判没有宣告职业禁止、禁止令的，不得增加宣告；原判宣告职业禁止、禁止令的，不得增加内容、延长期限；(六)原判对被告人判处死刑缓期执行没有限制减刑、决定终身监禁的，不得限制减刑、决定终身监禁；(七)原判判处的刑罚不当，应当适用附加刑而没有适用的，不得直接加重刑罚、适用附加刑。原判判处的刑罚畸轻，必须依法改判的，应当在第二审判决、裁定生效后，依照审判监督程序重新审判。"

本题中，依据上述第7项规定，二审法院经过审理后，只是认为判处刑罚不当，其中包括对诈骗罪的刑罚畸轻，而非事实不清、证据不足，因此不得"以事实不清、证据不足为由发回原审法院重新审理"，而只能维持一审判决，针对其中量刑不当的情况，只能通过审判监督程序予以解决。故A项错误。

选项B，依据上述第3项的规定，数罪并罚的情况下，不得加重决定执行的刑罚，而选项中二审合并执行12年，加重了原合并执行的刑罚，违反了上诉不加刑原则。选项B错误。

选项C，根据上述第3项的规定，本案把原来两罪的刑罚由4年和9年分别改判为5年和8年，在不加重合并决定执行的刑罚的情况下，可以加重某一罪的刑罚。故根据新法可知，选项C正确。

选项D，二审法院维持一审判决，也是不违反上述规定的，没有违反上诉不加刑原则。故D项正确。

300. 上诉不加刑原则的适用条件[AB]

[解析]《刑事诉讼法》第237条规定："第二审人民法院审理被告人或者他的法定代理人、辩护人、近亲属上诉的案件，不得加重被告人的刑罚……人民检察院提出抗诉或者自诉人提出上诉的，不受前款规定的限制。"依此规定，上诉不加刑原则的适用仅限于只有被告人一方上诉的，而不适用于自诉人提出上诉的案件。本题中，朱某是自诉人，朱某和陈某均提起了上诉，故不应适用上诉不加刑原则。二审法院认为两人量刑过轻，可同时加重朱某和陈某的刑罚；如认为对某一人的量刑过轻，也可加重该人的刑罚。故A、B项正确，C、D项错误。

301. 上诉不加刑原则[ABCD(原答案为D)]

[解析]《刑事诉讼法》第236条第1款规定："第二审人民法院对不服第一审判决的上诉、抗诉案件，经过审理后，应当按照下列情形分别处理：……(三)原判决事实不清楚或者证据不足的，可以在查清事实后改判；也可以裁定撤销原判，发回原审人民法院重新审判。"根据法条可直接得知，A项中，二审法院有权发回原审法院重新审判，并不违反上诉不加刑原则。故A项当选。

《刑诉解释》第401条规定："审理被告人或者其法定代理人、辩护人、近亲属提出上诉的案件，不得对被告人的刑罚作出实质不利的改判，并应当执行下列规定：(一)同案审理的案件，只有部分被告人上诉的，既不得加重上诉人的刑罚，也不得加重其他同案被告人的刑罚；(二)原判认定的罪名不当的，可以改变罪名，但不得加重刑罚或者对刑罚执行产生不利影响；(三)原判认定的罪数不当的，可以改变罪数，并调整刑罚，但不得加重决定执行的刑罚或者对刑罚执行产生不利影响；(四)原判对被告人宣告缓刑的，不得撤销缓刑或者延长缓刑考验期；(五)原判没有宣告职业禁止、禁止令的，不得增加宣告；原判宣告职业禁止、禁止令的，不得增加内容、延长期限；(六)原判对被人判处死刑缓期执行没有限制减刑、决定终身监禁的,不得限制减刑、决定终身监禁;(七)原判判处的刑罚不当,应当适用附加刑而没有适用的,不得直接加重刑罚、适用附加刑。原判判处的刑罚畸轻,必须依法改判的,应当在第二审判决、裁定生效后,依照审判监督程序重新审判。人民检察院抗诉或者自诉人上诉的案件,不受前款规定的限制。"

根据上述第 1 款第 2 项,B 项中第二审法院在没有改变刑期的情况下将罪名改判为抢劫罪的做法,符合上诉不加刑原则的要求,故 B 项当选。根据上述第 2 款"人民检察院抗诉或者自诉人上诉的案件,不受前款规定的限制"的规定,C 项中对金某的改判,因检察院已对金某提出抗诉,故对金某不适用上诉不加刑原则,当然也就不存在违反该原则的问题,C 项做法是合法的。故 C 项当选。根据上述第 1 款第 3 项,D 项中,法院在只有石某上诉而检察院没有抗诉的情形下,以抢劫罪判处石某死刑立即执行,加重了数罪中一罪(抢劫罪)的刑罚,但并未加重决定执行的刑罚和对刑罚执行产生不利影响,未违背上诉不加刑原则。故 D 项当选。

考点 66 二审审理与裁判

302. 二审中撤回抗诉;二审裁判;上诉不加刑原则;回避制度[BC]

[解析]《高检规则》第 589 条第 2 款规定:"上一级人民检察院认为抗诉不当的,应当听取下级人民检察院的意见。听取意见后,仍然认为抗诉不当的,应当向同级人民法院撤回抗诉,并且通知下级人民检察院。"据此,甲市检察院应直接向甲市中院撤回抗诉,并通知乙区检察院,故 A 项错误。

《刑事诉讼法》第 238 条规定:"第二审人民法院发现第一审人民法院的审理有下列违反法律规定的诉讼程序的情形之一的,应当裁定撤销原判,发回原审人民法院重新审判:……(二)违反回避制度的;……"此外需注意,因程序违法发回重审没有次数限制。故 B 项正确。

《刑事诉讼法》第 237 条第 1 款规定:"第二审人民法院审理被告人或者他的法定代理人、辩护人、近亲属上诉的案件,不得加重被告人的刑罚。第二审人民法院发回原审人民法院重新审判的案件,除有新的犯罪事实,人民检察院补充起诉的以外,原审人民法院也不得加重被告人的刑罚。"根据上诉不加刑原则,C 项正确。

《刑诉解释》第 29 条第 2 款规定:"在一个审判程序中参与过本案审判工作的合议庭组成人员或者独任审判员,不得再参与本案其他程序的审判。但是,发回重新审判的案件,在第一审人民法院作出裁判后又进入第二审程序、第二审程序、在法定刑以下判处刑罚的复核程序或者死刑复核程序的,原第二审程序、在法定刑以下判处刑罚的复核程序或者死刑复核程序中的合议庭组成人员不受本款规定的限制。"本案即属于发回重审,在第一审人民法院作出裁判后又进入第二审程序的案件,二审审判人员无需回避,故 D 项错误。

303. 二审的审理程序;上诉不加刑原则[D]

[解析]《刑诉解释》第 396 条规定,开庭审理第二审公诉案件,应当在决定开庭审理后及时通知人民检察院查阅案卷。自通知后的第 2 日起,人民检察院查阅案卷的时间不计入审理期限。由此可知,"决定开庭审理"的第二审公诉案件,才应当通知同级检察院查阅案卷;此外,即便要通知同级检察院阅卷,二审法院也是在"决定开庭审理后"通知,而非在"受理案件后"通知。故 A 项错误。

《刑诉解释》第 388 条规定,第二审人民法院审理上诉、抗诉案件,应当就第一审判决、裁定认定的事实和适用法律进行全面审查,不受上诉、抗诉范围的限制。可知,二审法院既要审查上诉或者抗诉的部分,又要审查没有上诉或者抗诉的部分。但是二审法院只能全面审查,不能全面认定,根据"二审终审原则",二审期间不能认定一审法院未予认定的事实,如果认定就侵犯了对方的上诉权。另外,从上诉不加刑原则来看,如果二审法院认定了一审法院未予认定的盗窃事实,将会对被告人不利,会违背上诉不加刑原则。因此,对于一审法院未予认定的 1 起盗窃事实,二审法院"可审理",但"不可认定"。故 B 项错误。

《刑诉解释》第 401 条第 1 款第 7 项规定:"原判判处的刑罚不当,应当适用附加刑而没有适用的,不得直接加重刑罚、适用附加刑。原判判处的刑罚畸轻,必须依法改判的,应当在第二审判决、裁定生效后,依照审判监督程序重新审判。"必须依法改判的,应当在第二审判决、裁定生效后,依照审判监督程序重新审判。可知,本题中 C 项属于直接加重刑罚、适用附加刑,违背"上诉不加刑"原则。故 C 项错误。

《刑诉解释》第 392 条第 1 款规定:"第二审期间,被告人除自行辩护外,还可以继续委托第一审辩护人或者另行委托辩护人辩护。"由此可知,二审期间,甲可另行委托辩护人为其辩护。故 D 项正确。

304. 上诉不加刑原则及内容;第二审开庭审理的方式和程序;职业禁止[C]

[解析]《刑事诉讼法》第 234 条第 1 款规定:"第二审人民法院对于下列案件,应当组成合议庭,开庭审理:(一)被告人、自诉人及其法定代理人对第一审认定的事实、证据提出异议,可能影响定罪量刑的上诉案件;(二)被告人被判处死刑的上诉案件;(三)人民检察院抗诉的案件;(四)其他应当开庭审理的案件。"本题不符合上述应当开庭审理的情形。故 A 项错误。

《刑诉解释》第 401 条第 1 款规定:"审理被告人或者其法定代理人、辩护人、近亲属提出上诉的案件,不得对被告人的刑罚作出实质不利的改判,并应当执行下列规定:(一)同案审理的案件,只有部分被告人上诉的,既不得加重上诉人的刑罚,也不得加重其他同案被告人的刑罚;(二)原判认定的罪名不当的,可以改变罪名,但不得加重刑罚或者对刑罚执行产生不利影响;(三)原判认定的罪数不当的,可以改变罪数,并调整刑罚,但不得加重决定执行的刑罚或者对刑罚执行产生不利影响;(四)原判对被告人宣告缓刑的,不得撤销缓刑或者延长缓刑考验期;(五)原判没有宣告职业禁止、禁止令的,不得增加宣告;原判宣告职业禁止、禁止令的,不得增加内容、延长期限;(六)原判对被告人判处死刑缓期执行没有限制减刑、决定终身监禁的,不得限制减刑、决定终身监禁;(七)原判判处的刑罚不当,应当适用附加刑而没有适用的,不得直接加重刑罚、适用附加刑。原判判处的刑罚畸轻,必须依法改判的,应当在第二审判决、裁定生效后,依照审判监督程序重新审判。"二审延长了职业禁止的年限,属于加重被告人刑罚的情形。故 B 项错误,C 项正确。

《刑诉解释》第 403 条第 1 款规定:"被告人或者其法定代理人、辩护人、近亲属提出上诉,人民检察院未提出抗诉的案件,第二审人民法院发回重新审判后,除有新的犯罪事实且人民检察院补充起诉的以外,原审人民法院不得加重被告人的刑罚。"故 D 项错误。

305. 简易程序;有关程序违法的规定[BD]

[解析]《刑事诉讼法》第 187 条第 1 款规定:"人民法院决定开庭审判后,应当确定合议庭的组成人员,将人民检察院的起诉书副本至迟在开庭十日以前送达被告人及其辩护人。"《刑事诉讼法》第 219 条规定:"适用简易程序审理案件,不受本章第一节关于送达期限、讯问被告人、询问证人、鉴定人、出示证据、法庭辩论程序规定的限制。但在判决宣告前应当听取被告人的最后陈述意见。"本案采用简易程序进行审理,可以不受送达期限、讯问被告人的限制。故 A、C 项错误。

《刑事诉讼法》第 238 条规定:"第二审人民法院发现第一审人民法院的审理有下列违反法律规定的诉讼程序的情形之一的,应当裁定撤销原判,发回原审人民法院重新审判:(一)违反本法有关公开审判的规定的;(二)违反回避制度的;(三)剥夺或者限制了当事人的法定诉讼权利,可能影响公正审判的;(四)审判组织的组成不合法的;(五)其他违反法律规定的诉讼程序,可能影响公正审判的。"D 项中应公开审理而未公开审理,属于上述第 1 项规定。故 D 项正确。

《刑事诉讼法》第 216 条第 1 款规定,适用简易程序审理案件,对可能判处 3 年有期徒刑以下刑罚的,可以组成合议庭进行审判,也可以由审判员 1 人独任审判;对可能判处的有期徒刑超过 3 年的,应当组成合议庭进行审判。本案中一审法院应当组成合议庭进行审判,B 项独任审理属于审判组织的组成不合法,符合《刑事诉讼法》第 238 条第 4 项的规定。故 B 项正确。

306. 第二审的审理程序;上诉不加刑原则[A]

[解析]《刑诉解释》第 393 条第 2 款规定,被判处死刑的被告人没有上诉,同案的其他被告人上诉的案件,第二审人民法院应当开庭审理。故 A 项正确。

《刑事诉讼法》第 235 条规定,人民检察院提出抗诉的案件或者第二审人民法院开庭审理的公诉案件,同级人民检察院都应当派员出席法庭。故 B 项错误。

《刑诉解释》第 401 条第 1 款规定:"审理被告人或者其法定代理人、辩护人、近亲属提出上诉的案件,不得对被告人的刑罚作出实质不利的改判,并应当执行下列规定:……(七)原判判处的刑罚不当,应当适用附加刑而没有适用的,不得直接加重刑罚、适用附加刑。原判判处的刑罚畸轻,必须依法改判的,应当在第二审判决、裁定生效后,依照审判监督程序重新审判。"故 C、D 项均错误。

307. 第二审的审理程序;上诉不加刑[B]

[解析]《刑诉解释》第 393 条第 2 款规定,被判处死刑的被告人没有上诉,同案的其他被告人上诉的案件,第二审人民法院应当开庭审理。在本案中,甲被判处死刑立即执行,虽然甲未上诉,但同案犯丙上诉,所以全案的第二审程序应开庭审理。故 A 项错误。

《刑诉解释》第 399 条第 1 款第 3 项规定,对同案审理案件中未上诉的被告人,未被申请出庭或者人民法院认为没有必要到庭的,可以不再传唤到庭。故 B 项正确。

《刑诉解释》第 392 条第 2 款规定,共同犯罪案件,只有部分被告人提出上诉,或者自诉人只对部分被告人的判决提出上诉,或者人民检察院只对部分被告人的判决提出抗诉的,其他同案被告人也可以委托辩护人辩护。故 C 项错误。

根据上诉不加刑原则,《刑诉解释》第 401 条第 1 款第 1 项规定,同案审理的案件,只有部分被告人上诉的,既不得加重上诉人的刑罚,也不得加重其他同案被告人的刑罚。另外,《刑诉解释》第 403 条第 1 款规定,被告人或者其法定代理人、辩护人、近亲属提出上诉,人民检察院未提出抗诉的案件,第二审人民法院发回重新审判后,除有新的犯罪事实且人民检察院补充起诉的以外,原审人民法院不得加重被告人的刑罚。根据上述两条规定，由于检察机关未抗诉，所以即使将案件发回一审法院重审，除非检察机关补充起诉，也不得加重对丙的刑罚。故 D 项错误。

308. 发回重审［A］

［解析］《刑事诉讼法》第 236 条第 2 款规定，原审人民法院对于依照前款第 3 项(事实不清或证据不足)规定发回重新审判的案件作出判决后，被告人提出上诉或者人民检察院提出抗诉的，第二审人民法院应当依法作出判决或者裁定，不得再发回原审人民法院重新审判。可见，因"事实不清或证据不足"，二审法院只能发回重审一次。但是，二审法院如果因为一审法院违反程序等理由而发回重审的，法律没有限定发回重审的次数。因此，不能说"发回重审原则上不能超过二次"。故 A 项错误，当选。

《关于规范上下级人民法院审判业务关系的若干意见》第 6 条第 2 款规定："第二审人民法院作出发回重审裁定时，应当在裁定书中详细阐明发回重审的理由及法律依据。"故 B 项正确，不当选。

《刑事诉讼法》第 238 条第 3 项规定，第二审人民法院发现第一审人民法院的审理剥夺或者限制了当事人的法定诉讼权利，可能影响公正审判的，应当撤销原判，发回重审。发回重审实质上是对案件的重新审理，以纠正原审裁判中可能出现的错误。因此，发回重审必然以否定原审裁判的内容为前提，即必须撤销原判。故 C、D 项正确，不当选。

309. 检察院办理死刑上诉、抗诉案件的庭前审查［ABD］

［解析］《高检规则》第 450 条规定："人民检察院办理死刑上诉、抗诉案件，应当进行下列工作：(一)讯问原审被告人，听取原审被告人的上诉理由或者辩解；(二)听取辩护人的意见；(三)复核主要证据，必要时询问证人；(四)必要时补充收集证据；(五)对鉴定意见有疑问的，可以重新鉴定或者补充鉴定；(六)根据案件情况，可以听取被害人的意见。"据此，A 项符合第 1 项规定，B 项符合第 2 项规定，D 项符合第 6 项规定，均正确。依据第 3 项，C 项的正确表述是"必要时"询问证人，而非"应当"。故 C 项错误。

310. 二审开庭审理情形［ACD（原答案为 AD）］

［解析］《刑诉解释》第 393 条规定："下列案件，根据刑事诉讼法第二百三十四条的规定，应当开庭审理：(一)被告人、自诉人及其法定代理人对第一审认定的事实、证据提出异议，可能影响定罪量刑的上诉案件；(二)被告人被判处死刑的上诉案件；(三)人民检察院抗诉的案件；(四)应当开庭审理的其他案件。被判处死刑的被告人没有上诉，同案的其他被告人上诉的案件，第二审人民法院应当开庭审理。"A 项属于上述第 3 项情形，C、D 项属于上述第 2 项情形，均应

当开庭审理，故 A、C、D 项当选。B 项判处无期徒刑上诉不属于应当开庭审理的情形，不当选。

311. 发回重审的事由；上诉案件审理方式［AD］

［解析］《刑事诉讼法》第 183 条第 4 款规定："人民法院审判上诉和抗诉案件，由审判员三人或者五人组成合议庭进行。"故 A 项正确。

我国实行二审终审制，法律规定有独立的第二审程序，二审开庭并不是对第一审程序的简单重复，有其自身的特点，二审法院审理案件不应将其作为第一审案件审理。故 B 项错误。

《刑事诉讼法》第 188 条第 1 款规定："人民法院审判第一审案件应当公开进行。但是有关国家秘密或者个人隐私的案件，不公开审理；涉及商业秘密的案件，当事人申请不公开审理的，可以不公开审理。"由此可知，公开审理是原则，不公开是例外。《刑事诉讼法》第 238 条规定："第二审人民法院发现第一审法院的审理有下列违反法律规定的诉讼程序的情形之一的，应当裁定撤销原判，发回原审人民法院重新审判：(一)违反本法有关公开审判的规定的；……"本题中，一审法院为防止被害人家属和旁听群众在法庭上过于激愤影响顺利审判，决定作为特例不公开审理的做法违背了公开审判的要求，第二审法院应根据《刑事诉讼法》第 238 条的规定裁定撤销原判，发回重审。故 C 项错误，D 项正确。

312. 二审的裁判［D］

［解析］《刑诉解释》第 390 条规定："共同犯罪案件，上诉的被告人死亡，其他被告人未上诉的，第二审人民法院应当对死亡的被告人终止审理；但有证据证明被告人无罪，经缺席审理确认无罪的，应当判决宣告被告人无罪。具有前款规定的情形，第二审人民法院仍应对全案进行审查，对其他同案被告人作出判决、裁定。"本案中，曹某死亡，二审法院应当宣布对曹某终止审理，对其他被告人仍应作出判决或裁定，故 D 项当选。

313. 二审审理程序［AB］

［解析］《刑诉解释》第 392 条第 2 款规定："共同犯罪案件，只有部分被告人提出上诉，或者自诉人只对部分被告人的判决提出上诉，或者人民检察院只对部分被告人提出抗诉的，其他同案被告人也可以委托辩护人辩护。"据此，王某虽然没有提起上诉，但在二审程序中也可以委托辩护人。故 A 项正确。

《刑诉解释》第 392 条第 1 款规定："第二审期间，被告人除自行辩护外，还可以继续委托第一审辩护人或者另行委托辩护人辩护。"故 B 项正确。

《刑诉解释》第 399 条第 2 款规定："同案审理的案件，未提出上诉、人民检察院也未对其判决提出抗诉的被告人要求出庭的，应当准许。出庭的被告人可

80

以参加法庭调查和辩论。"据此,被告人王某"可以"参加法庭调查和辩论,而非"应当"。故 C、D 项错误。

专题十七 死刑复核程序

考点 67 判处死刑立即执行案件的复核程序

314. 死刑复核及执行程序中当事人合法权益的保障[ABCD]

[解析]《最高人民法院关于死刑复核及执行程序中保障当事人合法权益的若干规定》第 8 条规定:"罪犯提出会见近亲属以外的亲友,经人民法院审查,确有正当理由的,可以在确保会见安全的情况下予以准许。"可知,罪犯提出会见近亲属以外的亲友,确有正当理由的,"可以"而非"应当"准许,故 A 项错误。

《刑诉解释》第 512 条规定:"同案审理的案件中,部分被告人被判处死刑,对未被判处死刑的同案被告人需要羁押执行刑罚的,应当根据前条规定及时交付执行。但是,该同案被告人参与实施有关死刑之罪的,应当在复核讯问被判处死刑的被告人后交付执行。"B 项中,只有乙一人被判处死刑立即执行,对未判处死刑的同案被告人应及时交付执行,故 B 项错误。

《最高人民法院关于死刑复核及执行程序中保障当事人合法权益的若干规定》第 4 条规定:"最高人民法院复核裁定作出后,律师提交辩护意见及证据材料的,应当接收并出具接收清单;经审查,相关意见及证据材料可能影响死刑复核结果的,应当暂停交付执行或者停止执行,但不再办理接收委托辩护手续。"据此,最高人民法院作出核准后仍需要接受律师的辩护意见,故 C 项错误。

《刑诉解释》第 500 条第 1 款规定:"下级人民法院在接到执行死刑命令后、执行前,发现有下列情形之一的,应当暂停执行,并立即将请求停止执行死刑的报告和相关材料层报最高人民法院:(一)罪犯可能有其他犯罪的;(二)共同犯罪的其他犯罪嫌疑人到案,可能影响罪犯量刑的;(三)共同犯罪的其他罪犯被暂停或者停止执行死刑,可能影响罪犯量刑的;(四)罪犯揭发重大犯罪事实或者有其他重大立功表现,可能需要改判的;(五)罪犯怀孕的;(六)判决、裁定可能有影响定罪量刑的其他错误的。"据此,聋哑人并不是暂停执行死刑的法定理由,故 D 项错误。

315. 发回重审[D]

[解析]《刑诉解释》第 432 条规定:"最高人民法院裁定不予核准死刑,发回重新审判的案件,原审人民法院应当另行组成合议庭审理,但本解释第四百二十九条第四项、第五项规定的案件除外。"故 A 项错误。

本题中,省高院是二审法院,最高法院复核后若发回省高院重新审判,省高院应当适用二审程序进行审理。同时,《刑事诉讼法》第 183 条第 4 款规定:"人民法院审判上诉和抗诉案件,由审判员三人或者五人组成合议庭进行。"所以,应当由审判员 3 人或者 5 人组成合议庭。故 B 项错误。

《刑诉解释》第 430 条第 2 款规定:"对最高人民法院发回第二审人民法院重新审判的案件,第二审人民法院一般不得发回第一审人民法院重新审判。"本题只是量刑过重发回重审,无需开庭审理。故 C 项错误。

省高级法院作为二审法院对于发回重审的案件可以直接改判。另外,死刑缓期 2 年执行的复核机关也是省高级法院,所以该判决为终审判决。故 D 项正确。

316. 死刑复核程序[D]

[解析] 对于无期徒刑的案件,高级法院裁定维持原判,并非意味着判决生效。对乙的判决自宣告之日起发生法律效力。故 A 项错误。

《刑诉解释》第 423 条第 1 款第 2 项规定,中级人民法院判处死刑的第一审案件,被告人上诉或者人民检察院抗诉,高级人民法院裁定维持的,应当在作出裁定后 10 日以内报请最高人民法院核准。因此,高级法院在维持一审判决后应当直接报请最高人民法院核准,而无需先行复核。故 B 项错误。

《刑诉解释》第 429 条第 3 项规定,最高人民法院复核死刑案件,认为原判事实不清、证据不足的,应当裁定不予核准,并撤销原判,发回重新审判。故 C 项错误,D 项正确。

317. 死刑立即执行案件复核后的处理方式[BC(原答案为B)]

[解析]《刑诉解释》第 429 条规定:"最高人民法院复核死刑案件,应当按照下列情形分别处理:(一)原判认定事实和适用法律正确、量刑适当、诉讼程序合法的,应当裁定核准;(二)原判认定的某一具体事实或者引用的法律条款等存在瑕疵,但判处被告人死刑并无不当的,可以在纠正后作出核准的判决、裁定;(三)原判事实不清、证据不足的,应当裁定不予核准,并撤销原判,发回重新审判;(四)复核期间出现新的影响定罪量刑的事实、证据的,应当裁定不予核准,并撤销原判,发回重新审判;(五)原判认定事实正确、证据充分,但依法不应当判处死刑的,应当裁定不予核准,并撤销原判,发回重新审判;根据案件情况,必要时,也可以依法改判;(六)原审违反法定诉讼程序,可能影响公正判决的,应当裁定不予核准,并撤销原判,发回重新审判。"本案中,最高法院复核后认为"全案判决认定事实正确,甲系主犯应当判处死刑立即执

行,但对乙可不立即执行",应当适用上述第 5 项规定:(1)由于甲、乙系共同犯罪,二人的犯罪事实存在关联,因此原则上应当将全案裁定不予核准,撤销原判,发回重审,故 C 项正确。(2)必要时,最高人民法院也可以对乙作出改判。注意,出现改判,法院应当使用判决。既然对甲的判决没有问题,则应同时判决核准甲死刑,故 B 项正确。A、D 项不符合法律规定,错误。

318. 死刑立即执行案件的复核程序[ABC]

[解析]《刑诉解释》第 429 条规定:"最高人民法院复核死刑案件,应当按照下列情形分别处理:(一)原判认定事实和适用法律正确、量刑适当、诉讼程序合法的,应当裁定核准;(二)原判认定的某一具体事实或者引用的法律条款等存在瑕疵,但判处被告人死刑并无不当的,可以在纠正后作出核准的判决、裁定;(三)原判事实不清、证据不足的,应当裁定不予核准,并撤销原判,发回重新审判;(四)复核期间出现新的影响定罪量刑的事实、证据的,应当裁定不予核准,并撤销原判,发回重新审判;(五)原判认定事实正确、证据充分,但依法不应当判处死刑的,应当裁定不予核准,并撤销原判,发回重新审判;根据案件情况,必要时,也可以依法改判;(六)原审违反法定诉讼程序,可能影响公正审判的,应当裁定不予核准,并撤销原判,发回重新审判。"

本题中,张某爆炸罪的死刑判决事实不清、证据不足即其中部分犯罪的死刑判决、裁定事实不清、证据不足,法院应当对全案裁定不予核准,并撤销原判,发回重审。故 D 项正确,A、B、C 项错误。

319. 死刑复核程序[D]

[解析]《刑事诉讼法》第 251 条规定:"最高人民法院复核死刑案件,应当讯问被告人,辩护律师提出要求的,应当听取辩护律师的意见。在复核死刑案件过程中,最高人民检察院可以向最高人民法院提出意见。最高人民法院应当将死刑复核结果通报最高人民检察院。"可见,最高人民法院复核死刑案件讯问被告人为强制性规定,即"应当"讯问被告人,故 A 项错误。只有在辩护律师提出要求时才存在应当听取律师意见的问题,故 B 项错误。最高检不是"必须"而是"可以"向最高院提出意见,故 C 项错误。D 项表述符合法律规定,故 D 项正确。

320. 死刑复核程序[C]

[解析]《刑诉解释》第 427 条第 1 款规定:"复核死刑、死刑缓期执行案件,应当全面审查以下内容:(一)被告人的年龄,被告人有无刑事责任能力、是否系怀孕的妇女;(二)原判认定的事实是否清楚,证据是否确实、充分;(三)犯罪情节、后果及危害程度;(四)原判适用法律是否正确,是否必须判处死刑,是

否必须立即执行;(五)有无法定、酌定从重、从轻或者减轻处罚情节;(六)诉讼程序是否合法;(七)应当审查的其他情况。"甲的人际关系与其定罪量刑无关,不属于上述人民法院应当审查的范围。故 A 项不正确。C 项符合上述第 3 项之规定。故 C 项正确。

因为被告人甲已经委托辩护人,法院就无需通知法律援助机构为其指定辩护。故 B 项不正确。死刑复核程序实行不开庭审理,因此,法院无需通知检察院派员出庭。故 D 项不正确。

321. 死刑复核程序[ABCD]

[解析]《刑诉解释》第 429 条规定:"最高人民法院复核死刑案件,应当按照下列情形分别处理:(一)原判认定事实和适用法律正确、量刑适当、诉讼程序合法的,应当裁定核准;(二)原判认定的某一具体事实或者引用的法律条款等存在瑕疵,但判处被告人死刑并无不当的,可以在纠正后作出核准的判决、裁定;(三)原判事实不清、证据不足的,应当裁定不予核准,并撤销原判,发回重新审判;(四)复核期间出现新的影响定罪量刑的事实、证据的,应当裁定不予核准,并撤销原判,发回重新审判;(五)原判认定事实正确、证据充分,但依法不应当判处死刑的,应当裁定不予核准,并撤销原判,发回重新审判;根据案件情况,必要时,也可以依法改判;(六)原审违反法定诉讼程序,可能影响公正审判的,应当裁定不予核准,并撤销原判,发回重新审判。"根据前述条文,本题 A、C 两项依据该条第 3 项规定正确;B、D 两项依据该条第 5 项,必要时,最高院可以依法改判,故 B、D 项正确。

考点68 判处死刑缓期二年执行案件的复核程序

322. 死缓复核程序;死刑立即执行案件的复核程序[ABD]

[解析]《刑事诉讼法》第 248 条规定,中级人民法院判处死刑缓期二年执行的案件,由高级人民法院核准。注意,高院自己判决死缓的案件,无需核准。故 A 项正确。

《刑事诉讼法》第 249 条规定,最高人民法院复核死刑案件,高级人民法院复核死刑缓期执行的案件,应当由审判员 3 人组成合议庭进行。故 B 项正确。

《刑事诉讼法》第 251 条第 1 款规定,最高人民法院复核死刑案件,应当讯问被告人,辩护律师提出要求的,应当听取辩护律师的意见。《刑诉解释》第 434 条规定,死刑复核期间,辩护律师要求当面反映意见的,最高人民法院有关合议庭应当在办公场所听取其意见,并制作笔录;辩护律师提出书面意见的,应当附卷。可知,最高人民法院复核死刑时,并非必须当面听取辩护律师意见。故 C 项错误。

《刑诉解释》第 430 条第 1 款规定,最高人民法院

裁定不予核准死刑的,根据案件情况,可以发回第二审人民法院或者第一审人民法院重新审判。故 D 项正确。

323. 死刑缓期执行限制减刑案件的审理程序[B]

[解析]《关于死刑缓期执行限制减刑案件审理程序若干问题的规定》第 2 条规定:"被告人对第一审人民法院作出的限制减刑判决不服的,可以提出上诉。被告人的辩护人和近亲属,经被告人同意,也可以提出上诉。"可见,对第一审人民法院限制减刑决定具有独立上诉权的只有被告人。被告人的近亲属、辩护人上诉必须经过被告人的同意。故 A 项错误。

《关于死刑缓期执行限制减刑案件审理程序若干问题的规定》第 3 条规定:"高级人民法院审理或者复核判处死刑缓期执行并限制减刑的案件,认为原判对被告人判处死刑缓期执行适当,但判决限制减刑不当的,应当改判,撤销限制减刑。"故 B 项正确。

《关于死刑缓期执行限制减刑案件审理程序若干问题的规定》第 6 条第 1 款规定,最高人民法院复核死刑案件,认为对被告人可以判处死刑缓期执行并限制减刑的,应当裁定不予核准,并撤销原判,发回重新审判。故最高人民法院的正确处理方式是"应当"(而非"可以")裁定不予核准,发回重新审判。故 C 项错误。

《关于死刑缓期执行限制减刑案件审理程序若干问题的规定》第 6 条第 2 款规定,一案中 2 名以上被告人被判处死刑,最高人民法院复核后,对其中部分被告人改判死刑缓期执行的,如果符合《刑法》第 50 条第 2 款的规定,可以同时决定对其限制减刑。故 D 项错误,正确处理方式应当是"决定对被告人限制减刑"。

324. 限制减刑的使用范围[ABCD]

[解析]《关于死刑缓期执行限制减刑案件审理程序若干问题的规定》第 1 条规定,根据《刑法》第 50 条第 2 款的规定,对被判处死刑缓期执行的累犯以及因故意杀人、强奸、抢劫、绑架、放火、爆炸、投放危险物质或者有组织的暴力性犯罪被判处死刑缓期执行的犯罪分子,人民法院根据犯罪情节、人身危险性等情况,可以在作出裁判的同时决定对其限制减刑。

根据上述规定,绑架案件、抢劫案件、爆炸案件、有组织的暴力性案件均在限制减刑范围内。故 A、B、C、D 项正确。

专题十八 审判监督程序

考点69 审判监督程序的功能和理念

325. 惩罚犯罪与保障人权;刑事诉讼目的;再审不加刑与上诉不加刑[ABD]

[解析]惩罚犯罪与保障人权是刑事诉讼的基本理念。惩罚犯罪,是指通过刑事诉讼活动,在准确、及时地查明案件事实真相的基础上,对构成犯罪的被告人公正适用刑法,以抑制犯罪,以及通过刑事程序本身的作用来抑制犯罪。保障人权,是指在通过刑事诉讼惩罚犯罪的过程中,保障公民合法权益不受非法侵犯。具体包括:(1)无辜的人不受追究;(2)有罪的人受到公正处罚;(3)诉讼权利得到充分保障和行使。再审一般不得加重原审被告人的刑罚既体现了通过再审查明真相、有效惩罚犯罪的理念,也体现了保障原审被告人权利,一般不得通过启动再审程序加重其刑罚的理念。故 A 项正确。同样,对于再审不加刑原则例外的规定也体现了刑事诉讼具有追求实体真实和维护正当程序两方面的目的。故 B 项正确。

《刑诉解释》第 469 条规定,除检察院抗诉的以外,再审一般不得加重原审被告人的刑罚。所以,再审不加刑有例外规定。但是在二审程序中,除了检察院抗诉或者自诉人上诉以外,对于仅有被告人一方上诉的案件,二审绝对不得加重被告人刑罚,因此,上诉不加刑是没有例外规定的。故 C 项错误。

也正是因为审判监督程序具有的纠错功能,决定了在极为例外的情况下需要纠错时,可以通过再审加重原审被告人的刑罚。故 D 项正确。

考点70 审判监督程序的提起

326. 审判监督程序[BD]

[解析]《刑事诉讼法》第 254 条第 1、2 款规定:"各级人民法院院长对本院已经发生法律效力的判决和裁定,如果发现在认定事实上或者在适用法律上确有错误,必须提交审判委员会处理。最高人民法院对各级人民法院已经发生法律效力的判决和裁定,上级人民法院对下级人民法院已经发生法律效力的判决和裁定,如果发现确有错误,有权提审或者指令下级人民法院再审。"本题中,乙市中级法院一审判处死缓后,被告人王某没有上诉,检察院没有抗诉,因该死缓的判决要经甲省高级法院核准后生效,所以作出生效裁判的法院是甲省高级法院。因此,甲省高级法院和最高法院有权提起审判监督程序。故 A 项错误,B 项正确。

《刑事诉讼法》第 254 条第 3 款规定:"最高人民检察院对各级人民法院已经发生法律效力的判决和裁定,上级人民检察院对下级人民法院已经发生法律效力的判决和裁定,如果发现确有错误,有权按照审判监督程序向同级人民法院提出抗诉。"本题中,甲省检察院是甲省高级法院的同级检察院,无权对甲省高级法院的生效裁判提起审判监督程序,最高检察院有权提起审判监督程序。故 C 项错误,D 项正确。

327. 法院对申诉的审查和处理[D]

[解析]《刑诉解释》第 453 条第 1、2 款规定,申诉由终审人民法院审查处理。但是,第二人民法院

裁定准许撤回上诉的案件,申诉人对第一审判决提出申诉的,可以由第一审人民法院审查处理。上一级人民法院对未经终审人民法院审查处理的申诉,可以告知申诉人向终审人民法院提出申诉,或者直接交终审人民法院审查处理,并告知申诉人;案件疑难、复杂、重大的,也可以直接审查处理。本题中,A 项为"可以"由一审法院审理,而非"应当";B 项仅在案情疑难、复杂、重大时,才可以由上一级法院直接审理。故 A、B 项错误。

《刑诉解释》第 459 条规定:"申诉人对驳回申诉不服的,可以向上一级人民法院申诉。上一级人民法院经审查认为申诉不符合刑事诉讼法第二百五十三条和本解释第四百五十七条第二款规定的,应当说服申诉人撤回申诉;对仍然坚持申诉的,应当驳回或者通知不予重新审判。"故 C 项错误。

《刑诉解释》第 455 条规定,对死刑案件的申诉,可以由原核准的人民法院直接审查处理,也可以交由原审人民法院审查。故 D 项正确。

328. 提起审判监督程序的主体[D]

[解析]《刑事诉讼法》第 254 条规定:"各级人民法院院长对本院已经发生法律效力的判决和裁定,如果发现在认定事实上或者在适用法律上确有错误,必须提交审判委员会处理。最高人民法院对各级人民法院已经发生法律效力的判决和裁定,上级人民法院对下级人民法院已经发生法律效力的判决和裁定,如果发现确有错误,有权提审或者指令下级人民法院再审。最高人民检察院对各级人民法院已经发生法律效力的判决和裁定,上级人民检察院对下级人民法院已经发生法律效力的判决和裁定,如果发现确有错误,有权按照审判监督程序向同级人民法院提出抗诉。人民检察院抗诉的案件,接受抗诉的人民法院应当组成合议庭重新审理,对于原判决事实不清楚或者证据不足的,可以指令下级人民法院再审。"

据此,有权提起审判监督程序的主体包括:(1)各级人民法院院长和审判委员会;(2)最高人民法院和上级人民法院;(3)最高人民检察院和上级人民检察院。本题中,生效裁判由省高级人民法院作出,因此,最高人民法院如果发现该判决确有错误,可以自行提审,亦可指令省高级法院再审。最高人民检察院也有权按照审判监督程序向最高人民法院提出抗诉。故 A、B、C 项正确。同理,判决由省高院作出的,依法应由上级检察院即最高检察院对其抗诉,省检察院无权对省高院的生效判决抗诉。故 D 项错误。

考点71 审判监督审理程序

329. 审判监督程序[ABC]

[解析]《刑诉解释》第 469 条规定:"除人民检察院抗诉的以外,再审一般不得加重原审被告人的刑罚。再审决定书或者抗诉书只针对部分原审被告人的,不得加重其他同案原审被告人的刑罚。"本案由人民检察院提起抗诉,可以加重对乙的处罚,故 A 项正确。

《刑诉解释》第 466 条第 1 款规定:"原审人民法院审理依照审判监督程序重新审判的案件,应当另行组成合议庭。"故 B 项正确。

《刑诉解释》第 464 条规定:"对决定依照审判监督程序重新审判的案件,人民法院应当制作再审决定书。再审期间不停止原判决、裁定的执行,但被告人可能经再审改判无罪,或者可能经再审减轻原判刑罚而致刑期届满的,可以决定中止原判决、裁定的执行,必要时,可以对被告人采取取保候审、监视居住措施。"本案中,甲系为丙顶罪,且分担了部分乙的犯罪事实,再审可能改判无罪,或者可能经再审减轻原判刑罚而致刑期届满,可以中止原判决的执行,故 C 项正确。

《刑事诉讼法》第 257 条第 1 款规定:"人民法院决定再审的案件,需要对被告人采取强制措施的,由人民法院依法决定;人民检察院提出抗诉的再审案件,需要对被告人采取强制措施的,由人民检察院依法决定。"本案是检察院提起抗诉的再审案件,应当由检察院决定逮捕,故 D 项错误。

330. 申诉的主体;再审的审理程序[BCD]

[解析]《刑诉解释》第 451 条第 2 款规定,案外人认为已经发生法律效力的判决、裁定侵害其合法权益,提出申诉的,人民法院应当审查处理。故 A 项错误。

《刑诉解释》第 466 条第 1 款规定,原审人民法院审理依照审判监督程序重新审判的案件,应当另行组成合议庭。故 B 项正确。

《刑诉解释》第 464 条规定:"对决定依照审判监督程序重新审判的案件,人民法院应当制作再审决定书。再审期间不停止原判决、裁定的执行,但被告人可能经再审改判无罪,或者可能经再审减轻原判刑罚而致刑期届满的,可以决定中止原判决、裁定的执行,必要时,可以对被告人采取取保候审、监视居住措施。"故 C 项正确。

《刑诉解释》第 461 条第 2 款规定,上级人民法院指令下级人民法院再审的,一般应当指令原审人民法院以外的下级人民法院审理;由原审人民法院审理更有利于查明案件事实、纠正裁判错误的,可以指令原审人民法院审理。故 D 项正确。

331. 判决书的更正[D]

[解析]《刑诉解释》第 473 条规定:"原判决、裁定认定被告人姓名等身份信息有误,但认定事实和适用法律正确、量刑适当的,作出生效判决、裁定的人民

法院可以通过裁定对有关信息予以更正。"故D项正确。

审判监督程序是为了纠正错误判决而设置的,对于确有错误或可能有错误的案件才需要启动审判监督程序。故A、B项错误。

对一个生效的判决,任何机关、团体和个人都无权随意撤销,而仅能通过审判监督程序进行,这是为了保障裁判的确定性和权威性。故C项错误。

332. 审判监督程序[B]

[解析]《刑事诉讼法》第254条第4款规定,人民检察院抗诉的案件,接受抗诉的人民法院应当组成合议庭重新审理,对于原判决事实不清楚或者证据不足的,可以指令下级人民法院再审。A项的错误在于,不是"应当"指令下级法院再审,而是"可以"指令下级法院再审。

《刑事诉讼法》第255条规定:"上级人民法院指令下级人民法院再审的,应当指令原审人民法院以外的下级人民法院审理;由原审人民法院审理更为适宜的,也可以指令原审人民法院审理。"故B项正确。

《刑事诉讼法》第257条规定:"人民法院决定再审的案件,需要对被告人采取强制措施的,由人民法院依法决定;人民检察院提出抗诉的再审案件,需要对被告人采取强制措施的,由人民检察院依法决定。人民法院按照审判监督程序审判的案件,可以决定中止原判决、裁定的执行。"可见,法院也具有决定逮捕的权力,但如果是检察院启动的再审程序,逮捕决定权在检察院,故C项错误。D项错误在于,不是"应当",而是"可以"决定中止原裁判的执行。

333. 再审程序中原判决的执行[C(原答案为B)]

[解析]《刑事诉讼法》第257条第2款规定:"人民法院按照审判监督程序审判的案件,可以决定中止原判决、裁定的执行。"《刑诉解释》第464条规定:"对决定依照审判监督程序重新审判的案件,人民法院应当制作再审决定书。再审期间不停止原判决、裁定的执行。但被告人可能经再审改判无罪,或者可能经再审减轻原判刑罚而致刑期届满的,可以决定中止原判决、裁定的执行,必要时,可以对被告人采取取保候审、监视居住措施。"

本题中,原审被告人邢某被判处有期徒刑且处于服刑期间,证人金某能够证明案发时邢某在外开会,无作案可能,再审邢某可能改判无罪。因此,再审法院应当"决定"(而不是"裁定")中止原判决的执行。故C项正确。

334. 申诉的审查处理[C]

[解析] A、D项错误,无相关法律依据。

《刑诉解释》第453条第1款规定:"申诉由终审人民法院审查处理。但是,第二审人民法院裁定准许

撤回上诉的案件,申诉人对第一审判决提出申诉的,可以由第一审人民法院审查处理。"据此,B项是二审终审的案件,对此案件的申诉应由二审法院处理。故B项错误。

《刑诉解释》第455条规定,对死刑案件的申诉,可以由原核准的人民法院直接审查处理,也可以交由原审人民法院审查。原审人民法院应当制作审查报告,提出处理意见,层报原核准的人民法院审查处理。此处死刑案件的原核准法院就是最高人民法院。故C项正确。

335. 再审程序中的不开庭审理[ABD]

[解析]《关于刑事再审案件开庭审理程序的具体规定(试行)》第6条规定:"下列再审案件可以不开庭审理:(一)原判决、裁定认定事实清楚,证据确实、充分,但适用法律错误,量刑畸重的;(二)1979年《中华人民共和国刑事诉讼法》施行以前裁判的;(三)原审被告人(原审上诉人)、原审自诉人已经死亡或者丧失刑事责任能力的;(四)原审被告人(原审上诉人)在交通十分不便的边远地区监狱服刑,提押到庭确有困难的;但人民检察院提出抗诉的,人民法院应征得人民检察院的同意;(五)人民法院按照审判监督程序决定再审,按本规定第九条第(五)项规定,经两次通知,人民检察院不派员出庭的。"

根据上述规定可得知,本题中,A项符合上述第1项规定,B项符合第3项规定,D项符合第2项规定。故A、B、D项当选。C项因为未得到提出抗诉的人民检察院同意,不符合第4项规定,所以不属于可以不开庭审理的情形。故C项不当选。

专题十九 涉外刑事诉讼程序 与司法协助制度

考点72 涉外刑事诉讼程序

336. 涉外刑事诉讼程序与司法协助[D]

[解析]《刑诉解释》第485条第1款规定:"外国籍被告人委托律师辩护,或者外国籍附带民事诉讼原告人、自诉人委托律师代理诉讼的,应当委托具有中华人民共和国律师资格并依法取得执业证书的律师。"因此约翰不能委托W国律师为其辩护。故A项错误。

《刑事诉讼法》第21条规定:"中级人民法院管辖下列第一审刑事案件:(一)危害国家安全、恐怖活动案件;(二)可能判处无期徒刑、死刑的案件。"本案犯罪嫌疑人涉嫌在我国从事间谍活动,属于危害国家安全的案件,依法应当由中级法院管辖。故B项错误。

《刑诉解释》第484条第1、3款规定:"人民法院审判涉外刑事案件,使用中华人民共和国通用的语

言、文字,应当为外国籍当事人提供翻译。翻译人员应当在翻译文件上签名。外国籍当事人通晓中国语言、文字,拒绝他人翻译,或者不需要诉讼文书外文译本的,应当由其本人出具书面声明。拒绝出具书面声明的,应当记录在案;必要时,应当录音录像。"故 C 项错误。

《刑诉解释》第 484 条第 2 款规定,人民法院的诉讼文书为中文本。外国籍当事人不通晓中文的,应当附有外文译本,译本不加盖人民法院印章,以中文本为准。可知,本题中给约翰送达的法院判决书应以中文文本为准,故 D 项正确。

337. 涉外刑事诉讼程序的适用范围 [ABC]

[解析] 涉外刑事诉讼程序,是指诉讼活动涉及外国人(包括无国籍人)或需要在国外进行的刑事诉讼所特有的方式、方法和步骤。涉外刑事诉讼包括涉外案件的刑事诉讼,但又不仅指涉外案件的刑事诉讼。在司法实践中,有些案件不是涉外案件,但由于案发时或案发后的一些特殊情况,使得这些案件的诉讼活动涉及外国人或者需要在国外进行。例如,目击案件发生的证人是外国人或虽是中国人,但诉讼时已身在国外;案件发生后,犯罪嫌疑人、被告人潜逃国外等。这些都需要适用涉外刑事诉讼程序。

A 项中,在公海航行的我国货轮被索马里海盗抢劫的案件,属于发生在我国领域之外外国人对我国公民的犯罪案件,即属于涉外案件。因此,适用涉外刑事诉讼程序,故 A 项正确。

B 项中,我国国内一起贩毒案件的关键目击证人在诉讼时身在国外,这虽不属于涉外案件,但是该案的诉讼活动需要在外国进行。因此,适用涉外刑事诉讼程序,故 B 项正确。

C 项中,陈某携款逃到国外的案件,虽然不属于涉外案件,但诉讼活动需要在外国进行或由外国协助。因此,适用涉外刑事诉讼程序,故 C 项正确。

D 项中,当事人双方均是中国人,且案件发生在我国使馆内,因此不属于涉外案件,也无需在国外进行诉讼活动,不适用涉外刑事诉讼程序,故 D 项错误。

338. 涉外刑事诉讼程序 [A]

[解析]《刑诉解释》第 484 条规定:"人民法院审判涉外刑事案件,使用中华人民共和国通用的语言、文字,应当为外国籍当事人提供翻译。翻译人员应当在翻译文件上签名。人民法院的诉讼文书为中文本。外国籍当事人不通晓中文的,应当附有外文译本,译本不加盖人民法院印章,以中文本为准。外国籍当事人通晓中国语言、文字,拒绝他人翻译,或者不需要诉讼文书外文译本的,应当由其本人出具书面声明。拒绝出具书面声明的,应当记录在案;必要时,应当录音录像。"可知,不能以使用中国通用的语言文字进行诉

讼为理由,强迫外国籍当事人尤其是懂中国通用的语言文字的外国籍当事人使用中国通用的语言文字来回答司法人员的讯问、询问和书写诉讼文书、发表辩护意见等;应当允许他们使用国籍国通用的或他们通晓的语言文字。故 A 项正确。B 项错误在于,应该是"应当附有",而不是"可以附有"。故 B 项错误。

《刑诉解释》第 485 条第 1、3 款规定:"外国籍被告人委托律师辩护,或者外国籍附带民事诉讼原告人、自诉人委托律师代理诉讼的,应当委托具有中华人民共和国律师资格并依法取得执业证书的律师。外国籍当事人委托其监护人、近亲属担任辩护人、诉讼代理人的,被委托人应当提供与当事人关系的有效证明。经审查,符合刑事诉讼法、有关司法解释规定的,人民法院应当准许。"据此,被告人也可以委托非律师作为辩护人。故 C 项错误。

在刑事案件中,审判时是否可以直接援引我国缔结或参加的国际条约没有规定。此外,我国对于缔结或参加的国际条约中存在的保留条款,也不能直接援引。D 项表达过于绝对,错误。

考点 73 刑事司法协助

339. 涉外刑事案件程序 [C]

[解析]《刑诉解释》第 477 条规定,外国人的国籍,根据其入境时持用的有效证件确认;国籍不明的,根据公安机关或者有关国家驻华使领馆出具的证明确认。国籍无法查明的,以无国籍人对待,适用本章有关规定,在裁判文书中写明"国籍不明"。所以,外国人和无国籍人均适用涉外刑事案件审理程序。故 A 项错误。

《刑诉解释》第 483 条第 1 款规定:"人民法院审理涉外刑事案件,应当公开进行,但依法不应公开审理的除外。"由此可知,涉外刑事案件的审判也是以公开审理为原则,不公开审理为例外。故 B 项错误。

《刑诉解释》第 495 条规定:"人民法院向在中华人民共和国领域外居住的当事人送达刑事诉讼文书,可以采用下列方式:(一)根据受送达人所在国与中华人民共和国缔结或者共同参加的国际条约规定的方式送达;(二)通过外交途径送达;(三)对中国籍当事人,所在国法律允许或者经所在国同意的,可以委托我国驻受送达人所在国的使领馆代为送达;(四)当事人是自诉案件的自诉人或者附带民事诉讼原告人的,可以向有权代其接受送达的诉讼代理人送达;(五)当事人是外国单位的,可以向其在中华人民共和国领域内设立的代表机构或者有权接受送达的分支机构、业务代办人送达;(六)受送达人所在国法律允许的,可以邮寄送达;自邮寄之日起满三个月,送达回证未退回,但根据各种情况足以认定已经送达的,视为送达;(七)受送达人所在国法律允许的,可以采用传真、电

子邮件等能够确认受送达人收悉的方式送达。"故 C 项正确。

《刑诉解释》第 496 条第 2 款规定:"外国法院通过外交途径请求人民法院送达刑事诉讼文书的,由该国驻华使馆将法律文书交我国外交部主管部门转最高人民法院。最高人民法院审核后认为属于人民法院职权范围,且可以代为送达的,应当转有关人民法院办理。"故 D 项错误。

专题二十 执 行

考点74 执行机关

340. 各种判决、裁定的执行机关和程序[B]

[解析]《刑事诉讼法》第 269 条规定:"对被判处管制、宣告缓刑、假释或者暂予监外执行的罪犯,依法实行社区矫正,由社区矫正机构负责执行。"故 A 项错误,B 项正确。

《刑事诉讼法》第 264 条第 2 款规定:"对被判处死刑缓期二年执行、无期徒刑、有期徒刑的罪犯,由公安机关依法将该罪犯送交监狱执行刑罚。对被判处有期徒刑的罪犯,在被交付执行刑罚前,剩余刑期在三个月以下的,由看守所代为执行。对被判处拘役的罪犯,由公安机关执行。"丙剩余刑期为 5 个月,应由监狱执行。故 C 项错误。

《刑事诉讼法》第 272 条规定:"没收财产的判决,无论附加适用或者独立适用,都由人民法院执行;在必要的时候,可以会同公安机关执行。"故 D 项错误。

341. 死刑立即执行的执行主体;审判管辖[B]

[解析] 一般而言,死刑的执行是"第一审人民法院执行",但是《刑诉解释》第 499 条第 2 款规定:"在死刑缓期执行期间故意犯罪,最高人民法院核准执行死刑的,由罪犯服刑地的中级人民法院执行。"可知,赵某死缓期间又故意犯罪,最高人民法院核准执行死刑,应由赵某服刑地 B 市中级法院负责赵某死刑的执行。故 B 项正确,A、C、D 项错误。

342. 罚金的执行[A(原答案为 AC)]

[解析]《刑诉解释》第 523 条第 1 款规定:"罚金在判决规定的期限内一次或者分期缴纳。期满无故不缴纳或者未足额缴纳的,人民法院应当强制缴纳。经强制缴纳仍不能全部缴纳的,在任何时候,包括主刑执行完毕后,发现被执行人有可供执行的财产的,应当追缴。"据此,A 项中法院应当在期满后强制缴纳的做法正确。B 项错误,法院不是"可以"而是"应当"追缴。

《刑诉解释》第 527 条规定:"被判处财产刑,同时又承担附带民事赔偿责任的被执行人,应当先履行民事赔偿责任。"新法删除了原关于正当债务偿还的相

关规定,故 C 项于法无据,错误。

人民法院应当依法对被执行人的财产状况进行调查,发现有可供执行的财产,需要查封、扣押、冻结的,应当及时采取查封、扣押、冻结等强制执行措施。据此,法院"应当"而不是"可以"对此采取强制执行措施。故 D 项错误。

343. (1) 有期徒刑与管制的执行[ABC(原答案为 AB)]

[解析]《刑事诉讼法》第 264 条第 1、2 款规定,罪犯被交付执行刑罚的时候,应当由交付执行的人民法院在判决生效后 10 日以内将有关的法律文书送达公安机关、监狱或者其他执行机关。对被判处死刑缓期 2 年执行、无期徒刑、有期徒刑的罪犯,由公安机关依法将该罪犯送交监狱执行刑罚。对被判处有期徒刑的罪犯,在被交付执行刑罚前,剩余刑期在 3 个月以下的,由看守所代为执行。对被判处拘役的罪犯,由公安机关执行。第 269 条规定,对被判处管制、宣告缓刑、假释或者暂予监外执行的罪犯,依法实行社区矫正,由社区矫正机构负责执行。

本案中,王某、朱某、李某被判处有期徒刑,刑期大于 3 个月,因此应由监狱执行;周某被判处管制,应由社区矫正机构负责执行,剥夺政治权利由公安机关执行。故 A、B、C 项正确,D 项错误。

(2) 管制与剥夺政治权利的执行[BD]

[解析]《刑事诉讼法》第 269 条规定,对被判处管制、宣告缓刑、假释或者暂予监外执行的罪犯,依法实行社区矫正,由社区矫正机构负责执行。第 270 条规定,对被判处剥夺政治权利的罪犯,由公安机关执行。本题中,对周某管制的执行机关是社区矫正机构,对其剥夺政治权利,则由公安机关执行。故本题 B、D 项正确。

(3) 执行主体[AD]

[解析] 没收财产和罚金由人民法院执行,而剥夺政治权利由公安机关执行。本案中,王某被判处有期徒刑和剥夺政治权利,并处没收个人财产;朱某被判处有期徒刑,剥夺政治权利和罚金,因此,王某和朱某所判刑罚既需要法院执行,又需要公安机关执行。故 A、D 项当选。

考点75 各种判决、裁定的执行程序

344. 刑事裁判涉财产部分的执行[BCD]

[解析]《最高人民法院关于刑事裁判涉财产部分执行的若干规定》第 11 条规定:"被执行人将刑事裁判认定为赃款赃物的涉案财物用于清偿债务、转让或者设置其他权利负担,有下列情形之一的,人民法院应予追缴:(一)第三人明知是涉案财物而接受的;(二)第三人无偿或者以明显低于市场的价格取得涉案财物的;(三)第三人通过非法债务清偿或者违法

犯罪活动取得涉案财物的;(四)第三人通过其他恶意方式取得涉案财物的。第三人善意取得涉案财物的,执行程序中不予追缴。作为原所有人的被害人对该涉案财物主张权利的,人民法院应当告知其通过诉讼程序处理。"

A项,抢劫的电脑价值1万元,甲通过网络平台将电脑当成二手商品进行售卖,购买的第三人应当属于善意第三人。同时,甲卖得6000元,根据常规的交易习惯,第三人也不属于"以明显低于市场的价格取得涉案财物"。因此,法院不得追缴该电脑。故A项错误。

B项,甲用抢来的现金偿还赌债,第三人属于"通过非法债务清偿或者违法犯罪活动取得涉案财物的"情况,符合上述第3项,法院应予追缴。故B项正确。

C项,甲将抢来的价值100万元的古董花瓶以超低价格10万元卖出,该古玩收藏家属于"第三人无偿或者以明显低于市场的价格取得涉案财物的"情况,符合上述第2项,法院应予追缴。故C项正确。

D项,甲将抢来的手表送给了不知情的女友,女友虽然主观上为善意,但属于无偿取得该涉案财物,符合上述第2项,法院应予追缴。故D项正确。

345. 财产刑的执行顺序[A]

[解析]《最高人民法院关于刑事裁判涉财产部分执行的若干规定》第13条规定:"被执行人在执行中同时承担刑事责任、民事责任,其财产不足以支付的,按照下列顺序执行:(一)人身损害赔偿中的医疗费用;(二)退赔被害人的损失;(三)其他民事债务;(四)罚金;(五)没收财产。债权人对执行标的依法享有优先受偿权,其主张优先受偿的,人民法院应当在前款第(一)项规定的医疗费用受偿后,予以支持。"因此本案的执行先后顺序为医疗费、银行贷款、财产损失、罚金,故B、C、D项错误,A项正确。

346. 刑事裁判涉财产部分的执行[A]

[解析]《最高人民法院关于刑事裁判涉财产部分执行的若干规定》第5条规定,刑事审判或者执行中,对于侦查机关已经采取的查封、扣押、冻结,人民法院应当在期限届满前及时续行查封、扣押、冻结。人民法院续行查封、扣押、冻结的顺位与侦查机关查封、扣押、冻结的顺位相同。对侦查机关查封、扣押、冻结的财产,人民法院执行中可以直接裁定处置,无需侦查机关出具解除手续,但裁定中应当指明侦查机关查封、扣押、冻结的事实。故A项正确,B项错误。

《最高人民法院关于刑事裁判涉财产部分执行的若干规定》第6条第1款规定,刑事裁判涉财产部分的裁判内容,应当明确、具体。涉案财物或者被害人人数较多,不宜在判决主文中详细列明的,可以概括叙明并另附清单。可见,对于涉案财物或者被害人人数较多的情形,可以不必在判决主文中详细列明。故C项错误。

《最高人民法院关于刑事裁判涉财产部分执行的若干规定》第2条规定,刑事裁判涉财产部分,由第一审人民法院执行。第一审人民法院可以委托财产所在地的同级人民法院执行。因此,刑事裁判涉及财产的部分的执行主体仍是第一审人民法院,而不是与一审法院同级的财产所在地法院。故D项错误。

347. 有期徒刑缓刑、拘役缓刑的执行[AD]

[解析]《刑诉解释》第519条第1款规定:"对被判处管制、宣告缓刑的罪犯,人民法院应当依法确定社区矫正执行地。社区矫正执行地为罪犯的居住地;罪犯在多个地方居住的,可以确定其经常居住地为执行地;罪犯的居住地、经常居住地无法确定或者不适宜执行社区矫正的,应当根据有利于罪犯接受矫正、更好地融入社会的原则,确定执行地。"故A项正确。

B项的错误在于,缓刑的执行机关是社区矫正机构,不是法院,社区矫正机构应当按照法院的判决,向罪犯及其原所在单位或者居住地群众宣布犯罪事实、期限及应遵守的规定。故B项错误。

《刑诉解释》第542条规定,罪犯在缓刑、假释考验期限内犯新罪或者被发现在判决宣告前还有其他罪没有判决,应当撤销缓刑、假释的,由审判新罪的人民法院撤销原判决、裁定宣告的缓刑、假释,并书面通知原审人民法院和执行机关。故C项错误。

《刑诉解释》第545条第1款规定:"人民法院应当在收到社区矫正机构的撤销缓刑、假释建议书后三十日以内作出裁定。撤销缓刑、假释的裁定一经作出,立即生效。"故D项正确。

348. (1) 死刑的执行[AC]

[解析]《刑事诉讼法》第246条规定:"死刑由最高人民法院核准。"故A项正确。

《刑事诉讼法》第261条规定:"最高人民法院判处和核准的死刑立即执行的判决,应当由最高人民法院院长签发执行死刑的命令。……"因此,本案死刑立即执行命令由最高院院长签发。故B项错误。

《刑诉解释》第499条第1款规定:"最高人民法院执行死刑命令的,由高级人民法院交付第一审人民法院执行。第一审人民法院接到执行死刑命令后,应当在七日以内执行。"据此,死刑执行由原审法院执行。故C项正确。

《刑事诉讼法》第263条第3款规定,死刑可以在刑场或者指定的羁押场所内执行。但执行主体并未发生变化,仍为法院。故D项错误。

(2) 无期徒刑、剥夺政治权利的执行[ABC]

[解析]根据《刑事诉讼法》第264条第2款的规定,对被判处死刑缓期二年执行、无期徒刑、有期徒刑

的罪犯,由公安机关依法将该罪犯送交监狱执行刑罚。故无期徒刑的执行机关是监狱,A项正确。

《刑事诉讼法》第270条规定,对被判处剥夺政治权利的罪犯,由公安机关执行。故剥夺政治权利刑的执行机关是公安机关,B项正确。

《刑法》第57条第1款规定:"对于被判处死刑、无期徒刑的犯罪分子,应当剥夺政治权利终身。"王某被判处无期徒刑,应根据这一规定判处剥夺政治权利终身,C项正确。

《刑法》第57条第2款规定:"在死刑缓期执行减为有期徒刑或者无期徒刑减为有期徒刑的时候,应当把附加剥夺政治权利的期限改为三年以上十年以下。"故王某被剥夺政治权利的期限应改为3年以上10年以下,D项错误。

考点76 死刑执行的变更

349. 死刑的停止执行[ABCD]

[解析]《刑事诉讼法》第262条规定:"下级人民法院接到最高人民法院执行死刑的命令后,应当在七日以内交付执行。但是发现有下列情形之一的,应当停止执行,并且立即报告最高人民法院,由最高人民法院作出裁定:(一)在执行前发现判决可能有错误的;(二)在执行前罪犯揭发重大犯罪事实或者有其他重大立功表现,可能需要改判的;(三)罪犯正在怀孕。前款第一项、第二项停止执行的原因消失后,必须报请最高人民法院院长再签发执行死刑的命令才能执行;由于前款第三项原因停止执行的,应当报请最高人民法院依法改判。"

本题中,A项关键定罪证据可能是刑讯逼供所得,因此属于上述法第1项"判决可能有错误"的情形;B项未满18周岁属于不能判处死刑的情形,也属于"判决可能有错误"的情形;C项提供重大银行抢劫案线索,属于上述第2项规定的情形;D项属于第3项情形。所以,A、B、C、D均正确。

考点77 暂予监外执行

350. 暂予监外执行[C]

[解析]《刑事诉讼法》第265条第5款规定:"在交付执行前,暂予监外执行由交付执行的人民法院决定;在交付执行后,暂予监外执行由监狱或者看守所提出书面意见,报省级以上监狱管理机关或者设区的市一级以上公安机关批准。"本题中,张某是在执行期间突发严重疾病需要暂予监外执行,应当由执行机关提出书面意见,报省级以上监狱管理机关或者设区的市一级以上公安机关批准,而不是法院决定。故 A、B项错误。

《刑事诉讼法》第269条规定:"对被判处管制、宣告缓刑、假释或者暂予监外执行的罪犯,依法实行社区矫正,由社区矫正机构负责执行。"社区矫正由罪犯居住地的县级司法行政机关执行,即对张某实行社区矫正,应当由 A 区司法行政机关负责执行。故 C 项正确。

《刑事诉讼法》第268条第2款规定:"对于人民法院决定暂予监外执行的罪犯应当予以收监的,由人民法院作出决定,将有关的法律文书送达公安机关、监狱或者其他执行机关。"《公安部规定》第310条第1、2款规定,对暂予监外执行的罪犯,出现法定情形的,批准暂予监外执行的公安机关应当作出收监执行决定。对暂予监外执行的罪犯决定收监执行的,由暂予监外执行地看守所将罪犯收监执行。即谁决定暂予监外执行就由谁决定收监。本题中,对张某实行暂予监外执行并非法院决定的,因此收监执行也不能由法院决定。故 D 项错误。

351. 监外执行[D]

[解析]《刑事诉讼法》第267条规定,决定或者批准暂予监外执行的机关应当将监外执行决定抄送人民检察院。故 A 项正确,不当选。

《刑事诉讼法》第269条规定,对被判处管制、宣告缓刑、假释或者暂予监外执行的罪犯,依法实行社区矫正,由社区矫正机构负责执行。故 B 项正确,不当选。

《刑诉解释》第516条规定:"人民法院收到社区矫正机构的收监执行建议书后,经审查,确认暂予监外执行的罪犯具有下列情形之一的,应当作出收监执行的决定:(一)不符合暂予监外执行条件的;(二)未经批准离开所居住的市、县,经警告拒不改正,或者拒不报告行踪,脱离监管的;(三)因违反监督管理规定受到治安管理处罚,仍不改正的;(四)受到执行机关两次警告,仍不改正的;(五)保外就医期间不按规定提交病情复查情况,经警告拒不改正的;(六)暂予监外执行的情形消失后,刑期未满的;(七)保证人丧失保证条件或者因不履行义务被取消保证人资格,不能在规定期限内提出新的保证人的;(八)违反法律、行政法规和监督管理规定,情节严重的其他情形。""钱某拒不报告行踪、脱离监管"属于上述第2项规定的情形。故 C 项正确,不当选,D 项错误,当选。

352. 暂予监外执行[B]

[解析]《刑事诉讼法》第266条规定:"监狱、看守所提出暂予监外执行的书面意见的,应当将书面意见的副本抄送人民检察院。人民检察院可以向决定或者批准机关提出书面意见。"该条是新增加的内容,B项正确。A、C、D 项均不是新增内容。

【特别提醒】考生需要注意 A 项,1996年《刑事诉讼法》中规定了对被判处拘役或者有期徒刑的罪犯,如果是怀孕或者哺乳状态,可以暂予监外执行。现行《刑事诉讼法》对此没有进行改动,但增加了另外一种情形,根据《刑事诉讼法》第265条第2款规定,对被判处无期徒刑的罪犯,如果是怀孕或者哺乳状态的,可以暂予监外执行。简言之,对于怀孕或者哺乳的妇女罪犯,被判处拘役、有期徒刑、无期徒刑都可以暂予监外执行。

考点78 减刑、假释

353. 减刑、假释案件审理程序[B]

[解析]《最高人民法院关于减刑、假释案件审理程序的规定》第10条规定:"减刑、假释案件的开庭审理由审判长主持,应当按照以下程序进行:……(三)执行机关代表宣读减刑、假释建议书,并说明主要理由;……"执行机关说明主要理由,即应当由执行机关承担罪犯是否具备减刑条件的证明责任。A项说由张三承担证明责任是错误的。

《最高人民法院关于减刑、假释案件审理程序的规定》第6条规定:"人民法院审理减刑、假释案件,可以采取开庭审理或者书面审理的方式。但下列减刑、假释案件,应当开庭审理:(一)因罪犯有重大立功表现报请减刑的;(二)报请减刑的起始时间、间隔时间或者减刑幅度不符合司法解释一般规定的;(三)公示期间收到不同意见的;(四)人民检察院有异议的;(五)被报请减刑、假释罪犯系职务犯罪罪犯,组织(领导、参加、包庇、纵容)黑社会性质组织犯罪罪犯,破坏金融管理秩序和金融诈骗犯罪罪犯及其他在社会上有重大影响或社会关注度高的;(六)人民法院认为其他应当开庭审理的。"张三因抢劫罪被判刑,但不属于上述条文中"应当开庭"审理的情形,因此法院对张三的减刑案件,既可以开庭审理,也可以书面审理。故B项正确。

《最高人民法院关于减刑、假释案件审理程序的规定》第4条规定:"人民法院审理减刑、假释案件,应当依法由审判员或者由审判员和人民陪审员组成合议庭进行。"因此,C项说可以独任审理是错误的。

《最高人民法院关于减刑、假释案件审理程序的规定》第7条规定:"人民法院开庭审理减刑、假释案件,应当通知人民检察院、执行机关及被报请减刑、假释罪犯参加庭审。人民法院根据需要,可以通知证明罪犯确有悔改表现或者立功、重大立功表现的证人,公示期间提出意见的人,以及鉴定人、翻译人员等其他人员参加庭审。"可见,减刑审理中,通知检察院、执行机关和罪犯出庭,证人、鉴定人等其他人员不属于应当通知到庭的对象。故D项应当通知证人出庭是错误的。

354. 减刑、假释案件审理程序[B]

[解析]《最高人民法院关于减刑、假释案件审理程序的规定》第1条规定:"对减刑、假释案件,应当按照下列情形分别处理:……(三)对被判处有期徒刑

被减为有期徒刑的罪犯的减刑、假释,由罪犯服刑地的中级人民法院在收到执行机关提出的减刑、假释建议书后一个月内作出裁定,案情复杂或者情况特殊的,可以延长一个月;……"A项的错误在于,对甲的减刑,应由其服刑地中级法院作出裁定,而不是高级法院作出裁定。故A项错误。

《最高人民法院关于减刑、假释案件审理程序的规定》第7条第1款规定:"人民法院开庭审理减刑、假释案件,应当通知人民检察院、执行机关及被报请减刑、假释罪犯参加庭审。"故B项正确。

《最高人民法院关于减刑、假释案件审理程序的规定》第6条规定:"人民法院审理减刑、假释案件,可以采取开庭审理或者书面审理的方式。但下列减刑、假释案件,应当开庭审理:(一)因罪犯有重大立功表现报请减刑的;(二)报请减刑的起始时间、间隔时间或者减刑幅度不符合司法解释一般规定的;(三)公示期间收到不同意见的;(四)人民检察院有异议的;(五)被报请减刑、假释罪犯系职务犯罪罪犯,组织(领导、参加、包庇、纵容)黑社会性质组织犯罪罪犯,破坏金融管理秩序和金融诈骗犯罪罪犯及其他在社会上有重大影响或社会关注度高的;(六)人民法院认为其他应当开庭审理的。"C项丙因受贿罪被判处有期徒刑5年,系职务犯罪,其假释应当开庭审理,不能书面审理。故C项错误。

律师无论是担任辩护人还是申诉代理人,活动阶段一般在侦查、起诉和审判阶段。减刑、假释案件的审理程序并非真正的审判程序,而是属于执行程序。在这一程序中,由执行机关提出减刑、假释的建议,由法院审理、检察院监督,没有律师存在的空间。故D项错误。

第三编 特别程序

专题二十一 未成年人刑事案件诉讼程序

考点79 未成年人刑事案件诉讼程序

355. 未成年人刑事诉讼程序及证据制度[AD]

[解析]《刑事诉讼法》第282条第1款规定:"对于未成年人涉嫌刑法分则第四章、第五章、第六章规定的犯罪,可能判处一年有期徒刑以下刑罚,符合起诉条件,但有悔罪表现的,人民检察院可以作出附条件不起诉的决定。人民检察院在作出附条件不起诉的决定以前,应当听取公安机关、被害人的意见。"据此,附条件不起诉制度适用于未成年犯罪嫌疑人可能被判处1年以下有期徒刑的案件。本案中,小刚强行

与小丽发生性关系,涉嫌强奸罪,而强奸罪的最低量刑为3年有期徒刑,因此不适用附条件不起诉,故 A 项正确。

《高检规则》第 272 条第 2、3 款规定:"犯罪嫌疑人具有下列情形之一的,不需要签署认罪认罚具结书:(一)犯罪嫌疑人是盲、聋、哑人,或者是尚未完全丧失辨认或者控制自己行为能力的精神病人的;(二)未成年犯罪嫌疑人的法定代理人、辩护人对未成年人认罪认罚有异议的;(三)其他不需要签署认罪认罚具结书的情形。有前款情形,犯罪嫌疑人未签署认罪认罚具结书的,不影响认罪认罚从宽制度的适用。"本题中,小刚父亲对小刚认罪认罚有异议的,根据上述第 2 项,小刚不需要签署认罪认罚具结书,因此也谈不上将异议内容在认罪认罚具结书中注明,故 B 项错误。

《刑诉解释》第 90 条规定:"证人证言的收集程序、方式有下列瑕疵,经补正或者作出合理解释的,可以采用;不能补正或者作出合理解释的,不得作为定案的根据:……(五)询问未成年人,其法定代理人或者合适成年人不在场的。"据此,询问未成年证人、被害人时,如果没有通知法定代理人或者合适成年人在场,其证言或陈述属于瑕疵证据,但若能被侦查机关补正或作出合理解释,仍可作为定案根据。故 C 项错误。

《刑诉解释》第 574 条规定:"控辩双方提出对未成年被告人判处管制、宣告缓刑等量刑建议的,应当向法庭提供有关未成年被告人能够获得监护、帮教以及对所居住社区无重大不良影响的书面材料。"《刑诉解释》第 575 条第 2 款规定:"人民法院可以通知作出调查报告的人员出庭说明情况,接受控辩双方和法庭的询问。"故 D 项正确。

356. 附条件不起诉[B]

[解析]《人民检察院办理未成年人刑事案件的规定》第 34 条规定:"未成年犯罪嫌疑人在押的,作出附条件不起诉决定后,人民检察院应当作出释放或者变更强制措施的决定。"本题中,小周被采取的是取保候审,并非在押状态,所以不存在释放的问题。故 A 项错误。

《人民检察院办理未成年人刑事案件规定》第 45 条第 3 款规定:"作出附条件不起诉决定的案件,审查起诉期限自人民检察院作出附条件不起诉决定之日起中止计算,自考验期限届满之日起或者人民检察院作出撤销附条件不起诉决定之日起恢复计算。"故 B 项正确。

《人民检察院办理未成年人刑事案件规定》第 44 条规定:"未成年犯罪嫌疑人经批准离开所居住的市、县或者迁居,作出附条件不起诉决定的人民检察院可以委托居住地人民检察院协助进行考察,并将考察

结果函告作出附条件不起诉决定的人民检察院。"因而考察机关仍然是作出不起诉决定的检察院,即 A 县检察院,B 县检察院只能协助。故 C 项错误。

《人民检察院办理未成年人刑事案件规定》第 40 条规定:"人民检察院决定附条件不起诉的,应当确定考验期。考验期为六个月以上一年以下,从人民检察院作出附条件不起诉的决定之日起计算。考验期不计入案件审查起诉期限。考验期的长短应当与未成年犯罪嫌疑人所犯罪行的轻重、主观恶性的大小和人身危险性的大小、一贯表现及帮教条件等相适应,根据未成年犯罪嫌疑人在考验期的表现,可以在法定期限范围内适当缩短或者延长。"即可以缩短但最短不得短于 6 个月,可以延长但最长不得长于 1 年,D 项的 5 个月少于法定期限。故 D 项错误。

357. 附条件不起诉制度[ABC]

[解析]《高检规则》第 476 条规定:"人民检察院可以要求被附条件不起诉的未成年犯罪嫌疑人接受下列矫治和教育:(一)完成戒瘾治疗、心理辅导或者其他适当的处遇措施;(二)向社区或者公益团体提供公益劳动;(三)不得进入特定场所,与特定的人员会见或者通信,从事特定的活动;(四)向被害人赔偿损失、赔礼道歉等;(五)接受相关教育;(六)遵守其他保护被害人安全以及预防再犯的禁止性规定。" A 属于上述第 1 项情形,B 属于上述第 2 项情形,故 A、B 项正确。

《高检规则》第 475 条规定:"人民检察院对于被附条件不起诉的未成年犯罪嫌疑人,应当监督考察其是否遵守下列规定:(一)遵守法律法规,服从监督;(二)按照规定报告自己的活动情况;(三)离开所居住的市、县或者迁居,应当报经批准;(四)按照要求接受矫治和教育。"C 项属于上述第 2 项情形,故 C 项正确。根据第 3 项规定,不是不得离开所居住的县,只是须经考察机关批准,故 D 项错误。

358. 附条件不起诉[ABC]

[解析]《刑事诉讼法》第 282 条第 1 款规定,人民检察院在作出附条件不起诉的决定以前,应当听取公安机关、被害人的意见。可见,《刑事诉讼法》只规定在作出附条件不起诉前应听取被害人意见。题干中这一新的立法解释则规定考查期满作出最终的不起诉决定前也要听取被害人意见,无疑增加了听取被害人陈述意见的机会。故 A 项正确。

转向处置通常也简称为"转处",通常是指将涉罪未成年人从正式的国家刑事司法程序中分流出去的理念与制度。转向处置能避免国家正式的刑事司法程序的消极作用,给予未成年人更为实质的保护。附条件不起诉制度的设立毫无疑问增加了未成年人获得转向处置的机会。题干中这一立法解释还明确了

附条件不起诉和最终的不起诉决定的效力,被害人不能因此适用"公诉转自诉"的途径向法院提起自诉,有利于保障对未成年人的转向处置。故B项正确。同样,附条件不起诉制度和这一立法解释也是实现对未成年人特殊保护的重要手段。故C项正确。

刑事公诉独占主义指的是刑事案件的起诉权被国家垄断,排除被害人自诉的公诉制度。题干中这一立法解释只是明确了附条件不起诉的案件被害人不得再向法院自诉,立足点主要是对未成年人的特殊保护,而非排除被害人的自诉权,并非刑事公诉独占主义的一种体现。故D项错误。

359. 辩护人对未成年人刑事案件的参与;未成年人刑事案件的社会调查;简易程序的适用;被告人的最后陈述权;对未成年人的法庭教育[ABD]

[解析]《刑诉解释》第568条第1款规定:"对人民检察院移送的关于未成年被告人性格特点、家庭情况、社会交往、成长经历、犯罪原因、犯罪前后的表现、监护教育等情况的调查报告,以及辩护人提交的反映未成年被告人上述情况的书面材料,法庭应当接受。"因此邹某可以调查上述情况并提交给法院。故A项正确。

《刑诉解释》第566条规定:"对未成年人刑事案件,人民法院决定适用简易程序审理的,应当征求未成年被告人及其法定代理人、辩护人的意见。上述人员提出异议的,不适用简易程序。"故B项正确。

《刑事诉讼法》第281条第4款规定:"审判未成年人刑事案件,未成年被告人最后陈述后,其法定代理人可以进行补充陈述。"可见,补充陈述是法定代理人的权利,而非辩护人的权利。故C项错误。

《刑诉解释》第576条第1、2款规定:"法庭辩论结束后,法庭可以根据未成年人的生理、心理特点和案件情况,对未成年被告人进行法治教育;判决未成年被告人有罪的,宣判后,应当对未成年被告人进行法治教育。对未成年被告人进行教育,其法定代理人以外的成年亲属或者教师、辅导员等参与有利于感化、挽救未成年人的,人民法院应当邀请其参加有关活动。"邹某作为陈某的辩护人,若其参与有利于感化、挽救未成年人的,可受法庭邀请参与对陈某的法庭教育。故D项正确。

360. 法定代理人和其他合适成年人到场[AC]

[解析]《高检规则》第465条第2款规定:"讯问未成年犯罪嫌疑人,应当通知其法定代理人到场,告知法定代理人依法享有的诉讼权利和应当履行的义务。到场的法定代理人可以代为行使未成年犯罪嫌疑人的诉讼权利,代为行使权利时不得损害未成年犯罪嫌疑人的合法权益。"第3款规定:"……未成年犯罪嫌疑人明确拒绝法定代理人以外的合适成年人到场,且有正当理由的,人民检察院可以准许,但应当在征求其意见后通知其他合适成年人到场。"据此,A项正确。对于B项,根据上述规定,"法定代理人"可以代为行使未成年犯罪嫌疑人的诉讼权利,而非"合适成年人"。"合适成年人"不能代为行使未成年犯罪嫌疑人的诉讼权利,其只能代行一部分法定代理人的诉讼权利。B项中的"伯父"属于"合适成年人",不可以代行乙的控告权,故B项错误。

《刑诉解释》第555条规定:"人民法院审理未成年人刑事案件,在讯问和开庭时,应当通知未成年被告人的法定代理人到场。法定代理人无法通知、不能到场或者是共犯的,也可以通知合适成年人到场,并将有关情况记录在案。到场的法定代理人或者其他人员,除依法行使刑事诉讼法第二百八十一条第二款规定的权利外,经法庭同意,可以参加对未成年被告人的法庭教育等工作。适用简易程序审理未成年人刑事案件,适用前两款规定。"据此,询问未成年被害人,也适用讯问未成年被告人的规定,应当通知法定代理人到场,故C项正确。适用简易程序审理未成年人刑事案件,也适用普通程序审理未成年人刑事案件的规定,即在法定代理人不能到场时,应当通知其他合适成年人到场,故D项错误。

【特别提醒】解析本题也可以直接适用《刑事诉讼法》第281条:"对于未成年人刑事案件,在讯问和审判的时候,应当通知未成年犯罪嫌疑人、被告人的法定代理人到场。无法通知、法定代理人不能到场或者法定代理人是共犯的,也可以通知未成年犯罪嫌疑人、被告人的其他成年亲属,所在学校、单位、居住地基层组织或者未成年人保护组织的代表到场,并将有关情况记录在案。到场的法定代理人可以代为行使未成年犯罪嫌疑人、被告人的诉讼权利。到场的法定代理人或者其他人员认为办案人员在讯问、审判中侵犯未成年人合法权益的,可以提出意见。讯问笔录、法庭笔录应当交给到场的法定代理人或者其他人员阅读或者向他宣读。讯问女性未成年犯罪嫌疑人,应当有女工作人员在场。审判未成年人刑事案件,未成年被告人最后陈述后,其法定代理人可以进行补充陈述。询问未成年被害人、证人,适用第一款、第二款、第三款的规定。"《高检规则》第465条和《刑诉解释》第555条均是对上述规定的细化。

【总结提示】(1)讯问未成年犯罪嫌疑人,必须有成年人在场。这个成年人原则上应当是法定代理人,也可以是合适成年人。若合适成年人被拒绝,就再更换合适成年人。(2)只要涉及未成年人,不论是犯罪嫌疑人还是被害人、证人,无论是普通程序还是简易程序,在讯问或者询问时都应当通知法定代理人到场。

361. (1)对未成年人案件的社会调查、审查起诉、附条件不起诉[BCD]

[解析]《刑事诉讼法》第279条规定,公安机关、人民检察院、人民法院办理未成年人刑事案件,根据情况可以对未成年犯罪嫌疑人、被告人的成长经历、犯罪原因、监护教育等情况进行调查。故A项的错误在于,不是"应当"而是"可以"对黄某、吴某的成长经历、犯罪原因和监护教育等情况进行社会调查。

《刑事诉讼法》第281条第1、5款规定,对于未成年人刑事案件,在讯问和审判的时候,应当通知未成年犯罪嫌疑人、被告人的法定代理人到场。询问未成年被害人、证人,也适用此规定。故B项正确。

《人民检察院办理未成年人刑事案件的规定》第22条第4款规定,审查起诉未成年犯罪嫌疑人,应当听取其父母或者其他法定代理人、辩护人、被害人及其法定代理人的意见。故C项正确。

《人民检察院办理未成年人刑事案件的规定》第30条规定,人民检察院在作出附条件不起诉的决定以前,应当听取公安机关、被害人、未成年犯罪嫌疑人的法定代理人、辩护人的意见,并制作笔录附卷。被害人是未成年人的,还应当听取被害人的法定代理人、诉讼代理人的意见。本题中,被害人赵某是未成年人,所以,应当听取赵某及其法定代理人与诉讼代理人的意见。故D项正确。

(2)附条件不起诉[BC]

[解析]《人民检察院办理未成年人刑事案件的规定》第40条第1款规定,人民检察院决定附条件不起诉的,应当确定考验期。考验期为6个月以上1年以下,从人民检察院作出附条件不起诉的决定之日起计算。考验期不计入案件审查起诉期限。故A项错误,B项正确。

《人民检察院办理未成年人刑事案件的规定》第40条第2款规定,考验期的长短应当与未成年犯罪嫌疑人所犯罪行的轻重、主观恶性的大小和人身危险性的大小、一贯表现及帮教条件等相适应,根据未成年犯罪嫌疑人在考验期的表现,可以在法定期限范围内适当缩短或者延长。故C项正确;D项错误在于,考验期并非羁押,附条件不起诉考验期不能折抵刑期。

(3)附条件不起诉;不起诉;犯罪记录的封存[B]

[解析]关于酌定不起诉,《刑事诉讼法》第177条第2款规定,对于犯罪情节轻微,依照《刑法》规定不需要判处刑罚或者免除刑罚的,人民检察院可以作出不起诉决定。关于附条件不起诉,《刑事诉讼法》第282条第1款规定,对于未成年人涉嫌刑法分则第四章、第五章、第六章规定的犯罪,可能判处一年有期徒刑以下刑罚,符合起诉条件,但有悔罪表现的,人民检察院可以作出附条件不起诉的决定。可见,酌定不起诉与附条件不起诉的适用条件,并未涉及刑事和解。事实上,是否与被害人达成刑事和解确实可以作为作出酌定不起诉或附条件不起诉决定的一个考量因素,但并不是必备条件。故A项错误。

《高检规则》第373条第1款规定,人民检察院决定不起诉的案件,可以根据案件的不同情况,对被不起诉人予以训诫或者责令具结悔过、赔礼道歉、赔偿损失。故检察院对吴某作出不起诉决定时,可要求吴某向被害人赵某赔礼道歉、赔偿损失。故B项正确。

《刑事诉讼法》第283条第1款规定,在附条件不起诉的考验期内,由人民检察院对被附条件不起诉的未成年犯罪嫌疑人进行监督考察。未成年犯罪嫌疑人的监护人,应当对未成年犯罪嫌疑人加强管教,配合人民检察院做好监督考察工作。据此,检察院就是被附条件不起诉的未成年犯罪嫌疑人的监督考察机关,无需再交由其他机关监督考察。故C项错误。

《高检规则》第486条规定:"人民检察院对未成年犯罪嫌疑人作出不起诉决定后,应当对相关记录予以封存。除司法机关为办案需要进行查询外,不得向任何单位和个人提供。封存的具体程序参照本规则第四百八十三条至第四百八十五条的规定。"据此,检察院对未成年人"不起诉"后,才封存相关记录。对未成年人"附条件不起诉"后,不会封存相关记录。这是因为,"不起诉"是一种终局处理,即刑事诉讼程序结束了,未成年人无罪,可以回家了。而"附条件不起诉"不具有终局性,不是真正的不起诉,而是对未成年人给予一定的考验期限并观察未成年人的表现,在考验期限内,仍然存在对未成年人提起公诉的可能性。故D项错误。

362. 附条件不起诉[ABCD]

[解析]《刑事诉讼法》第284条规定:"被附条件不起诉的未成年犯罪嫌疑人,在考验期内有下列情形之一的,人民检察院应当撤销附条件不起诉的决定,提起公诉:(一)实施新的犯罪或者发现决定附条件不起诉以前还有其他犯罪需要追诉的;(二)违反治安管理规定或者考察机关有关附条件不起诉的监督管理规定,情节严重的。被附条件不起诉的未成年犯罪嫌疑人,在考验期内没有上述情形,考察期满的,人民检察院应当作出不起诉的决定。"直接适用此法条,可知B、C、D三项属于"对童某撤销不起诉的决定,提起公诉"的情形,故当选。

《刑事诉讼法》第282条第1款规定,对于未成年人涉嫌刑法分则第四章、第五章、第六章规定的犯罪,可能判处1年有期徒刑以下刑罚,符合起诉条件,但有悔罪表现的,人民检察院可以作出附条件不起诉的决定。由此可见,附条件不起诉只适用于未成年人案件,对于成年人案件则不适用附条件不起诉。故A项当选。

363. 附条件不起诉适用的条件[B]

[解析]《刑事诉讼法》第282条规定："对于未成年人涉嫌刑法分则第四章、第五章、第六章规定的犯罪,可能判处一年有期徒刑以下刑罚,符合起诉条件,但有悔罪表现的,人民检察院可以作出附条件不起诉的决定。人民检察院在作出附条件不起诉的决定以前,应当听取公安机关、被害人的意见。对附条件不起诉的决定,公安机关要求复议、提请复核或者被害人申诉的,适用本法第一百七十九条、第一百八十条的规定。未成年犯罪嫌疑人及其法定代理人对人民检察院决定附条件不起诉有异议的,人民检察院应当作出起诉的决定。"

根据上述规定,附条件不起诉只适用于未成年人案件,故A项正确。

人民检察院作出附条件不起诉决定前,应当"听取"公安机关、被害人的意见,但无需征得其同意,故B项错误。

未成年犯罪嫌疑人及其法定代理人对附条件不起诉有异议的,检察院应当起诉,故C项正确。

有悔罪表现是附条件不起诉的条件之一,故D项正确。

364. 未成年人刑事案件的不公开审理[AB]

[解析]《刑事诉讼法》第285条规定："审判的时候被告人不满十八周岁的案件,不公开审理。但是,经未成年被告人及其法定代理人同意,未成年被告人所在学校和未成年人保护组织可以派代表到场。"但是在派代表到场的情况下,法庭审理仍然要遵守不允许社会公众旁听以及不允许新闻媒体采访报道等不公开审理的规定,仍然属于不公开审理。因此,派代表到场的做法与审判时被告人不满18周岁的案件不公开审理并不矛盾,也不意味着属于公开审理。故A、B项错误,D项正确。对于审理时未成年人所在学校和保护组织到场,目的在于维护未成年被告人合法权益和教育感化未成年被告人。故C项正确。

365. 犯罪记录封存的适用条件[AB]

[解析]《刑事诉讼法》第286条第1款规定："犯罪的时候不满十八周岁,被判处五年有期徒刑以下刑罚的,应当对相关犯罪记录予以封存。"犯罪记录封存是《刑事诉讼法》对于未成年人犯罪案件作出的特别规定,是未成年犯罪嫌疑人、被告人享有的特别诉讼权利,A、B项是犯罪记录封存的必备要件,C、D项《刑事诉讼法》未作出规定。可知,A、B项正确。

366. 未成年人犯罪案件的审理[ABCD(原答案为A)]

[解析]《刑诉解释》第550条第1款规定："被告人实施被指控的犯罪时不满十八周岁、人民法院立案时不满二十周岁的案件,由未成年人案件审判组织审理。"赵某作案时不满18周岁,案件起诉到法院时已满18周岁,但未说明是否满20周岁,不能确定是否应由少年法庭审理,故A项错误。

《刑诉解释》第222条规定,审判案件应当公开进行。案件涉及国家秘密或者个人隐私的,不公开审理;涉及商业秘密,当事人提出申请的,法庭可以决定不公开审理。不公开审理的案件,任何人不得旁听,但具有《刑事诉讼法》第285条规定情形的除外。《刑诉解释》第557条规定,开庭审理时被告人不满18周岁的案件,一律不公开审理。本案起诉到法院时赵某已经年满18周岁,不符合不公开审理的条件,故应该公开审理。故B项错误。

《刑事诉讼法》第281条第1款规定："对于未成年人刑事案件,在讯问和审判的时候,应当通知未成年犯罪嫌疑人、被告人的法定代理人到场。……"本案中,赵某开庭审理时已满18周岁,不存在法定代理人或监护人应到场的情形。故C、D项错误。

367. 未成年人刑事案件诉讼程序的特殊规定[ABCD]

[解析]《人民检察院办理未成年人刑事案件的规定》第17条第4款规定："讯问未成年犯罪嫌疑人,应当通知其法定代理人到场,告知法定代理人依法享有的诉讼权利和应当履行的义务……"A项正确。

《人民检察院办理未成年人刑事案件的规定》第17条第7款规定,讯问女性未成年犯罪嫌疑人,应当有女性检察人员参加。B项正确。

《人民检察院办理未成年人刑事案件的规定》第18条规定,讯问未成年犯罪嫌疑人一般不得使用械具。对于确有人身危险性,必须使用械具的,在现实危险消除后,应当立即停止使用。C项正确。

《人民检察院办理未成年人刑事案件的规定》第14条规定,审查逮捕未成年犯罪嫌疑人,应当重点审查其是否已满14、16、18周岁。对犯罪嫌疑人实际年龄难以判断,影响对该犯罪嫌疑人是否应当负刑事责任认定的,应当不批准逮捕。需要补充侦查的,同时通知公安机关。D项正确。

368. 未成年人刑事案件[CD]

[解析]《刑诉解释》第566条规定："对未成年人刑事案件,人民法院决定适用简易程序审理的,应当征求未成年被告人及其法定代理人、辩护人的意见。上述人员提出异议的,不适用简易程序。"因此,人民法院在征求未成年被告人及其法定代理人、辩护人的意见后,对于未成年人刑事案件也可以适用简易程序。故A项错误。

《刑诉解释》第556条规定:"询问未成年被害人、证人,适用前条规定。审理未成年人遭受性侵害或者暴力伤害案件,在询问未成年被害人、证人时,应当采取同步录音录像等措施,尽量一次完成;未成年被害人、证人是女性的,应当由女性工作人员进行。"据此,并非所有刑事案件,对未成年被害人、证人询问时,都要采取同步录音录像措施,故 B 项错误。

《刑诉解释》第 570 条规定:"开庭前和休庭时,法庭根据情况,可以安排未成年被告人与其法定代理人或者合适成年人会见。"故 C 项正确。

《刑诉解释》第 578 条第 1 款规定:"对未成年人刑事案件,宣告判决应当公开进行。"故 D 项正确。

369. 对未成年人犯罪不起诉情形[ABCD]

[解析]《人民检察院办理未成年人刑事案件的规定》第 26 条规定:"对于犯罪情节轻微,具有下列情形之一,依照刑法规定不需要判处刑罚或者免除刑罚的未成年犯罪嫌疑人,一般应当依法作出不起诉决定:(一)被胁迫参与犯罪的;(二)犯罪预备、中止、未遂的;(三)在共同犯罪中起次要或者辅助作用的;(四)系又聋又哑的人或者盲人的;(五)因防卫过当或者紧急避险过当构成犯罪的;(六)有自首或者立功表现的;(七)其他依照刑法规定不需要判处刑罚或者免除刑罚的情形。"

由上述规定可直接得知,本题 A、B、C、D 项分别属于第 1、4、5、6 项规定的内容。故 A、B、C、D 项均正确。

专题二十二 当事人和解的公诉案件诉讼程序

考点 80 当事人和解的公诉案件诉讼程序

370. 刑事和解[C]

[解析] 根据《刑诉解释》第 592 条规定,和解协议书应当包括"被告人承认自己所犯罪行,对犯罪事实没有异议,并真诚悔罪"这一内容。又根据《刑诉解释》第 593 条规定:"和解协议约定的赔偿损失内容,被告人应当在协议签署后即时履行。和解协议已经全部履行,当事人反悔的,人民法院不予支持,但有证据证明和解违反自愿、合法原则的除外。"可知,已经履行和解协议约定的赔偿损失内容,不代表全部履行了和解协议。本案中,甲在庭审中态度恶劣,不愿悔罪,不仅未切实履行和解协议的要求,而且使两人达成和解的根基不复存在。因此,一审法院对丙的反悔应予支持,故 A 项错误。

根据《关于适用认罪认罚从宽制度的指导意见》第 7 条规定,认罪认罚从宽制度中的"认罚",是指犯罪嫌疑人、被告人真诚悔罪,愿意接受处罚。"认罚"考察的重点是犯罪嫌疑人、被告人的悔罪态度和悔罪表现,应当结合退赃退赔、赔偿损失、赔礼道歉等因素来考量。本案中,甲在庭审中态度恶劣,不愿悔罪,显然已经不构成"认罚",因此本案也就不具备适用速裁程序的条件,一审法院应当转为普通程序或简易程序审理本案,故 B 项错误。根据《关于适用认罪认罚从宽制度的指导意见》第 45 条规定,被告人不服适用速裁程序作出的第一审判决提出上诉的案件,二审法院发现被告人以事实不清、证据不足为由提出上诉的,应当裁定撤销原判,发回原审人民法院适用普通程序重新审理,不再按认罪认罚案件从宽处理。本案中,甲是以事实不清、证据不足为由提起上诉,但根据上述分析,本案不属于按速裁程序审理的案件,一审法院应转为普通程序或简易程序审理并作出判决,因此不符合上述规定中发回重审的条件,二审法院应根据案件具体情况直接作出相应裁判。故 D 项错误。

法律并未禁止当事人重新达成和解协议,在符合刑事和解的条件下,甲与丙依然可以再次达成和解。《刑诉解释》第 591 条规定:"审判期间,双方当事人和解的,人民法院应当听取当事人及其法定代理人等有关人员的意见。双方当事人在庭外达成和解的,人民法院应当通知人民检察院,并听取其意见。经审查,和解自愿、合法的,应当主持制作和解协议书。"故 C 项正确。

371. 刑事附带民事诉讼;刑事诉讼和解程序[C]

[解析]《刑诉解释》第 179 条第 1、2 款规定:"国家财产、集体财产遭受损失,受损失的单位未提起附带民事诉讼,人民检察院在提起公诉时提起附带民事诉讼的,人民法院应当受理。人民检察院提起附带民事诉讼的,应当列为附带民事诉讼原告人。"由此可见,本题中附带民事诉讼原告人应当是检察院而不是大风公司。故 A 项错误。

《高检规则》第 495 条规定:"双方当事人可以就赔偿损失、赔礼道歉等民事责任事项进行和解,并且可以就被害人及其法定代理人或者近亲属是否要求或者同意公安机关、人民检察院、人民法院对犯罪嫌疑人依法从宽处理进行协商,但不得对案件的事实认定、证据采信、法律适用和定罪量刑等依法属于公安机关、人民检察院、人民法院职权范围的事宜进行协商。"因此,当事人双方不可以就刑事案件部分进行和解与处置,即不能就是否对董某免除刑事处分达成和解,故 B 项错误。双方刑事和解时约定由董某在 1 年内补栽树苗 200 棵,属于当事人民事赔偿内容,允许和解。故 C 项正确。

《刑诉解释》第 596 条第 1 款规定:"对达成和解协议的案件,人民法院应当对被告人从轻处罚;符合非监禁刑适用条件的,应当适用非监禁刑;判处法定最低刑仍然过重的,可以减轻处罚;综合全案认为犯罪情节轻微不需要判处刑罚的,可以免予刑事处罚。"据此,达成和解协议的,法院对被告人可以适用非监禁刑、减轻处罚或者免除刑事处罚,但没有 D 项中说的"检察院经法院同意可撤回起诉并对董某适用附条件不起诉"的做法,故 D 项错误。

372. 刑事和解的适用条件和适用的案件范围[C]

[解析]《刑事诉讼法》第288条规定:"下列公诉案件,犯罪嫌疑人、被告人真诚悔罪,通过向被害人赔偿损失、赔礼道歉等方式获得被害人谅解,被害人自愿和解的,双方当事人可以和解:(一)因民间纠纷引起,涉嫌刑法分则第四章、第五章规定的犯罪案件,可能判处三年有期徒刑以下刑罚的;(二)除渎职犯罪以外的可能判处七年有期徒刑以下刑罚的过失犯罪案件。犯罪嫌疑人、被告人在五年以内曾经故意犯罪的,不适用本章规定的程序。"侵占罪和故意伤害罪属于故意犯罪,且发生在5年内,不适用该程序。故 A 项错误。

《公安部规定》第334条规定:"有下列情形之一的,不属于因民间纠纷引起的犯罪案件:(一)雇凶伤害他人的;(二)涉及黑社会性质组织犯罪的;(三)涉及寻衅滋事的;(四)涉及聚众斗殴的;(五)多次故意伤害他人身体的;(六)其他不宜和解的。"可见,寻衅滋事不属于民间纠纷引起的案件,不适用该程序。故 B 项错误。

过失致人重伤罪属于可能判处7年以下有期徒刑的过失犯罪,根据上述《刑事诉讼法》第288条第1款第2项,可以适用和解程序。且《刑诉解释》第588条第2款规定:"被害人系无行为能力或者限制行为能力人的,其法定代理人、近亲属可以代为和解。"故 C 项正确。

破坏计算机信息系统罪属于《刑法》分则第六章规定的故意犯罪,根据《刑事诉讼法》第288条,不适用刑事和解。故 D 项错误。

373. 附带民事诉讼调解;当事人和解的公诉案件诉讼程序[ABC]

[解析]《刑事诉讼法》第103条规定,人民法院审理附带民事诉讼案件,可以进行调解,或者根据物质损失情况作出判决、裁定。故 A 项正确。

《刑诉解释》第593条第1款规定,和解协议约定的赔偿损失内容,被告人应当在协议签署后即时履行。《刑诉解释》第595条规定,被害人或者其法定代理人、近亲属提起附带民事诉讼后,双方愿意和解,但被告人不能即时履行全部赔偿义务的,人民法院应当制作附带民事调解书。可见,和解一般需要即时履行全部赔偿义务,如果不能即时履行的,法院应当采取调解方式,这意味着,调解是有可能分期履行的。故 B 项正确,D 项错误。

《刑诉解释》第587条第1款规定:"对符合刑事诉讼法第二百八十八条规定的公诉案件,事实清楚、证据充分的,人民法院应当告知当事人可以自行和解;当事人提出申请的,人民法院可以主持双方当事人协商以达成和解。"故 C 项正确。

374. 当事人和解的公诉案件的诉讼程序[C]

[解析]《刑诉解释》第589条第1、2款规定,被告人的近亲属经被告人同意,可以代为和解。被告人系限制行为能力人的,其法定代理人可以代为和解。A 项的错误在于,甲在押,其近亲属也应经甲同意才能与被害方进行和解。

《刑诉解释》第588条规定:"符合刑事诉讼法第二百八十八条规定的公诉案件,被害人死亡的,其近亲属可以与被告人和解。近亲属有多人的,达成和解协议,应当经处于最先继承顺序的所有近亲属同意。

被害人系无行为能力或者限制行为能力人的,其法定代理人、近亲属可以代为和解。"故 B 项的错误在于,乙的近亲属是与被告人和解,而不是"代为和解",此处表述不准确。

《刑诉解释》第587条第2款规定,根据案件情况,人民法院可以邀请人民调解员、辩护人、诉讼代理人、当事人亲友等参与促成双方当事人和解。故 C 项正确。

《刑诉解释》第589条第3款规定,被告人的法定代理人、近亲属依照前两款规定代为和解的,和解协议约定的赔礼道歉等事项,应当由被告人本人履行。故 D 项错误。

375. 当事人和解的公诉案件不起诉决定的适用条件[ABC]

[解析]《刑事诉讼法》第289条规定,双方当事人和解的,公安机关、人民检察院、人民法院应当听取当事人和其他有关人员的意见,对和解的自愿性、合法性进行审查,并主持制作和解协议书。故 A 项正确。

《刑事诉讼法》第290条规定,对于达成和解协议的案件,公安机关可以向人民检察院提出从宽处理的建议。人民检察院可以向人民法院提出从宽处罚的建议;对于犯罪情节轻微,不需要判处刑罚的,可以作出不起诉的决定。人民法院可以依法对被告人从宽处罚。故 B 项正确。D 项的错误在于,是否向人民检察院提出从宽处理的建议是公安机关的自由裁量行为,并不是检察院作出不起诉决定需要具备的条件之一。

《刑事诉讼法》第288条第2款规定,犯罪嫌疑人、被告人在5年以内曾经故意犯罪的,不适用本章规定的程序。故 C 项正确。

376. 当事人和解后的法律效果[A]

[解析]《刑事诉讼法》第290条规定:"对于达成

和解协议的案件,公安机关可以向人民检察院提出从宽处理的建议。人民检察院可以向人民法院提出从宽处罚的建议;对于犯罪情节轻微,不需要判处刑罚的,可以作出不起诉的决定。人民法院可以依法对被告人从宽处罚。"故B、C、D项正确。A项错误在于,公安机关可以向人民检察院提出从宽处理的建议,而不是撤销案件。

377. 公诉案件和解程序的适用范围[AC]

[解析]《刑事诉讼法》第288条规定:"下列公诉案件,犯罪嫌疑人、被告人真诚悔罪,通过向被害人赔偿损失、赔礼道歉等方式获得被害人谅解,被害人自愿和解的,双方当事人可以和解:(一)因民间纠纷引起,涉嫌刑法分则第四章、第五章规定的犯罪案件,可能判处三年有期徒刑以下刑罚的;(二)除渎职犯罪以外的可能判处七年有期徒刑以下刑罚的过失犯罪案件。犯罪嫌疑人、被告人在五年以内曾经故意犯罪的,不适用本章规定的程序。"

总之,适用刑事和解的案件可分为两类:(1)因民间纠纷引起,涉嫌侵犯人身、民主权利以及侵犯财产的犯罪案件,且该犯罪案件可能判处3年有期徒刑以下刑罚(宣判刑而非法定刑)。(2)渎职犯罪以外的可能判处7年有期徒刑以下的过失犯罪案件,渎职犯罪侵犯的客体是国家机关的正常管理活动,直接对象为国家利益,不存在"获得被害人谅解"的情形。A项交通肇事罪、C项过失致人死亡罪均属于处7年以下有期徒刑的过失犯罪,符合第二类案件。B项暴力干涉婚姻自由罪侵犯的客体是他人的婚姻自由权,但本罪是亲告罪,只有被害人告诉的才处理,除非发生被害人死亡后果,才是公诉案件。D项刑讯逼供罪是司法工作人员对犯罪嫌疑人、被告人使用肉刑或者变相肉刑,逼取口供的行为,侵犯的客体是犯罪嫌疑人、被告人的健康权和司法机关的正常活动,其不适用刑事和解在于其不符合第一类案件所要求的"因民间纠纷引起"的条件。

专题二十三 缺席审判程序

考点81 缺席审判程序

378. 缺席审判程序的适用条件[ACD]

[解析]《刑事诉讼法》第291条规定:"对于贪污贿赂犯罪案件,以及需要及时进行审判,经最高人民检察院核准的严重危害国家安全犯罪、恐怖活动犯罪案件,犯罪嫌疑人、被告人在境外,监察机关、公安机关移送起诉,人民检察院认为犯罪事实已经查清,证据确实、充分,依法应当追究刑事责任的,可以向人民法院提起公诉。人民法院进行审查后,对于起诉书中有明确的指控犯罪事实,符合缺席审判程序适用条件的,应当决定开庭审判。前款案件,由犯罪地、被告人离境前居住地或者最高人民法院指定的中级人民法院组成合议庭进行审理。"可见,对于贪污贿赂犯罪案件,只要犯罪嫌疑人、被告人逃往境外,法院可以缺席审判。A项正确。但对于危害国家安全犯罪、恐怖活动犯罪案件,不仅需要嫌疑人、被告人逃往境外,还需要案件严重,有及时审理必要,经最高人民检察院核准。B项错误。

《刑事诉讼法》第296条规定:"因被告人患有严重疾病无法出庭,中止审理超过六个月,被告人仍无法出庭,被告人及其法定代理人、近亲属申请或者同意恢复审理的,人民法院可以在被告人不出庭的情况下缺席审理,依法作出判决。"C项中,法院裁定中止审理6个月后,白晶仍无法出庭受审,白晶可以申请某县法院恢复审理。C项正确。

《刑事诉讼法》第297条规定:"被告人死亡的,人民法院应当裁定终止审理,但有证据证明被告人无罪,人民法院经缺席审理确认无罪的,应当依法作出判决。人民法院按照审判监督程序重新审判的案件,被告人死亡的,人民法院可以缺席审理,依法作出判决。"D项中,南山死亡,某县法院认为现有证据能够证明南山无罪,可以缺席审理并作出判决。D项正确。

379. 缺席审判程序的具体审理程序[ABCD]

[解析]《刑事诉讼法》第292条规定:"人民法院应当通过有关国际条约规定的或者外交途径提出的司法协助方式,或者被告人所在地法律允许的其他方式,将传票和人民检察院的起诉书副本送达被告人。传票和起诉书副本送达后,被告人未按要求到案的,人民法院应当开庭审理,依法作出判决,并对违法所得及其他涉案财产作出处理。"可见,法院应当将传票和起诉书副本送达被告人,只有被告人收到后未按要求到案的,法院才能缺席审判。A、B项正确。

《刑事诉讼法》第293条规定:"人民法院缺席审判案件,被告人有权委托辩护人,被告人的近亲属可以代为委托辩护人。被告人及其近亲属没有委托辩护人的,人民法院应当通知法律援助机构指派律师为其提供辩护。"可见,被告人及其近亲属没有委托辩护人的,应当为其提供法律援助。C项正确。

《刑事诉讼法》第294条规定:"人民法院应当将判决书送达被告人及其近亲属、辩护人。被告人或者其近亲属不服判决的,有权向上一级人民法院上诉。辩护人经被告人或者其近亲属同意,可以提出上诉。人民检察院认为人民法院的判决确有错误的,应当向上一级人民法院提出抗诉。"可见,在缺席审判程序中,被告人的近亲属具有单独的上诉权利,因此贾士隐的妻子有权直接向某省高级法院上诉。D项正确。

专题二十四 犯罪嫌疑人、被告人逃匿、死亡案件违法所得的没收程序

考点 82 犯罪嫌疑人、被告人逃匿、死亡案件违法所得的没收程序

380. 违法所得没收程序 [AB]

[解析]《刑诉解释》第 619 条第 2 款规定:"利害关系人申请参加或者委托诉讼代理人参加诉讼的,应当开庭审理。没有利害关系人申请参加诉讼的,或者利害关系人及其诉讼代理人无正当理由拒不到庭的,可以不开庭审理。"第 620 条第 2 款规定:"利害关系人接到通知后无正当理由拒不到庭,或者未经法庭许可中途退庭的,可以转为不开庭审理,但还有其他利害关系人参加诉讼的除外。"赵某作为在逃犯罪嫌疑人陈某的妻子,属于违法所得没收案件的利害关系人,其在一审中无故中途退庭,且一审中没有其他利害关系人参加诉讼,法庭可以转为不开庭审理。故 A 项正确。

《刑诉解释》第 624 条规定:"利害关系人非因故意或者重大过失在第一审期间未参加诉讼,在第二审期间申请参加诉讼的,人民法院应当准许,并撤销原裁定,发回原审人民法院重新审判。"马某是因为生病住院没能参加一审,属于非因故意或者重大过失的情形,法庭应当准许其参加二审诉讼。故 B 项正确。

《刑诉解释》第 625 条规定:"在审理申请没收违法所得的案件过程中,在逃的犯罪嫌疑人、被告人到案的,人民法院应当裁定终止审理。人民检察院向原受理申请的人民法院提起公诉的,可以由同一审判组织审理。"据此,应是"终止审理"而非"中止审理",故 C 项错误。若检察院向原受理申请的法院(甲市中院)提起公诉,可以由同一审判组织审理,无须另行组成合议庭,故 D 项错误。

381. 中止审理;违法所得没收程序 [ABD]

[解析]《刑事诉讼法》第 206 条第 1 款规定,在审判过程中,有下列情形之一,致使案件在较长时间内无法继续审理的,可以中止审理:(1)被告人患有严重疾病,无法出庭的;(2)被告人脱逃的;(3)自诉人患有严重疾病,无法出庭,未委托诉讼代理人出庭的;(4)由于不能抗拒的原因。A 项符合上述第 2 种规定。故 A 项正确。

《刑事诉讼法》第 298 条第 1 款规定,对于贪污贿赂犯罪、恐怖活动犯罪等重大犯罪案件,犯罪嫌疑人、被告人逃匿,在通缉 1 年后不能到案,或者犯罪嫌疑人、被告人死亡,依照《刑法》规定应当追缴其违法所得及其涉案财产的,人民检察院可以向人民法院提

出没收违法所得的申请。故 B 项正确。

《刑诉解释》第 617 条第 3 款规定:"利害关系人在公告期满后申请参加诉讼,能够合理说明理由的,人民法院应当准许。"故 C 项错误。

《刑诉解释》第 625 条规定,在审理申请没收违法所得的案件过程中,在逃的犯罪嫌疑人、被告人到案的,人民法院应当裁定终止审理。人民检察院向原受理申请的人民法院提起公诉的,可以由同一审判组织审理。故 D 项正确。

382. 犯罪嫌疑人、被告人逃匿、死亡案件违法所得没收程序的审理和救济程序 [B]

[解析]《高检规则》第 528 条第 2 款规定:"在人民法院审理案件过程中,被告人死亡而裁定终止审理,或者被告人脱逃而裁定中止审理,人民检察院可以依法另行向人民法院提出没收违法所得的申请。"故 A 项正确。【思路拓展】若对以上规定不熟,本题也可以分步解析。《刑事诉讼法》第 16 条规定:"有下列情形之一的,不追究刑事责任,已经追究的,应当撤销案件,或者不起诉,或者终止审理,或者宣告无罪:……(五)犯罪嫌疑人、被告人死亡的;……"据此,对于本案,法院应当裁定终止审理。《刑事诉讼法》第 298 条第 1 款规定:"对于贪污贿赂犯罪、恐怖活动犯罪等重大犯罪案件,犯罪嫌疑人、被告人逃匿,在通缉一年后不能到案,或者犯罪嫌疑人、被告人死亡,依照刑法规定应当追缴其违法所得及其他涉案财产的,人民检察院可以向人民法院提出没收违法所得的申请。"据此,应当由检察院向法院提出没收违法所得的申请。

《刑事诉讼法》第 299 条第 1 款规定:"没收违法所得的申请,由犯罪地或者犯罪嫌疑人、被告人居住地的中级人民法院组成合议庭进行审理。"据此,一般而言,没收违法所得的申请,由犯罪地或者犯罪嫌疑人、被告人居住地的中级人民法院审理。而 B 市中级人民法院既不是犯罪地,也不是居住地,而是由上级法院指令的与本案无关的法院,该法院有资格审理受贿案,但没有权力审理没收程序。但是,提醒考生注意,判断本选项必考虑一个特殊情形,《刑诉解释》第 626 条规定:"在审理案件过程中,被告人脱逃或者死亡,符合刑事诉讼法第二百九十八条第一款规定的,人民检察院可以向人民法院提出没收违法所得的申请;符合刑事诉讼法第二百九十一条第一款规定的,人民检察院可以按照缺席审判程序向人民法院提起公诉。人民检察院向原受理案件的人民法院提出没收违法所得申请的,可以由同一审判组织审理。"据此,在符合上述规定的情况下,可以由原受理案件的法院对没收违法所得的申请进行审理。因此,对于本案,如果检察院向 B 市中级法院(原受理案件的法院)

提出申请,B市中级法院"可以"(非"应当")对没收违法所得的申请进行审理,而本题中并未说明检察院向B市中级法院提出了申请,故不能适用《刑诉解释》第626条的特殊规定,只能适用《刑事诉讼法》第299条第1款的一般规定。综上所述,B项错误。【陷阱点拨】本选项实际是考查《刑诉解释》第626条的特殊规定,虽然通过《刑事诉讼法》第299条的一般规定能够得出相同的判断,但是在分析过程中一定要排除掉这种特殊规定的适用。另外,有些考生注意到了《刑诉解释》第626条的特殊规定,但是却对其适用条件掌握不牢固,盲目地加以适用,结果却导致错误,这就太可惜了。

《刑诉解释》第622条规定,对没收违法所得或者驳回申请的裁定,犯罪嫌疑人、被告人的近亲属和其他利害关系人或者人民检察院可以在5日以内提出上诉、抗诉。故C、D两项表述正确。

383. 犯罪嫌疑人、被告人逃匿、死亡案件违法所得没收程序中的"违法所得及其他涉案财产"[C]

[解析] 根据《刑事诉讼法》第298条规定:"对于贪污贿赂犯罪、恐怖活动犯罪等重大犯罪案件,犯罪嫌疑人、被告人逃匿,在通缉一年后不能到案,或者犯罪嫌疑人、被告人死亡,依照刑法规定应当追缴其违法所得及其他涉案财产的,人民检察院可以向人民法院提出没收违法所得的申请。公安机关认为有前款规定情形的,应当写出没收违法所得意见书,移送人民检察院。没收违法所得的申请应当提供与犯罪事实、违法所得相关的证据材料,并列明财产的种类、数量、所在地及查封、扣押、冻结的情况。人民法院在必要的时候,可以查封、扣押、冻结申请没收的财产。"本题中,A项属于被告人非法持有的"违禁品",B项属于实施犯罪行为所取得的孳息,D项属于实施犯罪行为所取得的财物,以上均属于"违法所得及其他涉案财产"。C项属于单位的财物,而非其本人财物,所以不属于"违法所得及其他涉案财产"。故C项符合题意,当选。

384. 犯罪嫌疑人、被告人逃匿、死亡案件违法所得的没收程序[B]

[解析]《刑事诉讼法》第298条第1款规定:"对于贪污贿赂犯罪、恐怖活动犯罪等重大犯罪案件,犯罪嫌疑人、被告人逃匿,在通缉一年后不能到案,或者犯罪嫌疑人、被告人死亡,依照刑法规定应当追缴其违法所得及其他涉案财产的,人民检察院可以向人民法院提出没收违法所得的申请。"故A项错误,B项正确,提出申请的主体是人民检察院而不是公安机关。

《刑事诉讼法》第299条第1款规定:"没收违法所得的申请,由犯罪地或者犯罪嫌疑人、被告人居住地的中级人民法院组成合议庭进行审理。"可知C项错误,在级别管辖上,管辖法院是中级法院而不是基层法院;在地域管辖上,C项表述中缺少了犯罪嫌疑人、被告人居住地法院的情况。

《刑事诉讼法》第301条第1款规定:"在审理过程中,在逃的犯罪嫌疑人、被告人自动投案或者被抓获的,人民法院应当终止审理。"故D项错误,在此情况下,法院应当"终止"审理,而非"中止"审理。

专题二十五 依法不负刑事责任的精神病人的强制医疗程序

考点 83 依法不负刑事责任的精神病人的强制医疗程序

385. 依法不负刑事责任的精神病人的强制医疗程序[BD]

[解析]《刑事诉讼法》第303条第3款规定:"对实施暴力行为的精神病人,在人民法院决定强制医疗前,公安机关可以采取临时的保护性约束措施。"据此,只有公安机关有权采取临时保护性约束措施,法院无权作出,故A项错误。

根据《刑事诉讼法》第108条第3项规定,"法定代理人"是指代理人的父母、养父母、监护人和负有保护责任的机关、团体的代表。本案中,民政局应属对流浪汉负有保护责任的机关,可以派代表担任流浪汉的法定代理人出庭。故B项正确。

《刑事诉讼法》第306条第1款规定:"强制医疗机构应当定期对被强制医疗的人进行诊断评估。对于已不具有人身危险性,不需要继续强制医疗的,应当及时提出解除意见,报决定强制医疗的人民法院批准。"据此,强制医疗措施不明确具体期限,直至被强制医疗对象已不具有人身危险性,不需要继续强制医疗的,法院才会批准解除。故C项错误。

《人民陪审员法解释》第3条第3款规定:"因案件类型需要具有相应专业知识的人民陪审员参加合议庭审判的,可以根据具体案情,在符合专业需求的人民陪审员名单中随机抽取确定。"故D项正确。

386. 强制医疗程序[B]

[解析]《刑诉解释》第642条规定:"被决定强制医疗的人、被害人及其法定代理人、近亲属对强制医疗决定不服的,可以自收到决定书第二日起五日以内向上一级人民法院申请复议。复议期间不停止执行强制医疗的决定。"由此可知,复议期间不可暂缓执行强制医疗的决定。故A项错误。

《刑诉解释》第641条规定:"人民法院决定强制医疗的,应当在作出决定后五日以内,向公安机关送达强制医疗决定书和强制医疗执行通知书,由公安机关将被决定强制医疗的人送交强制医疗。"故 B 项正确。

《刑诉解释》第 645 条规定："被强制医疗的人及其近亲属申请解除强制医疗的,应当向决定强制医疗的人民法院提出。被强制医疗的人及其近亲属提出的解除强制医疗申请被人民法院驳回,六个月后再次提出申请的,人民法院应当受理。"因此,只有在提出解除强制医疗申请被法院驳回,再次申请解除的,才需要间隔 6 个月。故 C 项错误。本案的强制医疗决定是县法院作出的,所以应该向县法院申请解除。故 D 项错误。

387. 依法不负刑事责任的精神病人的强制医疗程序[A]

[解析]《刑诉解释》第 635 条第 2 款规定："审理强制医疗案件,应当会见被申请人,听取被害人及其法定代理人的意见。"故 A 项正确。

《刑诉解释》第 634 条第 1 款规定："审理强制医疗案件,应当通知被申请人或者被告人的法定代理人到场;被申请人或者被告人的法定代理人经通知未到场的,可以通知被申请人或者被告人的其他近亲属到场。"本题中,法院"应当通知"而非"可以通知"。故 B 项错误。

《刑诉解释》第 636 条第 2 款规定："被申请人要求出庭,人民法院经审查其身体和精神状态,认为可以出庭的,应当准许。出庭的被申请人,在法庭调查、辩论阶段,可以发表意见。"甲如果出庭可以由其自行发表意见,而不应由其法定代理人或诉讼代理人代为发表意见。故 C 项错误。

《刑诉解释》第 637 条第 3 项规定,被申请人具有完全或者部分刑事责任能力,依法应当追究刑事责任的,应当作出驳回强制医疗申请的决定,并退回人民检察院依法处理。对于 D 项所述经审理发现甲具有部分刑事责任能力并依法应当追究刑事责任的情形,应当作出驳回强制医疗申请的决定,并退回检察院依法处理,而不是转为普通程序继续审理。故 D 项错误。

388. 强制医疗程序与普通案件诉讼程序的异同点[B]

[解析]《刑事诉讼法》第 303 条第 2 款规定,公安机关发现精神病人符合强制医疗条件的,应当写出强制医疗意见书,移送人民检察院。对于公安机关移送的或者在审查起诉过程中发现的精神病人符合强制医疗条件的,人民检察院应当向人民法院提出强制医疗的申请。人民法院在审理案件过程中发现被告人符合强制医疗条件的,可以作出强制医疗的决定。可知,法院启动强制医疗程序有两种情形:一种是根据检察院的申请启动强制医疗程序;另一种是在审判中发现符合强制医疗条件的直接决定。前者以检察院申请而启动,后者是因为检察院的起诉而发现。故 A 项错误。

《刑诉解释》第 636 条第 2 款规定,被申请人要求出庭,人民法院经审查其身体和精神状态,认为可以出庭的,应当准许。出庭的被申请人,在法庭调查、辩论阶段,可以发表意见。可知,强制医疗程序可在被申请人不到庭的情况下审理并作出强制医疗的决定,但是普通案件审理程序,刑事被告人必须要出庭。故 B 项正确。

《刑事诉讼法》第 305 条第 2 款规定,被决定强制医疗的人、被害人及其法定代理人、近亲属对强制医疗决定不服的,可以向上一级人民法院申请复议。本题 C 项的错误在于,被决定强制医疗的人可通过向上一级法院申请复议,但启动的不是"二审程序",而是"复议程序"。故 C 项错误。

《刑诉解释》第 636 条第 1 款规定:"开庭审理申请强制医疗的案件,按照下列程序进行:(一)审判长宣布法庭调查开始后,先由检察员宣读申请书,后由被申请人的法定代理人、诉讼代理人发表意见;(二)法庭依次就被申请人是否实施了危害公共安全或者严重危害公民人身安全的暴力行为、是否属于依法不负刑事责任的精神病人、是否有继续危害社会的可能进行调查;调查时,先由检察员出示证据,后由被申请人的法定代理人、诉讼代理人出示证据,并进行质证;必要时,可以通知鉴定人出庭对鉴定意见作出说明;(三)法庭辩论阶段,先由检察员发言,后由被申请人的法定代理人、诉讼代理人发言,并进行辩论。"由此可见,强制医疗案件审理,也要区分法庭调查和法庭辩论阶段。故 D 项错误。

389. 强制医疗程序适用的条件[B]

[解析]《刑事诉讼法》第 302 条规定,实施暴力行为,危害公共安全或者严重危害公民人身安全,经法定程序鉴定依法不负刑事责任的精神病人,有继续危害社会可能的,可以予以强制医疗。

本题中,何某的确实施了暴力行为,但是,何某的行为属于财产犯罪,而非危害公共安全或者严重危害公民人身安全的犯罪,而且,题干中未提到何某"有继续危害社会可能",故何某不符合强制医疗适用的条件。故 A、C、D 三项错误。本题中,案件正处在侦查阶段,而犯罪嫌疑人何某属于依法不负刑事责任的精神病人,依法需撤销案件。故 B 项正确。

390. 强制医疗的监督和救济方式[C]

[解析]《刑诉解释》第 648 条规定:"人民检察院认为强制医疗决定或者解除强制医疗决定不当,在收到决定书后二十日以内提出书面纠正意见的,人民法院应当另行组成合议庭审理,并在一个月以

内作出决定。"据此,检察院可以提出纠正意见,故 A 项正确。

《刑事诉讼法》第 305 条规定:"人民法院经审理,对于被申请人或者被告人符合强制医疗条件的,应当在一个月以内作出强制医疗的决定。被决定强制医疗的人、被害人及其法定代理人、近亲属对强制医疗决定不服的,可以向上一级人民法院申请复议。"据此,B、D 项正确。对强制医疗决定不服只能通过复议的方式得到救济,不能上诉,故 C 项错误。

391. (1) 有权启动强制医疗程序的主体 [BC]

[解析]《刑事诉讼法》第 303 条第 1、2 款规定:"根据本章规定对精神病人强制医疗的,由人民法院决定。公安机关发现精神病人符合强制医疗条件的,应当写出强制医疗意见书,移送人民检察院。对于公安机关移送的或者在审查起诉过程中发现的精神病人符合强制医疗条件的,人民检察院应当向人民法院提出强制医疗的申请。人民法院在审理案件过程中发现被告人符合强制医疗条件的,可以作出强制医疗的决定。"

根据此条规定可知,强制医疗的启动程序可以分为以下两种方式:一是检察院的申请启动方式,即对于公安机关移送的或者在审查起诉过程中发现精神病人符合强制医疗条件的,检察院应当向法院提出强制医疗的申请。二是法院的决定启动方式,即法院在审理案件过程中发现被告人符合强制医疗条件的,可以作出强制医疗的决定。上述启动方式确立了检察院和法院强制医疗启动主体的法律地位,从而明确排除了公安机关、精神病人的监护人、法定代理人以及受害人的程序启动权。故 A、D 项说法错误,不当选;B、C 项说法正确,当选。

(2) 强制医疗的审理程序 [BCD]

[解析]《刑事诉讼法》第 304 条第 1 款规定,人民法院受理强制医疗的申请后,应当组成合议庭进行审理。《刑事诉讼法》第 183 条第 1 款规定,基层人民法院、中级人民法院审判第一审案件,应当由审判员 3 人或者由审判员和人民陪审员共 3 人或者 7 人组成合议庭进行,但是基层人民法院适用简易程序、速裁程序的案件可以由审判员 1 人独任审判。故 A 项正确。

《刑事诉讼法》第 304 条第 2 款规定,人民法院审理强制医疗案件,应当通知被申请人或者被告人的法定代理人到场。被申请人或者被告人没有委托诉讼代理人的,人民法院应当通知法律援助机构指派律师为其提供法律帮助。本题中,刘某作为精神病人,属于法律明确规定强制法律援助的对象,即使其自愿放弃委托诉讼代理人,也必须为其指派律师。故 B 项错误。

《刑事诉讼法》第 305 条第 1 款规定,人民法院经审理,对于被申请人或者被告人符合强制医疗条件的,应当在 1 个月以内作出强制医疗的决定。据此,不是作出强制医疗的"裁定",而是作出强制医疗的"决定"。故 C 项错误。

《刑事诉讼法》第 305 条第 2 款规定,被决定强制医疗的人、被害人及其法定代理人、近亲属对强制医疗决定不服的,可以向上一级人民法院申请复议。据此,强制医疗应当以"决定"而非"裁定"的形式作出;对强制医疗决定不服的,可以向上一级人民法院申请复议而非申请检察院提起抗诉。故 D 项错误。

刑事诉讼法 [答案详解]